高等学校法学系列教材·基础与应用

商 法

（第2版）

罗佩华　张肖华◎主　编

温耀原　郭　可◎副主编

清華大学出版社

北 京

内 容 简 介

本书根据国家新颁布实施的《民法典》,结合近年新制定和修订的《外商投资法》《公司法》《证券法》《商标法》等法律法规,依照商事法律实务操作规程,系统介绍了商法总论、合同法、公司法、破产法、证券法、票据法、保险法、海商法、商事争议的解决等商法基本理论知识,本书注重案例教学,以培养并提高读者解决商法实务问题的能力。

本书具有通用性和实用性,既可作为普通高等院校本科、应用型大学法律和经管等专业教学的首选教材,也可兼顾高职高专、成人教育教学,还可以用于工商领域从业人员的在职在岗培训,并为职业资格和职称考试提供有效的学习指导。

图书在版编目(CIP)数据

商法/罗佩华,张肖华主编.—2版.—北京:清华大学出版社,2022.5
全国高等学校法学系列教材.基础与应用
ISBN 978-7-302-60706-9

Ⅰ.①商… Ⅱ.①罗… ②张… Ⅲ.①商法－中国－高等学校－教材 Ⅳ.①D923.99

中国版本图书馆 CIP 数据核字(2022)第 068225 号

责任编辑:刘 晶
封面设计:汉风唐韵
责任校对:宋玉莲
责任印制:曹婉颖

出版发行:清华大学出版社

网　　　址:http://www.tup.com.cn,http://www.wqbook.com
地　　　址:北京清华大学学研大厦 A 座　　　邮　编:100084
社 总 机:010-83470000　　　邮　购:010-62786544
投稿与读者服务:010-62776969,c-service@tup.tsinghua.edu.cn
质量反馈:010-62772015,zhiliang@tup.tsinghua.edu.cn

印 装 者:三河市铭诚印务有限公司
经　　销:全国新华书店
开　　本:185mm×260mm　　　印　张:18.5　　　字　数:394 千字
版　　次:2014 年 8 月第 1 版　2022 年 6 月第 2 版　　　印　次:2022 年 6 月第 1 次印刷
定　　价:89.00 元

产品编号:092324-01

本书编审委员会

主　　任：牟惟仲

副主任：林　征　　冀俊杰　　张昌连　　翁心刚　　唐征友
　　　　　王海文　　张建国　　车亚军　　李遐桢　　李大军

总　　编：李大军

副总编：李爱华　　侯春平　　周　晖　　温耀原　　罗佩华

编　　委：李爱华　　李遐桢　　周　晖　　侯春平　　刘志军
　　　　　李耀华　　温耀原　　张肖华　　白　硕　　罗佩华
　　　　　苑莹焱　　郎晨光　　侯　斌　　崔嵩超　　储玉坤
　　　　　刘久照　　郭　可　　杨四龙　　李官澄　　朱忠明
　　　　　葛胜义　　郭建磊　　荆　京　　张冠男　　侯晓娜

专家组：李遐桢　　王海文　　李耀华　　杨四龙　　郎晨光

序　言

随着改革开放进程的加快和社会主义市场经济的快速推进,我国经济建设一直保持着持续高速增长的态势,已经成为全球第二大经济体。经济发展越快,市场竞争越激烈,越是需要法律法规做保障。法律法规既是规则,也是企业的行为道德准则。法律法规在开拓国际市场、国际商务活动交往、防止金融诈骗、打击违法犯罪、推动民族品牌创建、支持大学生创业、促进生产、拉动内需、解决就业、推动经济发展、改善民生、构建和谐社会等方面发挥着越来越大的作用。

目前,我国正处于经济稳步发展与社会变革的重要时期,随着经济转型、产业结构调整、传统企业改造,涌现了大批旅游、物流、电子商务、生物医药、动漫、演艺、文化创意、绿色生态、循环经济等新型产业。为支持"中小微"型企业和大众自主创业,为与国际经济接轨,适应中国经济国际化发展趋势,近年来国家不断加大税制改革、调整财政与会计政策,并及时颁布、实施了一系列法律法规,包括劳动法、旅游法、商标法、税法、保险法等,以及企业会计准则、税收征管制度等政策规定,为的是更好地搞活经营、活跃市场,确保我国经济的可持续发展。

市场经济是法治经济,经济活动必须遵纪守法,法律法规执行与监管是市场经济的永恒主题。随着我国法律体系的建立,全民都要严格遵守法律法规,所有企业也必须依法办事规范经营。当前,面对经济的快速发展、激烈的国际市场竞争、就业上岗的压力,更新观念、学习新法律法规、调整业务知识结构、掌握各项新的管理制度、加强在职从业人员的法律法规应用技能培训、强化法规道德素质培养已成为亟待推进的工作内容。

社会需要有知识、会操作、能顶岗的实务型专业人才。本套丛书的出版不仅有力地配合了高等教育法律教学的创新和教材更新,而且也满足了社会需求,起到了为国家经济建设服务的作用;对依法治国、依法办事、依法经营,对加强法治观念、树立企业形象、提升核心竞争力、有效进行自我保护具有积极的现实意义。

本套教材作为普通高等教育本科院校法律法规课程的特色教材,以习近平法治思想为统领,以读者应用能力训练为主线,严格按照教育部关于"加强职业教育、突出实践技能与能力培养"的教育教学改革要求,结合各项法律法规的教学特点,以及企事业单位对各类法律专业人才的实际需求,组织多年从事法律法规相关课程教学的专家学者与具有丰富实践经验的律师共同撰写。

本套教材包括《民法总论》《经济法》《商法》《海商法》《税法》《国际商法》《劳动与社会保障法》《金融法律法规》《保险法律法规》《会计法律法规》《电子商务法律法规》等。参与编写的单位有:吉林工程技术师范学院、北京物资学院、华北科技学院、北京联合大学、哈尔滨师范大学、北方工业大学、山西大学、首钢工学院、牡丹江大学、北京教育学院、燕山大学、北京城市学院、东北财经大学、北京财贸职业学院、厦门集美大学、北京朝阳社区学院、大连商务学院、北京西城社区学院、郑州大学、北京石景山社区学院、大连海事大学、浙江工业大学、大连工业大学等全国三十多所高校。

由于本套教材紧密结合中国经济改革与发展实际,融入法律法规实践教学理念,坚持改革创新,注重与时俱进,有效解决了本科法律教材知识老化、案例过时、重理论轻实践等问题,具有选材新颖、知识系统、案例真实、贴近实际、通俗易懂等特点。因此本套丛书既可以作为普通高等教育本科院校、高职高专院校相关专业课程的首选教材,也可以作为各类企事业机构从业人员的在职教育教材,对于广大社会公众也是非常有益的普法资料。

在教材编著过程中,我们参阅借鉴了大量国内外有关金融、财税等法律法规的最新书刊资料和国家新出台的政策法规及管理制度,并得到有关行业企业领导与专家学者的悉心指导,在此一并致谢。为配合本套教材的使用,特提供配套电子课件,读者可以从清华大学出版社网站(www.tup.com.cn)免费下载。希望全国各地区普通高等教育、高职高专院校积极选用本套教材,并请读者多提改进意见,以使教材不断完善。

编委会主任 牟惟仲

2021 年 9 月

第 2 版前言

国家"十四五"规划纲要提出,坚持实施更大范围、更宽领域、更深层次对外开放,依托我国超大规模市场优势,促进国际合作,实现互利共赢,推动共建"一带一路"行稳致远,推动构建人类命运共同体。市场经济是法治经济,经济活动必须遵纪守法,加强法制观念、依法治国、依法经营、依法办事、完善法律法规,对我国外向型经济发展具有特别积极的促进作用。

商法是法学、工商管理、经济管理专业的重要核心基础课程,也是我国商事从业人员必须掌握的关键知识技能。随着我国经济大循环、国内国际经济双循环,商事法律法规成为必要的保障。当前面对国际市场的激烈竞争,对各类企业及从业人员法规素质的要求越来越高。加强现代企业经营管理从业者的商事法律法规应用培训,提高经营管理水平,更好地为我国经济的发展服务,这既是我国工商服务企业可持续快速发展的战略选择,也是本书出版的真正目的和意义。

本书作为高等教育法学和工商管理专业的特色教材,以学习者应用能力培养为主线,坚持科学发展观,严格按照国家教育部关于"加强职业教育、突出应用能力培养"的教学改革要求,突出实用操作性,注重实践应用技能训练;本书的出版不仅有力配合了高等教育院校的教学创新和教材更新,也体现了应用型大学办学育人注重职业性、实践性、应用性特色,既满足了社会需求,也起到了为国家经济建设服务的作用。

本书自 2015 年出版以来,因写作质量好而深受全国各高等院校广大师生的欢迎,目前已多次重印。此次再版,作者根据读者建议,审慎地对原教材进行了去粗取精、更新案例、补充《民法典》新知识等相应修改,以使其更贴近国家经济生活、更符合社会发展、更好地为我国经济产业发展服务。

全书共九章,根据国家新颁布实施的《民法典》,结合近年新制定和修订的外商投资法、公司法、证券法、商标法等经济法规,依照商事法规操作规程,系统介绍:商法基本理论、合同法、公司法、破产法、证券法、票据法、保险法、海商法、商事争议的解决等商法理论基础知识,并结合学生就业需要,注重案例教学,培养提高、解决涉事商法问题的实际能力。

本书融入了商法最新的实践教学理念,坚持改革创新、力求严谨、注重与时俱进,具有知识系统、观点科学、案例真实、贴近实际、突出实用性、便于理解掌握等特点,因此既可作为普通高等院校本科经济管理类专业法律课程的首选教材,同时兼顾普通高等教育自学考试、成人高等教育,以及职业教育教学,也可以应用于工商企事业单位从业人员的岗位培训,并为职业资格和职称考试提供学习指导。

本书由李大军统筹策划并具体组织,罗佩华和张肖华主编,罗佩华统改稿,温耀原、郭可为副主编,由李爱华教授审定。作者写作分工:牟惟仲(序言),罗佩华(第一章、第二章、第三章、第九章),温耀原(第四章、第五章),张肖华(第六章、第七章),郭可(第八章、附录);李晓新(文字版式修改、制作教学课件)。

本书再版中,我们参阅了国家新颁布实施的民法典、商法相关的最新书刊、网站资料,收集了具有实用价值的典型案例,并得到业界专家教授的具体指导,在此一并致谢。为方便教学配有教学课件,读者可以从清华大学出版社(www.tup.com.cn)网站免费下载使用。因作者水平有限,书中难免存在疏漏不足,恳请同行和读者批评指正。

作　者
2021 年 9 月

目　　录

第一章 商法总论

【学习要点及目标】

1.了解并掌握商法的概念、特征与历史沿革。

2.理解商法的基本原则,掌握商事主体的概念及其分类。

3.理解商事能力、商事行为及其分类。

4.了解商事代理及商事账簿,理解并掌握商事登记及其意义。

第一节 商法概述

一、商法的概念

商法是调整商事主体的组织和经营性行为的法律规范的总称,商法有形式意义上的商法和实质意义上的商法。形式意义上的商法是指以商法命名的专门的法律,奉行民商分立的国家在民法典以外还会制定商法典,如法国、德国、日本、西班牙、奥地利、希腊、卢森堡等国家。实质意义上的商法是所有调整商事活动的法律规范,其商事规范不仅存在于商事法律中,还大量地存在于民法、行政法等其他法律法规中。当今世界,所有国家都存在实质意义上的商法。

在实质意义上的商法中,还存在着广义商法和狭义商法之分。广义商法泛指所有商事法律规范,包括调整商事关系的国内商法、国际商法,公法性质的商法与私法性质的商法;狭义商法仅指调整国内商事活动中的私法性质的商法。

【知识链接】

公法和私法

公法是配置和调整公权力的法律规范的总称。公法以研究公权力、公权力配置、公法关系和公法责任为主要内容。公法可分为广义和狭义两种。

狭义公法是指调配公权力内部或公权力之间的关系的法律规范。广义的公法是指调配公权力之间,以及调节公权力与私权利之间关系的法律规范。如果从各部门法的调整范围来看,公法就是典型的公法和非典型的公法或非典型私法中的公法部分。

公法与私法的划分,最早由古罗马法学家提出。按照乌尔比安的解释,公法是以保护国家(公共)利益为目的的法律,私法是以保护私人利益为目的的法律。

大陆法系国家普遍认为,公法调整国家或公共利益,它的一方主体应当是国家,与另一方主体一般是不平等的隶属或服从关系,公法多以强制性规范为主。

私法是涉及个人利益的法。事实上,它们有的造福于公共利益,有的则造福于私人。在固有性质上,私法是以个人与个人之间的平等和自决即私法自治为基础,规定个人与个人之间的关系。

19世纪末20世纪初,特别是20世纪30年代资本主义世界经济危机以来,国家干预的加强成为资本主义法律发展的一个非常重要的特点。这直接影响到公法和私法的划分及其理论基础。美国的现实主义法学认为,公法与私法、公共权力行使领域与私人自治领域之间没有一条明显的界限。随着西方国家对经济生活领域控制的加强和法律社会职能的凸显,一些学者指出,当代大陆法系传统的公私法分类已经出现了危机。公私法划分的危机主要表现在以下三个方面:第一,"公法的私法化";第二,"私法的公法化";第三,新的、"混合"性(也称社会法)的法律部门的出现。

公法和私法两种因素是现代社会法律制度的基本结构。公法的实质是正确运用权力(准确地说是公权力)问题,私法的实质是保障合法权利问题。

商法是以商事关系作为调整对象,但是并不是商事关系只由商法调整。所谓商事关系是指商事主体基于营利性目的而与他人所形成的社会关系。

商事关系具有以下特点:①商事关系是在平等的商事主体之间形成的社会经济关系;②商事关系是商事主体基于营利目的而建立的;③商事关系发生在持续的营业之中。

二、商法的特征

(一) 营利性

商事主体进行商事活动的目的就是营利,无论自然人还是法人,离开了营利性,其活动就不能构成商事行为,所以,营利性是商法的基本特征。商法是关于营利性主体进行营利性行为的基本法律。

商法中规定的规则,应当符合商事主体的营利目的。商法中的各种具体制度,如商业登记活动、商业财产制度等,以及有关买卖、代理、票据、海商、保险等具体制度都要考虑商事主体的营利性的目的。总之,商法是维护商事主体交易安全、促进交易的经济、快捷的制度。

商法的营利性也体现出它与民法的不同。两者虽然都同属于私法,有共同的理念,但是二者的具体性质不同,民法侧重于保护民事主体的一般利益,商法则侧重于企业和自然人的营利。

(二) 具有私法性,也具有明显的公法性

商事行为属于私法范畴,但是,为了保障私法规定的实现,特别是确保交易安全,商

法中设定了许多公法性规范。大陆法系国家的法律被分为公法与私法。私法强调商事主体的意思自治和商事主体之间权利义务的平等。商法是调整平等主体之间因从事商事活动而发生的各种关系的法律,强调的是当事人意思自治,追求自由、平等营利目的,排除政府干预,属于私法范畴。

但是进入21世纪以来,社会经济生活发生了深刻的变化,市场主体的经济地位相差悬殊,出现了许多不公平,需要国家干预经济生活、进入私人领域。各国都相继放弃了自由放任原则,并且引入了刑法、行政法等公法规范,理论界称之为"私法公法化"。因此,在商法中出现了大量的公法性的条款,即国家干预商事交易活动的法律规范,如商事登记等规定,从而使商法在传统私法规范体系上加入一定的公法规范,表现出商法的公法性特征。

(三) 技术性

商法属于典型的技术性的法,无论是组织法还是行为法都是如此。技术性的法更加具有操作性,与一般的生活常识有一定的距离,更多的是操作性很强的技术规则,它对商事主体和商事行为都作出了许多具体的、详尽的、带有技术性的规定。如《票据法》中对出票、承兑、保证、付款、追偿等有具体的规定;再如《海商法》中关于船舶碰撞、海上救助、共同海损等规定,其技术性都很强。

(四) 国际性

商法是国内法,但是,越来越多的商事活动开始跨越国界,所以,商法必然要体现出国际性,这是与全球经济一体化的趋势相一致的。

三、商法的历史发展

现代大多数民商法学者认为:近代商法形成于中世纪。在此之前,欧洲古代的法律中也不乏有关商品交易的行为规则,并且其中的某些制度(如海事规则)对后世的商法具有一定的影响力。

(一) 中世纪的商事法

欧洲中世纪的商事法是近代商事法的起源。在11世纪以后,欧洲的农业经济进入了一个新的发展时期,经济的发展促进了贸易的发展,十字军东征的胜利使得欧洲通向东方的商路相继开通,这就为欧洲大量剩余产品涌向东方市场提供了条件。随着地中海沿岸和海上贸易逐渐发达,一些新兴城市商业贸易繁荣,形成了许多引人瞩目的商业城市,如威尼斯、热那亚、佛罗伦萨等。此后,这种高度集中的口岸贸易和海上贸易又相继扩展到欧洲大西洋沿岸、波罗的海沿岸和北海沿岸的一系列商业开放城市。

在商业的发展过程中,商人逐渐形成了一个特殊的社会阶层,需要从法律上对本阶层的利益给予保护。但是,与这种经济发展形成鲜明对比的是中世纪的欧洲大陆的法律主要服务于各国的封建统治。许多贸易行为,包括正常的债权让与交易也被认为是违法行为,许多国家的法律甚至对商人还加以种种歧视。

于是,自11世纪起,在意大利的佛罗伦萨和佛兰德诸港率先出现了旨在联合保护商人自身利益的商人行会组织。他们迫切要求对其利益给予法律上的保护,以实现商业发展和商业交易的自由。此种商人自治组织迅速发展,在意大利、西班牙、英格兰、荷兰的许多城市中相继出现。商人行会组织通过行业自治和习惯规则协调商人之间的关系,处理商人之间的纠纷,并逐渐担负起制定和编纂规约或习惯规则,组织商事法庭和行使商事裁判权的职能。从11世纪至14世纪,较为系统的商人习惯法逐渐形成。

这些商人习惯法通常采取属人主义立场,主要适用于商人之间的商事活动。习惯法的内容往往涉及某些最主要的商事要素和商事活动,例如商人资格及公示规则、诚实信用原则、商业代理、票据制度、保险制度、海商法制度、借贷结算规则、善意取得与交付取得制度等在商人法中均已具雏形。其中的许多规则明显反映了商事活动的营利性、迅捷性和保护交易安全的要求。

(二) 近代商法

近代商法是在中世纪商法的基础上发展起来的。1640年,英国爆发资产阶级革命,人类社会进入了近代。16世纪以后,随着资本主义商品经济关系的萌芽,资本主义战胜封建专制和封建割据,统一的民族国家纷纷建立,城市自治不复存在,这就形成了国家制定统一法律和商人习惯法向成文法转变的社会条件。

法国和德国率先开始了本国的法律统一运动。1673年,法国国王路易十四颁布了法国《商事条例》,该法典共12章,112条,其内容包括商人、票据、破产、商事裁判、管辖等。1681年,法国国王路易十四又颁布了法国《海事条例》,其内容包括海上裁判所、海员及船员、海事契约、港口警察、海上渔猎五编,类似于后来的海商法。

德国以商人习惯法为依据,开始制定成文商事法。例如1727年的《普鲁士海商法》、1751年的《普鲁士票据法》、1776年的《普鲁士保险法》等。其中,德国1794年制定的《普鲁士普通法》是一部集民商法规范于一体的综合性法典。

(三) 现代商法

第一次世界大战以后,人类社会进入现代发展阶段,商法也进入了新时期。19世纪以后,随着欧洲资产阶级革命的成功,社会关系发生了根本的变革。各国将保护资本主义商品经济关系,推动商事活动,促进统一完整的商品市场形成,作为国家的基本政策,并开始了大规模的法典制定活动。商法开始作为一个独立的法律部门出现。

在《商事条例》和《海事条例》的基础上,法国于1807年制定了统一的《法国商法典》,创大陆法国家民商分立体例之先河。该法典共分四篇,648条,包括通则、海商、破产、商事裁判等内容。该法典的影响重大,以至于此后几乎所有的欧洲大陆国家均采用了形式商法的体例,制定本国的商法典。19世纪下半叶以后,法国根据客观情况变化的需求,频繁地对原商法典加以修订并增加单行法作为其补充。

　　1897 年,德国制定了《德国商法典》,该法典于 1900 年生效。该法典共分四篇,31 章,905 条,包括商事、商事公司隐名合伙、商行为、海商等内容,体现了较高的立法技术。与法国商法典不同,德国商法典提出了确定商法适用范围的双重标准,即主要以行为内容为依据的"客观商行为"标准和主要以商主体资格并参照行为内容为依据的"主观商行为"标准。

　　现代商事法的发展趋势主要表现在:出现动态化的趋势;大陆法系和英美法系相互渗透;随着全球经济一体化,世界市场形成并发展,现代商事法不仅体现了国家间的商品的自由流通,还表现为国家间的人员、资本、劳务的自由流通。

【知识链接】

大陆法系、英美法系

　　法系是根据若干国家和地区基于历史传统原因在法律实践和法律意识等方面所具有的共性而进行的法律的一种分类,它是这些具有共性或共同传统的法律的总称。

　　大陆法系,又称民法法系(Civil－Law System)、罗马—日耳曼法系或成文法系。在西方法学著作中多称民法法系,中国法学著作中惯称大陆法系。指包括欧洲大陆大部分国家从 19 世纪初以罗马法为基础建立起来的、以 1804 年《法国民法典》和 1896 年《德国民法典》为代表的法律制度以及其他国家或地区仿效这种制度而建立的法律制度。它是西方国家中与英美法系并列的渊源久远和影响较大的法系。

　　英美法系,又称普通法法系(Common－Law System)。是指以英国普通法为基础发展起来的法律的总称。它首先产生于英国,后扩大到曾经是英国殖民地、附属国的许多国家和地区,包括美国、加拿大、印度、巴基斯坦、孟加拉、马来西亚、新加坡、澳大利亚、新西兰以及非洲的个别国家和地区。到 18 世纪至 19 世纪时,随着英国殖民地的扩张,英国法被传入这些国家和地区,英美法系终于发展成为世界主要法系之一。英美法系中也存在两大支流,这就是英国法和美国法。它们在法律分类、宪法形式、法院权力等方面存在一定的差别。

(四) 中国商事立法

　　我国封建社会长期处于商品经济不发达的状态,自给自足的自然经济长期占统治地位,所以,我国古代法制和封建法制的特点是诸法合体、民刑不分、重刑轻民、以刑为主,均不存在独立或集中的商事法制度。

　　清朝末年,清政府制定了《大清商律草案》(1908 年),《公司律》《商人通例》《破产律》《公司注册试办章程》《商标注册暂行办法》等商事单行法也相继出台。民国政府成立后,在《大清商律草案》的基础上,于 1914 年制定并颁行了《中华民国商律》,此后又颁行了《公司条例》与《商人通例》。1929 年以后,《票据法》《公司法》《海商法》《保险法》和《商业登记法》等又相继制定,形成旧中国民商法典合一与单行商法补充的立法格局。

新中国成立后,我国未制定统一的商事基本法,实质意义上的商法也长期处于非系统化的状况。随着我国商品经济,特别是市场化商品经济的发展,商法的研究与发展成为一个重要而迫切的任务。

四、商法的基本原则

商法的基本原则是指反映一国商事法律的基本宗旨,对于各类商事关系具有普遍性适用意义或者司法指导意义,对于统一的商法规则体系具有统领作用的根本规则。

(一) 维护企业自由的原则

企业自由是创造财富和提升企业价值的必要前提和基础。具体体现在:企业创业自由,商人有充分的选择权,例如,各国对于商事登记均采取准则主义的原则。企业在经营中实行自治,我国的《公司法》允许公司章程另行或者自行规定经营项目,公司章程中不必一一描述其经营项目。公司可以从事一切不受国家法律禁止或者限制的商事活动。在不违反国家法律的强制性规定,也不违反公共秩序善良风俗的情况下,当事人可以自主决定是否订立合同、与谁订立合同、订立什么内容的合同,以及选择订立合同的形式。

(二) 强化商事主体的规定

对商事主体的强化主要体现在各国商法通常以大量的强行法规则对于商主体的设立和内容加以严格的控制,具体包括对于商事主体类型法定、商事主体内容法定和商事主体公示等方面的要求。因为,对于商主体的法律控制往往关系到一定社会中各种商事法律关系的稳定和统一,关系到第三人利益和社会交易安全。

(三) 维护交易公平与交易安全

在商法中,交易公平主要表现为交易平等、等价有偿和诚实信用等原则要求。各国的商法设立了旨在保障商事公平交易的特别法制度,对于实践中的不公正交易行为进行规制,包括平等交易、公平交易、诚实信用原则等内容。

交易安全也是商法所追求的。商法对交易安全的维护主要体现在对商事行为的方式采取强制主义、公示主义、外观主义和严格责任等方面。

强制主义又称"干涉主义""要式主义",它是指国家通过商法公法化手段对于商事关系施以强行法规则。这一原则主要表现为以下三方面。

第一,现代各国商法多通过公法性规范直接调控商事管理关系。例如各国法中有关商业税收、商业登记、商业账簿、不正当竞争、商业垄断之限制等一系列规则和制度。

第二,现代各国的商法日益偏重于使用强行法规则对商事活动加以控制。例如各国法律对于公司设立条件的强制性规定;对于票据、提单、保函、证券的文义性要求和要式性规定。

第三,现代商法在传统的私法责任制度之外,逐步发展并建立起了多种法律责任并存的法律调整机制,例如票据法规定,当出票人出具空头支票时,依法不仅应导致票据法上的赔偿责任,而且将导致行政责任甚至刑事责任。

公示主义是指交易当事人对于涉及利害关系人利益的营业上的事实负有公示告知义务的法律责任,其目的在于保护社会交易人或不特定第三人。

外观主义是指交易行为的效果以交易当事人的外观为准。例如,票据法规定,一切票据行为的意思表示都是通过证券上的记载反映出来的。票据上所载的出票地和出票日,即使与真实的发票地和发票日不符,也不影响票据行为的效力。

严格责任主义,即从事商事交易行为的人应承担的责任更为严格。如公司法规定,公司负责人在执行业务时违反法令造成他人损害的,与公司一同对受害人负连带责任。

(四) 保障交易迅捷原则

商业以营利为目的,所以商事活动注重快捷。按照商法学者的普遍认识,商法中的保障交易迅捷原则主要体现为交易简便性原则、短期时效主义和定型化交易规则三个方面。

交易简便性体现为现代各国商法实践中广泛采用的票据、提单、保险单、流通证券等法律行为文件标准化。按照世界各国商事法的规定,相当一部分商事法律行为采取要式行为和文义行为的方式,将法律行为中的大部分内容通过强行法或推定法预先加以确定,促使法律行为文件的证券化和标准化,可以简便交易手续、保障交易迅捷。

短期时效主义表现在商法对于各类商事请求权普遍采取不同于民法上时效期间的短期时效,例如各国商法对于票据请求权大多适用6个月、4个月甚至60日的短期消灭时效。

定型化交易规则主义包括交易形态的定型化与交易客体的定型化两方面内容。交易形态定型化,是指商法通过强行法规则预先规定若干类型的典型交易方式,使商事交易的方式定型化。所谓交易客体的定型化则是指交易对象的商品化与证券化。通过权利证券化规则,可以极大简化权利转让程序,形成证券的流通。例如公司法上的股票及公司债券、票据法上的各种票据、保险法上的保险单、海商法上的载货证券等都是权利证券化的典型表现。

第二节 商 事 主 体

一、商事主体的概念

商事主体,也称商人,是指具有商法上的资格或能力,以自己的名义从事营业性商行为,独立享有商法上的权利并承担商法上的义务的组织和个人。

商事主体的主要特点是:①必须是商事法上规定的人;②具有从事商事活动所必须的权利能力和行为能力;③必须是参加商事活动,享有权利、承担义务的人。

二、商事主体的分类

(一) 商个人、商法人与商合伙

这是按照商主体的组织机构特征进行的分类。

商个人又称"商自然人""个体商人"。它是指按照法定程序取得了特定的商事能力，独立从事营业性商行为，依法承担商法上的权利和义务的个人或自然人。

商法人在我国法中称为"企业法人"。它是指基于营利性目的而设立的，具有特定的商事能力和资格，依法独立享有权利、承担义务，并以其经营资产独立承担责任的社团组织。

商合伙是指数个合伙人为实现营利性目的而共同出资、共同经营、共享利润、共担责任所形成的集合体。

(二) 法定商人、注册商人与任意商人

按照商主体是否以登记为要件，可以分为法定商人、注册商人与任意商人。

法定商人，是指以法律规定的特定商行为为营业内容，并经特殊程序而设立的商主体。设定法定商人通常须依特定的管理性规定履行特殊的商业登记程序，依照我国的现行法，设立此类商主体须在工商登记程序之前履行行政审批(特许)手续。这些规定体现了具体国家在不同时期的立法政策要求。

注册商人，是指不以法律规定的绝对商行为为营业内容，而经一般商业登记程序设立，并以核准的营业范围为其商行为内容的商主体。

任意商人，是某些大陆法国家特有的概念。它是指不以绝对商行为和营业商行为为其行为内容，并且依法不须进行商业登记而存在的商主体。

(三) 大商人与小商人

这是某些大陆法国家商法实践依据商主体的营业内容和基本营业规模进行的分类。

所谓大商人又称"完全商人"，它是指以法律规定的商行为为其营业范围，符合法定商业登记的营业条件而设立的商主体。

小商人又称"不完全商人"，它是指从事商法规定的某些商行为的当事人，依商业登记法特别规定而设立的商主体。

三、商事主体的基本法律形态

独资企业、合伙企业、公司是商事主体的基本法律形态。[1]

---

[1] 我国商主体立法先后沿用了三种逻辑路径，即所有制、外商投资和企业财产责任形式，各自所产生的立法在现行商主体法律法规中同时存在，并且沿用每种逻辑路径所产生的立法均有多个层次。最先起步的是外商投资企业立法。参见朱羿锟：《商法学》，47 页，北京，北京大学出版社，2012。

（一）独资企业

独资企业是个人出资经营、归个人所有和控制、由个人承担经营风险和享有全部经营收益的企业。

【知识链接】

我国《个人独资企业法》关于设立个人独资企业的条件

《个人独资企业法》第8条规定，设立个人独资企业应当具备下列条件：①投资人为一个自然人；②有合法的企业名称；③有投资人申报的出资；④有固定的生产经营场所和必要的生产经营条件；⑤有必要的从业人员。

（二）合伙企业

合伙企业，是指自然人、法人和其他组织依法设立的普通合伙企业和有限合伙企业。它是由两个或两个以上的主体通过订立合伙协议，共同出资经营、共负盈亏、共担风险的企业组织形式。

【知识链接】

我国《合伙企业法》规定的合伙企业成立的条件

设立合伙企业，应当具备下列条件：①有二个以上合伙人。合伙人为自然人的，应当具有完全民事行为能力；②有书面合伙协议；③有合伙人认缴或者实际缴付的出资；④有合伙企业的名称和生产经营场所；⑤法律、行政法规规定的其他条件。

（三）公司

公司是指一个以上的股东依法设立的营利性法人。关于公司的深入介绍详见本书的第三章"公司法"。

四、商事主体的商事能力

（一）商事能力的概念

商事能力是商主体在商法上的商事行为能力与商事权利能力的统称。它是指商主体依据商业登记所核定的经营范围，独立地从事特定的商行为，享有商法上的权利并承担相应义务的资格和能力。

（二）商事能力取得的法律限制

1. 对于未成年人商事能力的限制

各国商法对于未成年人（包括无行为能力人和限制行为能力人）的商事能力之限制主要是对其商事行为能力的限制。

【知识链接】

我国法律对民事行为能力的规定

(1)完全民事行为能力人

完全民事行为能力人可以独立进行民事活动,不受他人的意志约束。包括:①18周岁以上的成年人;②已满16周岁,不满18周岁的人,以自己的劳动收入为主要生活来源的,视为完全民事行为能力人。

(2)限制民事行为能力人

限制民事行为能力人可以进行与他的年龄、智力以及精神健康状况相适应的民事活动;其他民事活动由他的法定代理人代理,或者征得他的法定代理人的同意、追认。否则其进行的民事活动无效。包括:①8周岁以上不满18周岁的未成年人;②不能完全辨认自己行为的成年人。8周岁以上的未成年人可以独立实施纯获利益的民事法律行为或者与其年龄、智力相适应的民事法律行为。不能完全辨认自己行为的成年人可以独立实施纯获利益的民事法律行为或者与其智力、精神健康状况相适应的民事法律行为。

(3)无民事行为能力人

无民事行为能力人不能独立进行民事活动,必须由他的法定代理人代理民事活动。否则其进行的民事活动无效。包括:①不满8周岁的未成年人;②不能辨认自己行为的成年人。

2. 对于外国人的商事能力的限制

多数国家的商事法律对于外国人的商事能力之取得规定有特别限制,这种限制在某些特殊行为范围内体现尤为明显。可以说,几乎没有任何国家对于外国人的商事能力之取得采取与本国公民完全等同的无差别待遇。

许多国家对于外国人的商事能力的取得采取明确的差别待遇政策,如对于外国人的商事能力之取得附加以越来越多的限制,规定外国法人必须在经国家主管机关授权后,方可在本国独立从事商业事务等。

第三节　商事行为

一、商事行为的概念

商事行为是商主体以营利性为目的,旨在设立、变更或消灭商事法律关系的经营性行为。

二、商事行为的法律特征

商事行为是商主体所为的行为。它与一般民事行为不同,主要有以下几方面。

（一）商事行为是以营利为目的的行为

营利性是商法的基本特性,同时也是商事行为的基本特性之一。商事行为的营利性主要应从行为的目标来考察,而不在于行为的结果,行为结果是否盈利不能成为判断商事行为成立与否的依据。对于商人,可根据其主体特征,在不能举出反证时,推定其行为为商事行为。

（二）商事行为是经营性行为

经营性是指行为人的营利行为具有反复性、不间断性和计划性的特点,表明主体至少在一段时期内连续不断地从事某种性质相同的营利活动,具有职业性。偶然性的营利行为不能成为经营性活动。

（三）商事行为是商主体所为的行为

商事行为是商主体这一特定主体所从事的行为。因此,商事主体从事商事行为,就必须具有特定的商事行为能力,主体的行为能力对于行为的有效性起着决定性作用。这一特征在不同国家商法中的具体表现不同。

三、商事行为的分类

（一）基本商行为与附属商行为

这是以商事行为在同一营业活动内所起的作用和所处的地位的不同进行的划分。

基本商行为是指直接从事营利性经营活动的商事行为。基本商行为包括绝对商行为和相对商行为。由于绝对商行为和相对商行为在整个商事交易行为中属于基本形式,且符合商事交易行为的基本要求,故称其为基本商行为。

附属商行为,又称"辅助商行为",是相对于基本商行为而言的,指在同一商事营业活动内虽不具有直接营利性的内容,但却能起到协助基本商行为实现营利目的的辅助行为。例如,仓储行为、运送行为、广告行为、代理行为等。

（二）绝对商行为与相对商行为

这是以商行为的客观性质和是否附加条件为标准进行的划分。

绝对商行为是指依照行为的客观性和法律的规定,当然属于商行为的行为,而不必考虑实施该行为的主体是否是商人。它具有客观性和无条件性,不以行为主体是商人和行为采用营业方式为条件,凡是商法明文规定的,一律认定为商事行为。

相对商行为是指依行为人的主观性和行为自身的性质而认定的商事行为。它以行为主体是否为商人以及行为是否具有营利特性为认定要件,只有在行为主体是商人或行为具有营利性时,才能认定该行为是商事行为。当行为主体或行为目的不符合法定条件时,其行为仅构成一般民事行为,适用民法的一般规定。

（三）单方商行为与双方商行为

这是以行为当事人是否均为商主体为标准进行的划分。

单方商事行为是指行为人一方为商主体而另一方为非商主体所从事的交易行为。如商店与消费者之间的商品买卖行为、银行与顾客之间的存贷款行为。对于单方商行为的法律适用问题，各国商法的规定不尽相同。大陆法系一些国家认为，单方商行为本质上仍属于商事行为，应当受到商法的统一调整。英美法系国家则认为，单方商行为是商事行为与一般民事法律行为的结合，商法中有关商事行为的规定只适用于商主体一方，其相对人则适用民法中的规定。

双方商行为是指行为人双方均为商主体所从事的营利性营业行为，如批发商与零售商之间的商品销售行为。双方商主体是商自然人还是商法人并不影响该商事行为的成立。双方商行为直接适用商法，各国法律和实践中对于双方商行为的法律适用基本上不存在争议。

（四）固有商行为与准商行为

这是以法律对商事行为的不同确认方式为标准进行的划分。

固有商行为，也称作"传统商行为""完全商行为"，是指依据法律规定或法律列举可以直接认定的商事行为，它包括绝对商行为和固有商人的营业商行为。依据商法的基本规定，许多商法行为在固有商行为的明确范围之内。

准商行为又称"推定商行为"，是指拟制商主体所实施的经营性商事行为。这种商事行为往往不能直接根据法律的规定来加以确认，而必须通过事实推定或法律推定来确认其行为性质，是准用商事法律行为原则的行为，如非商事主体所从事的信息咨询服务、为商主体提供间接代理等。

四、一般商事行为

一般商事行为与特殊商事行为是大陆法系国家商法学理论研究中使用的一对概念，它并不是严格意义上的商事行为的分类，而是从商法对商事行为特别调整的共性和个性的角度提出来的问题。一般商事行为是指在商事交易中广泛存在的，并受商法规则所调整的行为。

（一）商事代理行为

商事代理以民事代理关系为其法律关系的构成基础，但两者在主体、客体和内容上都存在一定的差异。商事代理行为是最基本的商事行为之一，不同国家对其又有不同规定。我国在立法上没有区分民事代理和商事代理，在实践中，有关商事代理问题适用我国《民法典》的相关规定。

（二）商事债权行为

商事债权行为的构成要件以民事法律行为的构成要件为基础,同时适用商法的特殊规定,这些特殊的规定在法律效力上优先于民法的规定。商事债权的特殊性主要表现在商事合同缔结过程中要约和承诺的特殊性上,具体涉及对意思表示之缄默和缄默之错误的特殊性规定等内容。

一般来说,缄默作为一种消极的行为或不作为的行为,不具有意思表示的效果。但在例外情况下,如双方已有约定或法律有明确规定,则缄默可当作对要约的承诺。如我国《民法典》第 140 条的规定,"行为人可以明示或者默示作出意思表示。沉默只有在有法律规定、当事人约定或者符合当事人之间的交易习惯时,才可以视为意思表示"。

（三）商法上的物权行为

对于一些特殊商事行为,商法中又有特殊的补充性规定,它们在一定程度上构成了商事物权与民事物权在法律上的差异。如商事流质预约的认可、商事留置权。

五、特殊商行为

（一）商事运输

商事运输是以特定的标的物为运输对象的特殊运输行为,指承运人将旅客或货物从起运地点运输到约定地点,旅客、托运人或者收货人支付票款或者运输费用的一种特殊商事行为。货运是典型的商事行为,是商法调整的对象。旅客运输由于涉及人身问题,所以在许多国家更多地涉及民法、旅客运输法、交通法等法律法规的调整。

我国《民法典》将货运合同和客运合同统一规定在第三编第十九章"运输合同"之中,其中,第二节规定了"客运合同",第三节规定了"货运合同",第四节规定了"多式联运合同"。第一节是有关运输合同的"一般规定"。

（二）商事仓储

商事仓储是货物储存和保管之商事行为,即保管人储存存货人交付的仓储物,存货人支付仓储费的一种商事行为。大陆法系国家商法典中,仓储是一种典型的商事行为。我国《民法典》将保管和仓储分别立法,第三编第二十一章和第二十二章分别规定了"保管合同"和"仓储合同",以强调二者之间的区别。仓储合同自成立时起生效,仓储合同没有规定的,通常适用保管合同的有关规定。

（三）商事居间

商事居间是指商主体为获取一定的报酬而从事的为委托人与第三人订立合同提供缔约机会或进行介绍,以促成合同订立的行为。商事居间以民事居间关系为其构成和存在的基础,但两者在主体、客体和内容方面都存在着差异。

(四) 商事行纪

商事行纪是指商主体以自己的名义为委托人购买或销售货物、有价证券等,从中获取相应的报酬,并以此作为职业性经营的行为。商事行纪是典型的商事行为。行纪行为是大陆法系国家商法中的一种典型商行为。

(五) 商事期货交易

商事期货交易是指按照期货交易所的规定,期货买卖的双方当事人在交易所内预先签订有关产品的买卖合同,而货款的支付和货物的交割要在约定的远期进行的一种特殊商事行为,是商事买卖的一种特殊形态。

商事期货交易具有如下几个特征:(1)期货交易必须在交易所内进行;(2)期货交易必须遵守交易所的交易规则;(3)在通常情况下,期货交易的买卖标的是标准化合约,而不是商品;(4)期货交易具有高风险、高收益的特点。

(六) 商事信托

信托是指委托人将其财产转移给受托人,受托人以自己的名义依照委托人的指定,为受益人的利益或特定目的,管理或者处理财产的行为。受托人从中可以获取一定的商业利益。信托可分为民事信托和商事信托。商事信托是以获取商业利益为目的的商事法律行为。

商事信托无论在种类方面,还是在规模方面,都远远超过民事信托。商事信托种类繁多,常见的商事信托主要有投资基金信托、附担保的公司债信托、贷款信托、设备买卖融资担保信托、公司股东表决权信托、雇员受益信托等。

第四节 商 事 登 记

一、商事登记的概念与法律特征

(一) 商事登记的概念

商业登记是指商业发起人为设立、变更或终止商事主体资格,依照法律规定的内容和程序向主管机关申请登记并被主管机关核准注册登记的法律行为。

依据商主体法定的原则,商事主体采取何种形式,即无论独资企业、合伙企业还是公司,其主体资格的获得必须登记,并以此取得权利能力和行为能力,商主体的变更和终止也必须进行商事登记。

（二）商事登记的法律特征

1．商事登记是发起人为设立、变更或终止商事主体资格而进行的法律行为

商事登记的基本目的是设立、变更或终止商事主体资格。多数国家的法律都规定，特定商事主体的资格以及商事能力的取得是具体商事登记行为发生的法律效果，特定商主体的权利能力和行为能力的起始、变更或终止取决于具体商事登记行为的生效时间。

2．商事登记是一种要式法律行为

法律规定商事登记应当具有一定的形式和程序，登记注册的事项和内容也由法律特别规定，属于强行法的内容。符合法定条件的当事人只有按照法律规定向法定登记机关提出申请，登记机关按照法定程序进行核准登记后，有关登记事项才能够产生法律规定的效果。

3．商事登记是公法上的行为

商事登记本质上是一种公法行为，是国家为了提高交易效率和维护交易安全而对商事行为的干预，是行政管理机关应当事人的申请而作的行为。[1]

（三）商事登记的法律意义

(1)商事登记是商法保障交易安全和商业秩序的基础。
(2)商事登记是商法维护第三人合法利益和社会公共利益的基础。
(3)商事登记是保护商事主体营业活动的有效手段。

二、商事登记的种类

自2022年3月1日起施行的《市场主体登记管理条例》及《市场主体登记管理条例实施细则》规定，市场主体登记管理应当遵循依法合规、规范统一、公开透明、便捷高效的原则。市场主体登记主要有设立登记、变更登记、注销登记三种。

为了规范市场主体登记管理行为，推进法治化市场建设，维护良好市场秩序和市场主体的合法权益，优化营商环境，国务院制定了《市场主体登记管理条例》（以下简称《条例》），对在我国境内以营利为目的、从事经营活动的市场主体登记管理作出统一规定，这是我国制定出台的第一部统一规范各类市场主体登记管理的行政法规。

《条例》规定，市场主体是指在我国境内以营利为目的、从事经营活动的下列自然人、法人及非法人组织，包括：①公司、非公司企业法人及其分支机构；②个人独资企业、合伙企业及其分支机构；③农民专业合作社（联合社）及其分支机构；④个体工商户；⑤外国公司分支机构；⑥法律、行政法规规定的其他市场主体。

---

〔1〕 商事登记是公法行为，但是会产生私法上的效果。申请人一旦得到行政机关的核准登记，就取得了依法进行商事活动的资格，可以进行商业活动。

市场主体应当依照《条例》办理登记。未经登记,不得以市场主体名义从事经营活动。法律、行政法规规定无需办理登记的除外。

(一)市场主体登记管理部门

国务院市场监督管理部门负责全国市场主体登记管理工作,加强信息化建设,制定统一的市场主体登记数据和系统建设规范。

县级以上地方人民政府市场监督管理部门负责本辖区市场主体登记管理工作,加强统筹指导和监督管理。县级以上地方人民政府承担市场主体登记工作的部门(以下简称登记机关)应当优化市场主体登记办理流程,提高市场主体登记效率,推行当场办结、一次办结、限时办结等制度,实现集中办理、就近办理、网上办理、异地可办,提升市场主体登记便利化程度。

(二)设立登记

市场主体实行实名登记。申请人应当配合登记机关核验身份信息。市场主体申请办理设立登记,应当提交下列材料:①申请书;②申请人资格文件、自然人身份证明;③住所或者主要经营场所相关文件;④公司、非公司企业法人、农民专业合作社(联合社)章程或者合伙企业合伙协议;⑤法律、行政法规和国务院市场监督管理部门规定提交的其他材料。申请人应当对提交材料的真实性、合法性和有效性负责。

市场主体应当按照登记机关公布的经营项目分类标准办理经营范围登记。

🏳 【知识链接】

市场主体的一般登记事项

市场主体的一般登记事项包括:①名称;②主体类型;③经营范围;④住所或者主要经营场所;⑤注册资本或者出资额;⑥法定代表人、执行事务合伙人或者负责人姓名。除以上规定外,还应当根据市场主体类型登记下列事项:①有限责任公司股东、股份有限公司发起人、非公司企业法人出资人的姓名或者名称;②个人独资企业的投资人姓名及居所;③合伙企业的合伙人名称或者姓名、住所、承担责任方式;④个体工商户的经营者姓名、住所、经营场所;⑤法律、行政法规规定的其他事项。

申请办理公司设立登记,还应当提交法定代表人、董事、监事和高级管理人员的任职文件和自然人身份证明。募集设立股份有限公司的,除以上规定的材料外,还应当提交依法设立的验资机构出具的验资证明;公开发行股票的,还应当提交国务院证券监督管理机构的核准或者注册文件。涉及发起人首次出资属于非货币财产的,还应当提交已办理财产权转移手续的证明文件。申请设立非公司企业法人,还应当提交法定代表人的任职文件和自然人身份证明。

🏳 【知识链接】

《民法典》及《条例》关于法定代表人的规定

《民法典》第61条规定,依照法律或者法人章程的规定,代表法人从事民事活动的负责人,为法人的法定代表人。

《条例》规定,有下列情形之一的,不得担任公司、非公司企业法人的法定代表人:①无民事行为能力或者限制民事行为能力;②因贪污、贿赂、侵占财产、挪用财产或者破坏社会主义市场经济秩序被判处刑罚,执行期满未逾5年,或者因犯罪被剥夺政治权利,执行期满未逾5年;③担任破产清算的公司、非公司企业法人的法定代表人、董事或者厂长、经理,对破产负有个人责任的,自破产清算完结之日起未逾3年;④担任因违法被吊销营业执照、责令关闭的公司、非公司企业法人的法定代表人,并负有个人责任的,自被吊销营业执照之日起未逾3年;⑤个人所负数额较大的债务到期未清偿;⑥法律、行政法规规定的其他情形。

申请设立合伙企业的,还应当提交下列材料:①法律、行政法规规定设立特殊的普通合伙企业需要提交合伙人的职业资格文件的,提交相应材料;②全体合伙人决定委托执行事务合伙人的,应当提交全体合伙人的委托书和执行事务合伙人的主体资格文件或者自然人身份证明。执行事务合伙人是法人或者其他组织的,还应当提交其委派代表的委托书和自然人身份证明。

申请人申请登记的市场主体注册资本(出资额)应当符合章程或者协议约定。市场主体注册资本(出资额)以人民币表示。外商投资企业的注册资本(出资额)可以用可自由兑换的货币表示。依法以境内公司股权或者债权出资的,应当权属清楚、权能完整,依法可以评估、转让,符合公司章程规定。出资方式应当符合法律、行政法规的规定。公司股东、非公司企业法人出资人、农民专业合作社(联合社)成员不得以劳务、信用、自然人姓名、商誉、特许经营权或者设定担保的财产等作价出资。

💬 【案例1-1】

甲公司、乙公司、丙、丁欲成立一家有限责任公司。它们在制定公司章程时约定各自以以下方式出资:甲公司以其企业商誉评估作价90万元出资,乙公司以其获得的某知名品牌特许经营权评估作价80万元出资,丙以其设定了抵押担保的房屋评估作价120万元出资,丁以货币出资10万元人民币。它们的出资方式符合法律规定吗?

【评析】

《公司法》第27条规定,股东可以用货币出资,也可以用实物、知识产权、土地使用权等可以用货币估价并可以依法转让的非货币财产作价出资;但是,法律、行政法规规定不得作为出资的财产除外。对作为出资的非货币财产应当评估作价,核实财产,不得高估或者低估作价。法律、行政法规对评估作价有规定的,从其规定。《公司登记管理条例》第14条规定,股东的出资方式应当符合《公司法》第27条的规定,但是,股东不得以劳务、信用、自然人姓名、商誉、特许经营权或者设定担保的财产等作价出资。因此,甲公司、乙公司、丙的出资均不符合法律规定。丁的出资符合法律规定。

申请办理分支机构设立登记,还应当提交负责人的任职文件和自然人身份证明。

市场主体只能登记一个名称,经登记的市场主体名称受法律保护。市场主体名称由申请人依法自主申报。

市场主体只能登记一个住所或者主要经营场所。电子商务平台内的自然人经营者可以根据国家有关规定,将电子商务平台提供的网络经营场所作为经营场所。

市场主体的经营范围包括一般经营项目和许可经营项目。经营范围中属于在登记前依法须经批准的许可经营项目,市场主体应当在申请登记时提交有关批准文件。

登记机关应当对申请材料进行形式审查。对申请材料齐全、符合法定形式的予以确认并当场登记。不能当场登记的,应当在3个工作日内予以登记;情形复杂的,经登记机关负责人批准,可以再延长3个工作日。申请材料不齐全或者不符合法定形式的,登记机关应当一次性告知申请人需要补正的材料。

登记申请不符合法律、行政法规规定,或者可能危害国家安全、社会公共利益的,登记机关不予登记并说明理由。

申请人申请市场主体设立登记,登记机关依法予以登记的,签发营业执照。营业执照签发日期为市场主体的成立日期。法律、行政法规或者国务院决定规定设立市场主体须经批准的,应当在批准文件有效期内向登记机关申请登记。

营业执照分为正本和副本,具有同等法律效力。电子营业执照与纸质营业执照具有同等法律效力。

(三)变更登记

市场主体变更登记事项,应当自作出变更决议、决定或者法定变更事项发生之日起30日内向登记机关申请变更登记。市场主体变更登记事项属于依法须经批准的,申请人应当在批准文件有效期内向登记机关申请变更登记。市场主体申请办理变更登记,应当提交申请书,并根据市场主体类型及具体变更事项分别提交规定的材料。

公司、非公司企业法人的法定代表人在任职期间发生《条例》第12条所列情形之一的,应当向登记机关申请变更登记。

市场主体变更经营范围,属于依法须经批准的项目的,应当自批准之日起30日内申请变更登记。许可证或者批准文件被吊销、撤销或者有效期届满的,应当自许可证或者批准文件被吊销、撤销或者有效期届满之日起30日内向登记机关申请变更登记或者办理注销登记。

市场主体变更住所或者主要经营场所跨登记机关辖区的,应当在迁入新的住所或者主要经营场所前,向迁入地登记机关申请变更登记。

市场主体变更名称,可以自主申报名称并在保留期届满前申请变更登记,也可以直接申请变更登记。

市场主体变更注册资本或者出资额的,应当办理变更登记。

公司变更类型,应当按照拟变更公司类型的设立条件,在规定的期限内申请变更登记,并提交有关材料。非公司企业法人申请改制为公司,应当按照拟变更的公司类型设立条件,在规定期限内申请变更登记,并提交有关材料。

市场主体变更登记涉及营业执照记载事项的,登记机关应当及时为市场主体换发营业执照。

(四)注销登记

市场主体因解散、被宣告破产或者其他法定事由需要终止的,应当依法向登记机关申请注销登记。经登记机关注销登记,市场主体终止,不得从事与注销事项无关的生产经营活动。市场主体注销依法须经批准的,应当经批准后向登记机关申请注销登记。市场主体自登记机关予以注销登记之日起终止。

市场主体注销登记前依法应当清算的,清算组应当自成立之日起 10 日内将清算组成员、清算组负责人名单通过国家企业信用信息公示系统公告。清算组可以通过国家企业信用信息公示系统发布债权人公告。清算组应当自清算结束之日起 30 日内向登记机关申请注销登记。市场主体申请注销登记前,应当依法办理分支机构注销登记。

人民法院裁定强制清算或者裁定宣告破产的,有关清算组、破产管理人可以持人民法院终结强制清算程序的裁定或者终结破产程序的裁定,直接向登记机关申请办理注销登记。

🚩【知识链接】

申请办理注销登记应当提交的材料

申请办理注销登记,应当提交下列材料:①申请书;②依法作出解散、注销的决议或者决定,或者被行政机关吊销营业执照、责令关闭、撤销的文件;③清算报告、负责清理债权债务的文件或者清理债务完结的证明;④税务部门出具的清税证明。除以上规定外,人民法院指定清算人、破产管理人进行清算的,应当提交人民法院指定证明;合伙企业分支机构申请注销登记,还应当提交全体合伙人签署的注销分支机构决定书。

申请办理简易注销登记,应当提交申请书和全体投资人承诺书。

市场主体未发生债权债务或者已将债权债务清偿完结,未发生或者已结清清偿费用、职工工资、社会保险费用、法定补偿金、应缴纳税款(滞纳金、罚款),并由全体投资人书面承诺对上述情况的真实性承担法律责任的,可以按照简易程序办理注销登记。市场主体注销依法须经批准的,或者市场主体被吊销营业执照、责令关闭、撤销,或者被列入经营异常名录的,不适用简易注销程序。

市场主体应当将承诺书及注销登记申请通过国家企业信用信息公示系统公示,公示期为20日。在公示期内无相关部门、债权人及其他利害关系人提出异议的,市场主体可以于公示期届满之日起20日内向登记机关申请注销登记。

登记机关依法作出变更登记、注销登记和撤销登记决定的,市场主体应当缴回营业执照。拒不缴回或者无法缴回营业执照的,由登记机关通过国家企业信用信息公示系统公告营业执照作废。

三、商事登记的法律效力

(一)商事登记的对内效力

商事登记的对内效力是指商事登记对申请登记的商主体本身所产生的效力。对于登记的商事主体来说,申请登记的事项一经核准登记,就产生相应的法律效力。

设立申请由登记主管机关依法核准登记并发给营业执照的,商事主体的设立才得到法律的确认,商事主体的设立程序正式完成。自营业执照签发之日起,商业主体依法享有民事权利能力和民事行为能力,并依法享有权利和承担义务,以自己的名义开立银行账户、签订合同、注册商标等,在发生商事纠纷时,可以以自己的名义起诉、应诉。

申请变更登记的,登记机关将核准登记的决定告知申请人,并换发营业执照,自营业执照换发之日起,商业主体的资格即发生变更。商事主体不得擅自变更登记事项,否则应当承担相应的法律责任。

申请注销登记的,登记机关将核准登记的决定告知申请人,并收缴营业执照,自营业执照收缴之日起,商业主体的资格消灭。

(二)商事登记的对外效力

商事登记的对外效力表现在商事主体依法成立,可以以自己的名义对外进行活动,由此产生的权利义务和责任由该商事主体享有或承担,如公司具有法人资格,其行为产生的权利义务由法人承担,而不是由组成法人的具体个人承担。商事主体应当登记而未登记的事项,对于第三人不发生法律效力。

第五节　商事代理

一、商事代理的概念与特征

(一)商事代理的概念

商事代理指的是代理商依据被代理人的委托,以自己的名义或以委托人的名义为委托人卖或买或提供服务,并从中获取报酬的经营活动。

(二) 商事代理的特征

1. 商人性

商事代理人必须先取得商人资格才能从事商事代理。

2. 营利性

商事代理是代理人的营利性行为,代理人是在为自己营利的前提下,向被代理人提供服务。商事代理的这个特点使商事代理的利益主体形成多元化,并从根本上区别于民事代理,民事代理不以营利为特征。

3. 独立性

商事代理人在代理关系中的法律地位是独立的。商事代理也不以显名为必要,代理人根据委托协议和行业规则,既可以显示被代理人姓名,也可以不显示被代理人姓名,还可以完全以自己的名义从事代理。但是,当对方当事人不知道代理人的行为是为本人所进行时,也可以请求其代理人履行义务,例如我国《民法典》第926条的规定。而民事代理则以显示被代理人姓名作为其必要条件。

【知识链接】

我国《民法典》第926条的规定

受托人以自己的名义与第三人订立合同时,第三人不知道受托人与委托人之间的代理关系的,受托人因第三人的原因对委托人不履行义务,受托人应当向委托人披露第三人,委托人因此可以行使受托人对第三人的权利,但是,第三人与受托人订立合同时如果知道该委托人就不会订立合同的除外。

受托人因委托人的原因对第三人不履行义务,受托人应当向第三人披露委托人,第三人因此可以选择受托人或者委托人作为相对人主张其权利,但第三人不得变更选定的相对人。

委托人行使受托人对第三人的权利的,第三人可以向委托人主张其对受托人的抗辩。第三人选定委托人作为其相对人的,委托人可以向第三人主张其对受托人的抗辩以及受托人对第三人的抗辩。

4. 代理形式具有灵活性

商事代理人从事代理业务,既可以以被代理人的名义进行代理,也可以自己的名义进行代理。商事代理并不以直接代理为限,同时也承认间接代理。而且,商事行为的代理中,代理人的权限范围要比民事代理的权限范围广。许多国家的商法都承认商事行为的代理人在不违背被代理人授权本意的范围内,可以实施未被直接授权的行为。

5. 商事代理不以本人的死亡而使代理权终止

商事行为的代理不因本人的死亡而消灭,这样一方面可以避免由于停止营业而造成的经济损失,另一方面也符合商法保护交易安全的要求。

二、商事代理种类

(一) 直接代理与间接代理

根据代理名义的不同,商事代理可以分为直接代理与间接代理。

1. 直接代理

直接代理是指商事代理人在代理权限内,以被代理人的名义同相对人进行商事交易活动,其法律后果直接由被代理人承担的商事代理。在直接代理的情况下,由于商事代理人实施的代理行为是以被代理人的名义进行的,因此其法律后果直接归于被代理人,第三人直接与被代理人发生权利义务关系。

2. 间接代理

间接代理是指商事代理人在代理权限内,以自己的名义同相对人进行商事交易活动,其法律后果间接由被代理人承担的商事代理。第三人并不能直接同被代理人发生权利义务关系,只能在代理人将该代理行为所形成的法律后果移交给被代理人后,第三人与被代理人才能发生权利义务关系。

(二) 一般代理与全权代理

依据代理权限的大小,商事代理可以分为一般代理与全权代理。

1. 一般代理

一般代理是代理权限受到一定限制的商事代理。一般情况下,一般代理有地区及业务范围的限制,代理人必须在被代理人明确授权范围内实施代理行为。

2. 全权代理

全权代理是指代理人的代理权限不受特别限制,可以实施法律允许的一切行为的商事代理。全权代理必须由被代理人在授权委托书中明确说明,如没有特别说明的,则为一般代理。

(三) 总代理与分代理

依据代理业务的范围,商事代理可以分为总代理与分代理。

1. 总代理

总代理亦称"全部代理",是指商事代理人在确定的区域内,可以代理被代理人从事全部业务活动的商事代理。

2. 分代理

分代理亦称"部分代理",是指代理人在确定的区域内,只能代理被代理人从事某些业务活动的商事代理。

（四）独家代理与多家代理

依据代理权是否具有排他性,商事代理可以分为独家代理与多家代理。

1. 独家代理

独家代理是指具有排他性的商事代理。在独家代理的情况下,被代理人在约定的地区只能将代理权委托给一个代理人,该代理人独自享有代理权,其代理权具有排他性,被代理人不得另行委托其他代理人为其办理商事代理业务。

2. 多家代理

多家代理是指不具有排他性的商事代理。在多家代理的情况下,被代理人可以将代理权委托给两个或两个以上的代理人,各代理人的代理权限都不具有排他性,各个代理人只能在各自的授权范围内实施代理行为,相互间并不发生任何法律关系。

第六节　商　业　账　簿

一、商业账簿的概念与特征

（一）商业账簿的概念

商业账簿是商事主体为表明其营业状况及财产状况而依法制作的簿册,包括书面形式和电子形式。形式意义上的商业账簿又称为法定账簿,指商事主体依法必须具备的账簿。实质意义上的商业账簿是指商事主体所制作的一切账簿,包括法定账簿和商事主体依据自己的需要而自行备置的账簿。

形式意义上的商业账簿分为广义的商业账簿和狭义的商业账簿。广义的商业账簿是指依据商法、会计法和其他法律法规所制作的账簿,狭义的商业账簿仅指根据会计法规而备置的账簿。

（二）商业账簿的特征

1. 商业账簿是商事主体所制作

商业账簿与商主体的经营活动存在必然的联系,制作商业账簿是商主体的法定义务。而且,商事主体备置的账簿才是商业账簿,国家机关和事业单位等依法备置的会计账簿就不能成为商业账簿。

2. 商事主体必须依法制作商业账簿

商主体制作商业账簿,必须依据法律的规定进行。各国商法都要求商事主体设置商业账簿,如《法国商法典》《德国商法典》《日本商法典》,英国的《公司法》等均有相应的规定。各国对商业账簿内容进行规范化和标准化,主要通过颁布会计准则的方式实现。我国法律规定,各单位必须依法设置会计账簿,并保证其真实、完整。

单位负责人对本单位的会计工作和会计资料的真实性、完整性负责。会计凭证、会计账簿、财务会计报告和其他会计资料必须符合国家统一的会计制度的规定。1992 年，由国务院批准，财政部首次颁布了《企业会计准则》，后来不断进行修订。

第二次世界大战以后，尤其是 20 世纪 70 年代以来，随着经济全球化的发展，会计准则出现了国际化的趋势。各国在编制本国的会计准则时，越来越多地参考并融合国际会计准则和其他国家的会计准则，会计准则的国际化日益明显。

二、商业账簿的种类

根据《会计法》规定，商业账簿分为：会计凭证、会计账簿和财务会计报告。

（一）会计凭证

会计凭证是记录经济业务的发生和完成情况，明确经济责任，并作为记账依据的书面证明。按照填制程序和用途的不同，会计凭证可以分为原始凭证和记账凭证两类。

原始凭证是指在经济业务发生时由经办人员直接取得或填制的，用以表明经济业务的发生或完成情况，并明确经济责任、作为记账原始凭证依据的会计凭证。记账凭证是指会计人员根据审核无误的原始凭证或原始凭证汇总表填制的，用来确定会计分录，据以直接登记账簿的一种会计凭证。

（二）会计账簿

会计账簿是指按照会计制度规定的结构、程序和方法，全面、系统、连续和分类记载商事主体营业活动以及财产变动状况的簿册。

我国《会计法》规定了总账、明细账、日记账和其他辅助性账簿四种会计账簿。

（三）财务会计报告

财务会计报告是指商事主体依法依货币形式向政府或社会总括性披露一定时期的财务状况、经营成果、现金流量的书面文件。我国《会计法》确认了财务会计报告由会计报表、会计报表附注和财务情况说明书组成。

会计报表是依据日常会计核算资料编制的，以货币为计量单位，通过一定的表格形式综合反映商事主体在一定时期内的财务状况和经营成果的书面报告文件，包括资产负债表、利润表和现金流量表。会计报表附注是对在会计报表中列示项目所作出的进一步说明，以及对未能在这些报表中列示项目的说明等。

财务情况说明书是对会计报表的补充，是用文字和数字补充说明在会计报表中不能反映的企业财务状况的书面报告。

三、商业账簿的保管

各国对商业账簿的保管都有规定，也规定了保管的期限。我国《会计档案管理办法》

规定,当年会计档案,在会计年度终了后,可暂由本单位财务会计部门保管一年。期满之后,原则上应由财务会计部门编造清册移交本单位的档案部门保管。财务会计部门和经办人必须按期将应当归档的会计档案,全部移交档案部门,不得自选封包保存。档案部门必须按期点收,不得推诿拒绝。

各种会计档案的保管期限,根据其特点,分为永久、定期两类。定期保管期限分为 3 年、5 年、10 年、15 年、25 年五种。各种会计档案的保管期限,从会计年度终了后的第一天算起。各单位对会计档案必须进行科学管理,做到妥善保管,同时,严格执行安全和保密制度,严防毁损、散失和泄密。

对于电子形式的会计档案,也应当保存相应的纸质会计档案。

【思考题】

1.什么是商法？商法的法律特征是什么？

2.商法经历了怎样的发展过程？

3.商法遵循的基本原则是什么？

4.什么是商事主体？可以从不同角度对商事主体进行哪些划分？

5.什么是商事能力？

6.什么是商事行为？

7.什么是商事登记？商事登记的意义是什么？

8.什么是商事代理？什么是商业账簿？

第二章 合 同 法

【学习要点及目标】

1. 了解合同的概念、分类、特征、格式条款、缔约过失责任的法律规定。

2. 理解合同活动的基本原则,掌握合同成立和生效的概念、合同生效要件规定。

3. 理解并掌握合同履行中的抗辩权、合同的保全方式的规定。

4. 理解合同变更、转让和终止的规定,掌握承担违约责任方式、违约责任规定。

第一节　合同法概述

一、合同概述

(一) 合同的概念和特征

在现代社会,合同是从事商事活动必不可少的工具。我国法律认为,合同在本质上是一种协议。根据《民法典》第 464 条的规定:"合同是民事主体之间设立、变更、终止民事法律关系的协议。"合同具有以下法律特征:(1)合同是平等主体之间的协议。(2)合同以设立、变更、终止民事权利义务关系为目的。(3)合同具有法律约束力。

(二) 合同的分类

合同的分类,是指根据一定的标准,将合同划分为不同的类型。合同作为商品交易的法律形式,其类型因交易方式的多样化而各不相同。

1. 有名合同与无名合同

根据合同在法律上有无名称和专门规定,可以将合同分为有名合同和无名合同。

有名合同又称典型合同,是指法律明确规定其名称及规则的合同。《民法典》中规定的有名合同有:买卖合同;供用电、水、气、热力合同;赠与合同;借款合同;保证合同;租赁合同;融资租赁合同;保理合同;承揽合同;建设工程合同;运输合同;技术合同;保管合同;仓储合同;委托合同;物业服务合同;行纪合同;中介合同;合伙合同。

无名合同,是指法律尚未规定其名称及规则的合同。

2. 诺成合同与实践合同

根据合同的成立是否以交付标的物为必要,可以将合同分为诺成合同与实践合同。

诺成合同,是指双方当事人意思表示一致就可以成立的合同,例如买卖合同;实践合同,是指除双方当事人意思表示一致外,还需要交付标的物才能成立的合同,例如借款合同以及某些保管合同。

3. 要式合同与不要式合同

根据法律或当事人对合同的形式是否有特殊要求,可以将合同分为要式合同与不要式合同。

要式合同,是指法律规定或当事人约定必须采用特定形式的合同,例如履行核准、登记手续,采用书面、公证形式等;不要式合同,是指法律规定或当事人约定不需要具备特定形式的合同。合同原则上都是不要式合同,要式合同则是法律规定或当事人约定的特殊情况。《民法典》规定:"民事法律行为可以采用书面形式、口头形式或者其他形式;法律、行政法规规定或者当事人约定采用特定形式的,应当采用特定形式。"

4. 双务合同与单务合同

根据当事人双方权利义务的分担方式,可以将合同分为双务合同与单务合同。

双务合同,是指当事人双方都享有权利并承担义务的合同,例如租赁合同;单务合同,是指当事人一方只承担义务不享有权利的合同,例如赠与合同。在商事活动的实践中,合同多为双务合同,单务合同则为例外。

5. 有偿合同与无偿合同

根据当事人取得权益是否需要支付相应代价,合同可以分为有偿合同与无偿合同。

有偿合同,是指当事人一方享有权益必须偿付相应代价的合同,例如运输合同、租赁合同等;无偿合同,是指当事人一方享有权益不必偿付相应代价的合同,例如借用合同。在商事活动的实践中,合同一般为双务合同。

6. 主合同与从合同

根据合同相互间的主从关系,可以将合同分为主合同与从合同。

主合同,是指不需要依附其他合同而能单独存在的合同;从合同,是指以主合同的存在为前提的合同,如保证合同、抵押合同、质押合同、定金合同等。

二、合同法概述

(一) 合同法的概念

合同法是调整合同关系的法律规范的总称,是市场经济最基本的法律。我国于1999年3月15日通过了《中华人民共和国合同法》(以下简称《合同法》),该法于1999年10月1日起施行。除此之外,《中华人民共和国民法通则》(以下简称《民法通则》)、最高人民法院关于合同法的司法解释(《关于贯彻执行〈民法通则〉若干问题的意见》《关于适用〈合同法〉若干问题的解释》《关于适用〈担保法〉若干问题的解释》)等对于合同关系也予以规定。

2020年5月28日,第十三届全国人民代表大会第三次会议通过《民法典》。《民法典》自2021年1月1日起施行。《民法通则》《合同法》《担保法》《民法总则》等同时废止。我国参加的有关涉外经济合同的国际条约(《联合国国际货物销售合同公约》)和国际贸易惯例(《国际贸易术语解释通则》《国际合同通则》)等,都属于合同法的范围。

🚩【知识链接】

合同法的调整范围

合同是经济活动的重要依据,在市场经济日益发达的今天,合同的应用范围越来越广泛,合同法发挥着越来越重要的作用。合同法主要调整自然人、法人、非法人之间的经济贸易合同关系,同时还包括自然人之间的买卖、租赁、借贷、赠与等合同关系。

由于合同法调整的是平等主体之间的民事关系,因此,政府的经济管理活动属于行政管理关系,不是民事关系,不适用合同法;企业、单位内部的管理关系,不是平等主体间的关系,也不适用合同法。有关婚姻、收养、监护等身份关系的协议,不适用合同法的规定,而由其他法律调整。

(二) 合同法的基本原则

合同法的基本原则,是指贯穿于合同法律制度的总的指导思想和根本法律原则,是合同当事人在合同活动中应当遵守的基本准则。

1. 平等原则

平等是民事权利义务关系的本质和基础。当事人无论具有何种身份,都是独立平等的,没有高低从属之分,一方不得将自己的意志强加给另一方。《民法典》第4条规定:"民事主体在民事活动中的法律地位一律平等。"这项原则要求,不仅在订立合同时当事人法律地位平等,而且在履行合同中和承担合同责任时的法律地位也是平等的。

2. 自愿原则

民事主体从事民事活动,应当遵循自愿原则,按照自己的意思设立、变更、终止民事法律关系。任何单位和个人不得非法干预。自愿原则贯穿合同活动全过程:当事人可以自主决定是否与他人订立合同;与何人订立合同;合同内容由当事人在不违反法律强制性规定的情况下自愿约定;当事人可以协议补充、变更有关内容;双方也可以协议解除合同;在发生争议时,当事人可以自愿选择解决争议的方式等。

3. 公平原则

《民法典》第6条规定:"民事主体从事民事活动,应当遵循公平原则,合理确定各方的权利和义务。"当事人应当根据公平、正义的观念确定各方的权利与义务,应当在不侵害他人合法权益的基础上实现自己的利益,不得滥用自己的权利。公平原则要求当事人之间的权利与义务要对等、要公平合理、要以利益均衡作为价值判断标准来调整合同主体之间的关系,强调双方负担和风险的合理分配。

4. 诚实信用原则

《民法典》第7条规定:"民事主体从事民事活动,应当遵循诚信原则,秉持诚实,恪守承诺。"诚实信用原则来源于市场经济活动中形成的道德规则。该原则要求当事人在订立合同时,必须遵循公平原则确定双方的权利和义务,不得欺诈,不得假借订立合同恶意进行磋商或有其他违背诚实信用的行为;在履行合同过程中以及合同终止后,依据法律规定或合同约定承担给付义务和与之相联系的附随义务。即在合同的全过程中,当事人都应当心怀善意,诚实守信,相互协作,不得规避法律和合同义务。

5. 合法原则和公序良俗原则

《民法典》第 8 条规定:"民事主体从事民事活动,不得违反法律,不得违背公序良俗。"合法原则是各国法律普遍确立的基本原则。合法原则要求所有的商事活动都不得违反法律的强制性规定。从广义上讲,合法原则还包括商事行为不得违反公序良俗。公序良俗也来源于市场经济活动中形成的道德规则。合同的订立和履行,属于合同当事人之间的民事权利义务关系,主要涉及当事人的利益,国家一般不予干预,而是由当事人自主约定,采取自愿的原则。但是,自愿原则也不是绝对的,即当事人必须遵守法律、行政法规,不得扰乱社会经济秩序,不得违背公序良俗。

6. 节约资源、保护生态环境原则

《民法典》第 9 条规定:"民事主体从事民事活动,应当有利于节约资源、保护生态环境。"现代社会,资源的有限性与人类不断增长的需求和市场的发展形成激烈冲突,污染环境、破坏生态的事件屡有发生。节约资源、保护生态环境原则要求人们的生活、生产活动要与资源和环境相协调,人与自然和谐相处,有效率地利用资源、节约资源。

在民商事法律中,提倡物尽其用,不仅需要充分发挥物的经济效用,还需要强化对环境资源的保护。节约资源、保护生态环境原则为法律规则的制定和适用确立了一种价值导向,不仅在立法、司法上应当考虑生态环境的保护问题,考虑社会的可持续发展,而且应当在商事活动中予以遵循。

第二节 合同的订立

合同的订立,是指两个或两个以上的当事人,依法就合同的主要条款经过协商一致达成协议的法律行为。

一、合同的形式

合同的形式,是指合同当事人之间明确相互之间的权利义务的方式,是双方当事人意思表示一致的外在表现。《民法典》第 135 条规定:"民事法律行为可以采用书面形式、口头形式或者其他形式;法律、行政法规规定或者当事人约定采用特定形式的,应当采用特定形式。"

《民法典》第 469 条规定:"当事人订立合同,可以采用书面形式、口头形式或者其他形式。书面形式是合同书、信件、电报、电传、传真等可以有形地表现所载内容的形式。以电子数据交换、电子邮件等方式能够有形地表现所载内容,并可以随时调取查用的数据电文,视为书面形式。"据此,合同可以有三种形式,书面形式、口头形式和其他形式。

1. 书面形式

书面形式是合同书、信件、电报、电传、传真等可以有形地表现所载内容的形式。以电子数据交换、电子邮件等方式能够有形地表现所载内容,并可以随时调取查用的数据电文,视为书面形式。书面形式明确肯定,有据可查,对于防止争议和解决纠纷有积极意义。实践中,书面形式是当事人最为普遍采用的一种合同约定形式。

2. 口头形式

口头形式,是指当事人双方就合同内容面对面或以通信设备交谈达成协议。口头形式直接、简便、迅速,但发生纠纷时难以取证,不易分清责任。所以对于不能即时清结的和较重要的合同不宜采用口头形式。

3. 其他形式

除了书面形式和口头形式,合同还可以采用其他形式订立。法律没有列举具体的"其他形式",一般可以根据当事人的行为或者特定情形推定合同已成立。

【案例 2-1】

某修配厂经常承揽某设备厂各种小型机械配件的加工业务。双方每次都是口头约定由设备厂派人送来原材料、提出质量要求,然后商定加工期限、价款,产品由设备厂自提,酬金一次清结。经过多次合作,双方均能恪守信用。一次,设备厂业务员又送来原材料,要求修配厂在2个月内加工某种规格的螺栓螺杆1万套,每套加工费4元,设备厂来提货时付款。修配厂欣然应允。

但在进行加工的过程中,修配厂因两名技术骨干被某公司高薪聘去,致使工作进度大大减缓,到合同期限届满之日,加工任务仅完成了一半。设备厂来提货时发现这一情况非常不满,要求修配厂设法尽快完成加工任务。修配厂加班加点,在1个月后完工。设备厂提货时,以修配厂迟延交货为由要求每套降低加工费2元。修配厂认为,适当降低加工费可以商量,但幅度不宜过大。经多次协商,双方未能达成一致意见,设备厂为此一直拒付加工费。

【评析】

本案双方当事人发生纠纷的原因与其未以书面形式订立加工合同有很大关系。虽然《民法典》并未规定书面形式为合同成立的必备要件,但如果修配厂与设备厂能够订立书面加工合同,在具体条款中详细、明确地规定各项必备的条款和双方认为有必要约定的其他条款,不仅会有利于合同的履行,而且在发生纠纷后,依据书面合同就可以明确各自的责任,有利于纠纷的顺利解决。

二、合同的内容

合同的内容,是指合同中经双方当事人协商一致,规定双方当事人权利义务的具体条款。

(一) 一般合同条款

根据《民法典》第 470 条的规定,合同的内容由当事人约定,一般应当包括以下条款:①当事人的姓名或者名称和住所;②标的;③数量;④质量;⑤价款或者报酬;⑥履行期限、地点和方式;⑦违约责任;⑧解决争议的方法。当事人可以参照各类合同的示范文本订立合同。

(二)格式条款

1. 格式条款的概念

格式条款是指一方当事人为了重复使用而预先拟定,并在订立合同时未与对方协商的条款。

格式条款是指当事人为了重复使用而预先拟定,并在订立合同时未与对方协商的条款。合同的条款如果全部都是格式条款称为格式合同。格式合同是社会经济发展的产物,它存在于许多领域,例如保险、电讯、邮政、运输、水电煤气供应等。这些领域中的某些行业要进行大量的、重复性的交易活动,为简化订立合同的程序,形成了格式条款或格式合同。此类行业一般是发展较大的、具有一定规模的企业,往往具有垄断性。

格式条款所产生的影响和效果是两方面的。积极的方面主要表现为:便捷快速,减少交易成本、提高交易效率;利于事先分配合同风险,避免纷争。不利的方面主要表现为:因格式条款的提供者处于优势地位,通常可以利用其优越的经济地位,拟定有利于自己的条款,相对人为了生产或生活的需要又不得不屈从于该条款,这就违反了公平原则、合同自由原则,当事人地位平等原则也受到损害。因此,《民法典》对格式条款作了相应的限制。

2. 对格式条款的规制

《民法典》通过规定提供格式条款一方的义务、格式条款无效的情形、对格式条款的解释规则三个方面,来制约格式条款的消极影响。

(1)提供格式条款一方的义务

采用格式条款订立合同的,提供格式条款的一方应当遵循公平原则确定当事人之间的权利和义务,并采取合理的方式提示对方注意免除或者减轻其责任等与对方有重大利害关系的条款,按照对方的要求,对该条款予以说明。提供格式条款的一方未履行提示或者说明义务,致使对方没有注意或者理解与其有重大利害关系的条款的,对方可以主张该条款不成为合同的内容。

（2）格式条款无效的情形

《民法典》第497条规定,有下列情形之一的,该格式条款无效:①具有本法第一编第六章第三节和本法第506条规定的无效情形;②提供格式条款一方不合理地免除或者减轻其责任、加重对方责任、限制对方主要权利;③提供格式条款一方排除对方主要权利。

🚩【知识链接】

免责条款无效的情形

《民法典》第506条规定,合同中的下列免责条款无效:①造成对方人身损害的;②因故意或者重大过失造成对方财产损失的。

（3）格式条款的解释规则

对格式条款的理解发生争议的,应当按照通常理解予以解释。对格式条款有两种以上解释的,应当作出不利于提供格式条款一方的解释。格式条款和非格式条款不一致的,应当采用非格式条款。

《民法典》第142条规定:"有相对人的意思表示的解释,应当按照所使用的词句,结合相关条款、行为的性质和目的、习惯以及诚信原则,确定意思表示的含义。无相对人的意思表示的解释,不能完全拘泥于所使用的词句,而应当结合相关条款、行为的性质和目的、习惯以及诚信原则,确定行为人的真实意思。"

🚩【知识链接】

格式条款提供方的义务

在格式条款内容的使用过程中,使用人要履行两项义务:一是提示义务,即以合理的方式提请对方注意合同当中限制责任和免除责任的条款,且提示的方式应达到足以引起一般相对人注意的程度;二是说明义务,即如果对方有要求,提供、使用格式条款的一方应当向对方说明免责和限责条款的含义。如果格式条款提供方违反了这两项义务,没有提示或拒绝说明,那这个格式条款不发生法律效力。

三、合同订立的程序

合同的签订一般应基于双方当事人的合意,即意思表示一致。合同订立的过程就是当事人双方使其意思表示趋于一致的过程,这一过程称为要约和承诺。

(一) 要约

要约是希望和他人订立合同的意思表示。这是一方当事人向对方提出签订合同的建议和要求。提出要约的一方称为要约人,接受要约的一方称为受要约人。要约在不同情况下,还可以称为发盘、出盘、发价、出价或报价等。要约人发出要约的目的在于订立合同,这种订约的意图一定要由要约人通过要约充分表达出来,才能在受要约人承诺的情况下产生合同。

1. 要约生效的条件

《民法典》第 472 条规定:"要约是希望与他人订立合同的意思表示,该意思表示应当符合下列条件:①内容具体确定;②表明经受要约人承诺,要约人即受该意思表示约束。"由此可见,第一,要约必须明确地表达愿意按照要约的内容与对方订立合同的意思;第二,要约的内容必须明确、肯定,应当包括订立合同的主要条件;第三,表明经受要约人承诺,要约人即受该意思表示约束。

【知识链接】

要 约 邀 请

要约邀请是希望他人向自己发出要约的意思表示。要约邀请与要约不同,商事实践中应当注意两者的区别。要约是以订立合同为目的的法律行为,要约一旦被承诺,合同即告成立。要约邀请的目的则是希望他人向自己发出要约,自己如果承诺才成立合同。要约邀请处于合同的准备阶段,没有法律约束力。

《民法典》的合同编规定,拍卖公告、招标公告、招股说明书、债券募集办法、基金招募说明书、商业广告和宣传、寄送的价目表等为要约邀请。商业广告和宣传的内容符合要约条件的,构成要约。

2. 要约生效的时间

要约到达受要约人时生效。《民法典》规定,以对话方式作出的意思表示,相对人知道其内容时生效。以非对话方式作出的意思表示,到达相对人时生效。以非对话方式作出的采用数据电文形式的意思表示,相对人指定特定系统接收数据电文的,该数据电文进入该特定系统时生效;未指定特定系统的,相对人知道或者应当知道该数据电文进入其系统时生效。当事人对采用数据电文形式的意思表示的生效时间另有约定的,按照其约定。

需要注意的是,要约到达受要约人,并不是指要约一定要实际送达到受要约人或者其代理人手中,要约只要送达到受要约人通常的地址、住所或者能够控制的地方即为送达。

3. 要约的撤回和撤销

(1)要约撤回

要约撤回,是指要约人在发出要约后、要约生效前,使要约不发生法律效力的意思表示。法律规定要约可以撤回,原因在于这时要约尚未发生法律效力,撤回要约不会对要约人产生任何影响,也不会对交易秩序产生不良影响。由于要约在到达受要约人时即生效,因此撤回要约的通知应当在要约到达受要约人之前或者与要约同时到达受要约人。

(2)要约撤销

要约撤销,是指要约人在要约生效后,受要约人承诺前,使约失去法律效力的意思表示。由于撤销要约可能给受要约人带来不利的影响,损害受要约人的利益,因此法律规定,撤销要约的通知应当在受要约人发出承诺通知之前到达受要约人。

有以下情形的,要约不得撤销:①要约人确定了承诺期限或者以其他形式明示要约不可撤销;②要约人以确定承诺期限或者其他形式明示要约不可撤销;③受要约人有理由认为要约是不可撤销的,并已经为履行合同做了合理的准备工作。

4. 要约的失效

要约的失效是指要约丧失法律效力,即要约人不再受其约束,受要约人也终止承诺的权利。

《民法典》规定了要约失效的情形。要约失效的情形有:①要约被拒绝;②要约被依法撤销;③承诺期限届满,受要约人未作出承诺;④受要约人对要约的内容作出实质性变更。

【案例2-2】

我国某进出口公司向西欧某一厂商发出要约,出售苎麻制品一批,要约限对方承诺于5月底前回复有效。5月10日,某进出口公司接该商电传称"你5月8日电悉,报价太高无法接受,请考虑降低价格,再行商议。"半月后,苎麻制品的市价明显趋涨。5月26日,该西欧厂商再次发来电传:"你5月8日电接受,请速寄销售确认书,以便会签后开证。"此时,某进出口公司也已获悉苎麻制品行市看好,以高价卖给他人。某进出口公司是否违约?

【评析】

西欧厂商5月10日电传是对我国某进出口公司5月8日电传的拒绝,因此5月8日我方要约因被拒绝而失效。5月26日该厂商的电传构成新要约,对此,某进出口公司未予承诺,所以合同不成立,某进出口公司不违约。

(二)承诺

承诺是受要约人同意要约的意思表示。承诺生效时合同成立。

1. 承诺生效的条件

(1)承诺必须由受要约人或其代理人作出

受要约人是要约人选择的订约对象,要约到达受要约人之后,受要约人便取得了承诺的权利,只有受要约人或其授权的代理人才有权作出承诺,任何第三人无此权利。

(2)承诺的内容应当与要约的内容一致

承诺的内容应当与要约的内容一致,是指不能对要约的内容进行实质性变更。承诺与要约的内容不一致,相当于受要约人向要约人发出的一项新要约。法律对受要约人改变要约内容的不同情况,分别规定了不同的法律后果:①受要约人对要约的内容作出实质性变更的,为新要约。有关合同标的、数量、质量、价款或者报酬、履行期限、履行地点和方式、违约责任和解决争议方法等的变更,是对要约内容的实质性变更。②承诺对要约的内容作出非实质性变更的,除要约人及时表示反对或者要约表明承诺不得对要约的内容作出任何变更的以外,该承诺有效。合同的内容以承诺的内容为准。

(3)承诺必须在规定的期限内作出

要约因有效期届满而失效,如果承诺超过要约的有效期则为"迟到的承诺"。"迟到的承诺"不是有效的承诺,而是一项新要约,须经原要约人承诺后,合同才能成立。但是如果"迟到的承诺"是由于受要约人之外的原因造成的,一般情况下该承诺有效。

我国《民法典》的合同编对"迟到的承诺"的不同情形规定了不同的法律后果:①受要约人超过承诺期限发出承诺,或者在承诺期限内发出承诺,按照通常情形不能及时到达要约人的,为新要约;但是,要约人及时通知受要约人该承诺有效的除外。②受要约人在承诺期限内发出承诺,按照通常情形能够及时到达要约人,但是因其他原因致使承诺到达要约人时超过承诺期限的,除要约人及时通知受要约人因承诺超过期限不接受该承诺外,该承诺有效。

【案例 2－3】

甲企业向乙企业发出出售某商品的要约,限当月 10 日前回复有效。9 日,乙企业用电报通知甲企业承诺该要约,但由于电报局传递延误,甲企业于 11 日下午才收到乙企业的承诺通知,而甲企业在收到承诺通知前已获悉双方拟买卖的商品价格上涨,对此,甲企业如何处理为好?

【评析】

乙企业的电报是一项迟到的承诺,依据《民法典》的规定,如果甲企业明确表示拒绝接受,则该项迟到的承诺就不具有承诺的效力,合同就不能成立。因此,甲企业可以及时通知乙企业,其承诺已迟到,甲企业不予接受。

2.承诺的方式

承诺方式,是指受要约人将其承诺的意思表示传达给要约人所采用的方式。承诺可以有以下两种方式。

(1)明示方式

当事人既可以用书面形式也可以用口头形式将接受要约的意思表示通知要约人。

(2)默示方式

当事人通过实施一定的行为表示承诺。包括两种情形:①受要约人根据交易习惯作出履行行为;②要约表明可以通过行为作出承诺。

3.承诺的期限

承诺应当在要约确定的期限内到达要约人。

要约中有确定承诺期限的,一般情况下,承诺应当在规定的承诺期限内到达;要约没有确定承诺期限的,承诺应当依照下列规定到达:①要约以对话方式作出的,应当即时作出承诺;②要约以非对话方式作出的,承诺应当在合理期限内到达。

承诺期限的计算,如果要约以信件或者电报作出的,承诺期限自信件载明的日期或者电报交发之日开始计算。信件未载明日期的,自投寄该信件的邮戳日期开始计算。要约以电话、传真、电子邮件等快速通讯方式作出的,承诺期限自要约到达受要约人时开始计算。

4. 承诺生效的时间

承诺通知到达要约人时生效。以通知方式作出的承诺,其生效时间的规定适用《民法典》中合同编关于要约生效的规定。承诺不需要通知的,根据交易习惯或者要约的要求作出承诺的行为时生效。采用数据电文形式订立合同的,承诺到达的时间与上述要约到达时间的规定相同。

【案例2-4】

某食品加工厂因公司业务扩大,急需包装材料,于是向甲、乙两家包装材料公司发出函电。函电中称:"我公司急需A4型包装纸,如贵公司有货,请速来函电,我公司愿派人前去购买。"甲、乙两公司在收到函电后,都先后向食品加工厂回复了函电,在函电中告知他们备有现货,且告知了A4型包装纸的价格,而且甲公司在发出函电的同时,还派车给食品加工厂送去了5000令A4型包装纸。

在该批货物送达之前,食品加工厂得知乙公司的包装纸质量较好,而且价格合理,因此,向乙公司致电,称:"我公司愿购买贵公司的10000令A4型包装纸,盼速发货,运费由我公司承担。"

在发出函电的第二天上午,乙公司发函称已准备发货。下午,甲公司将5000令包装纸运到,食品加工厂告知甲公司,他们已决定购买乙公司的货物,因此不能购买甲公司的货物。甲公司认为,食品加工厂的拒收货物行为已构成违约,双方协商不成,甲公司向法院起诉。

【评析】

食品加工厂向甲、乙两公司分别发函的行为在合同法上属于要约邀请行为;甲、乙两公司复函的行为是要约;食品加工厂第二次向乙公司发函的行为属于承诺;食品加工厂与乙公司的买卖合同成立。甲公司送货的行为并非履行合同的行为,因为它们之间的合同并未成立,因此食品加工厂没有接收甲公司货物的义务。

5. 承诺的撤回

承诺的撤回是指承诺人阻止承诺发生法律效力的行为。承诺可以撤回,撤回承诺的通知应当在承诺通知到达要约人之前或者与承诺通知同时到达要约人。

四、合同成立的时间和地点

(一) 合同成立的时间

一般来说,合同谈判成立的过程,就是要约——新要约——再新要约直到承诺的过程。承诺生效时合同即告成立,当事人开始享有合同权利、承担合同义务。合同成立的时间在实践中意义重大。

对于不同形式的商事合同,法律上具体规定如下:①口头订立的合同,自口头承诺时生效。②当事人采用合同书形式订立合同的,自当事人均签名、盖章或者按指印时合同成立。③当事人采用合同书形式订立合同的,在签名、盖章或者按指印之前,当事人一方已经履行主要义务,对方接受时,该合同成立。④当事人采用信件、数据电文等形式订立合同要求签订确认书的,签订确认书时合同成立。当事人一方通过互联网等信息网络发布的商品或者服务信息符合要约条件的,对方选择该商品或者服务并提交订单成功时合同成立,但是当事人另有约定的除外。⑤法律、行政法规规定或者当事人约定合同应当采用书面形式订立,当事人未采用书面形式但是一方已经履行主要义务,对方接受时,该合同成立。

(二) 合同成立的地点

承诺生效的地点为合同成立的地点。合同成立的地点是发生合同纠纷后确定管辖法院的依据,在国际商事活动中还可以作为确定适用法律的依据,因此具有重要意义。

①口头订立的合同以口头承诺地点为合同生效地点;根据贸易习惯或要约人要求作出承诺行为的地点为合同成立地点。

②当事人采用合同书形式订立合同的,最后签名、盖章或者按指印的地点为合同成立的地点。

③采用数据电文形式订立合同的,收件人的主营业地为合同成立的地点;没有主营业地的,其住所地为合同成立的地点。

④当事人另有约定的,按照其约定。

🏳 【知识链接】

合同成立的作用

合同的成立是当事人之间产生权利义务的基础,具有重要的作用:

其一,合同的成立旨在解决合同是否存在的问题。合同成立是合同订立过程的成功结果。如果合同不成立,则合同订立失败,不发生具体合同,也就无所谓合同的履行、变更、解除或者终止等问题。

其二,合同的成立是认定合同效力的前提条件。只有成立的合同才会发生合同是否有效的问题。如果合同没有成立,当然也就谈不上合同的效力。

其三,合同的成立是区分合同责任和缔约过失责任的根本标志。

合同订立过程中,因一方当事人的过失致使合同不成立即订约失败,造成他方损失的,过失方应当承担赔偿责任,但因合同关系尚不存在,这种赔偿责任只能属于缔约过失责任。只有在合同成立后,因当事人之间存在合同关系,一方违反合同的,才会发生合同的违约责任。

五、缔约过失责任

缔约过失责任,是指合同订立中的损害赔偿责任,即在合同订立的过程中,一方因违背诚实信用原则而给对方造成损失时所应承担的法律责任。

《民法典》规定,当事人在订立合同过程中有下列情形之一,造成对方损失的,应当承担赔偿责任:

(1)假借订立合同,恶意进行磋商

当事人一方根本没有与对方签订合同的目的,以与对方谈判为借口,损害对方或第三人的利益,恶意进行磋商。

(2)故意隐瞒与订立合同有关的重要事实或者提供虚假情况

当事人对于与订立合同有关的重要事实,例如市场形势发生重大变化足以波及缔约的结果,或者合同标的有瑕疵而没有如实告知对方当事人。或者故意提供与客观事实不符的虚假情况。

(3)未履行保密义务

当事人泄露或者不正当地使用在订立合同过程中知悉的商业秘密或者其他应当保密的信息,或者泄露、不正当地使用该商业秘密或者信息,造成对方损失的行为。

(4)有其他违背诚信原则的行为

在订立合同的过程中,当事人违背诚信原则,违反附随义务,造成对方损失的行为。

【知识链接】

附 随 义 务

当事人应当遵循诚实信用原则,根据合同的性质、目的和交易习惯履行通知、协助、保密等义务。这些义务在合同法中被称为附随义务。

第三节　合同的效力

合同的效力,是指合同具有的法律约束力,即合同对当事人及第三人的法律约束力。商事合同的效力是指商事合同具有的法律约束力。当事人必须全面正确履行合同,任何一方不得擅自变更或解除合同;任何一方违反合同,必须承担法律责任。合同的效力源于法律规定,国家通过制定法律,以法律的形式保障市场交易有序进行。

商事合同的效力在合同法律制度中具体表现为以法律形式规定合同生效的要件,并以此为依据,对某些合同赋予类似法律的强制力;对某些商事合同予以否定;对某些商事合同予以相对否定评价,将合同的效力交由一方当事人在一定的期限内决定;对某些商事合同的效力交由缔约人之外的人确定。这就是合同效力制度中的合同生效、无效、撤销和补正四项具体制度,与此相对应,合同可以分为有效、无效、可撤销或可变更、效力待定四类合同。

🏴 【知识链接】

合同订立、合同成立与合同效力

合同订立是合同成立的基础和前提,没有合同的订立,也就不会有具体合同的成立;合同订立是当事人为订约而进行相互协商的全过程,而合同的成立仅是缔约当事人达成合意的状态。合同订立是一个动态的过程,合同的成立则是静态的结果,合同的效力是法律对合同的认可。

有了合同订立的过程才会有合同成立的结果,有合同成立才可能有合同法律约束力。合同是当事人之间协商一致的结果,所以合同的效力主要表现为合同对当事人的法律约束力。当事人必须全面正确履行合同,任何一方不得擅自变更或解除合同;任何一方违反合同,必须承担法律责任;同时,合法成立的合同不受任何人的非法干涉。

一、合同的生效

(一) 合同生效的要件

根据《民法典》第 143 条的规定,具备下列条件的民事法律行为有效:①行为人具有相应的民事行为能力;②意思表示真实;③不违反法律、行政法规的强制性规定,不违背公序良俗。

根据《民法典》总则以及合同编的有关规定,一般合同生效的要件是:

(1)行为人具有相应的民事行为能力

合同以当事人的意思表示为基础,行为人必须具备正确理解自己的行为性质和后果的能力,具备独立地表达自己意思的能力,即具备与订立某项合同相应的民事行为能力。

(2)意思表示真实

合同是当事人之间的合意,这种合意能否依法产生法律约束力,取决于当事人的意思表示是否同其真实意思相符合。

(3)不违反法律、行政法规的强制性规定,不违背公序良俗

有订约能力的人都可以按照自己的意愿自由地订立合同,但是法律同时规定,当事人订立的合同必须合法,必须符合公共秩序与善良风俗。

（二）合同生效的时间

1. 一般合同

对于多数合同而言,合同成立的同时生效。但是法律、行政法规规定合同经办理批准、登记等手续后才能生效的,其相关手续完成后合同才能生效;没有规定登记后生效的,当事人未办理登记手续不影响合同的效力,但是合同标的物的所有权及其他物权不能转移。

2. 附条件的合同和附期限的合同

当事人对合同的效力可以约定附条件或附期限。

(1)附条件的合同

附条件的合同,是指当事人把一定条件的成就与否作为合同效力是否发生或者消灭的依据的合同。根据条件对合同效力的限制的不同,可以分为附生效条件的合同和附解除条件的合同。附生效条件的合同,自条件成就时生效;附解除条件的合同,自条件成就时失效。

附条件的合同成立后,在条件成就前,当事人对所约定的条件是否成就,应当听其自然。凡当事人为自己的利益不正当地促成条件成就的,应视为条件不成就,合同的效力不发生改变;不正当地阻止条件成就的,应视为条件成就,合同的效力发生改变。

所附的条件必须是由双方当事人约定的,并且作为合同的一个条款列入合同中。条件应当是将来可能发生的事实,过去的、现存的、将来必定发生的或必定不能发生的事实都不能作为所附条件,法律规定的事实也不能作为所附条件。所附条件必须是合法的事实。

(2)附期限的合同

附期限的合同是指当事人约定一定的期限作为合同的效力发生或终止的合同。根据期限对合同效力的限制的不同,可以将合同分为附生效期限的合同和附终止期限的合同。附生效期限的合同,自期限届至时生效;附终止期限的合同,自期限届满时失效。

二、无效合同

无效合同是指已经订立,因违反法律规定的生效条件而不发生法律效力,国家不予承认和保护的合同。无效合同自始无效、当然无效。

无效合同根据其无效程度和范围,分为部分无效合同和全部无效合同两种。部分无效合同,是指合同的某些条款虽然违反法律规定,但并不影响其他条款法律效力的合同。

根据《民法典》规定无效合同的种类,结合商事合同的特点,下列合同无效:①无民事行为能力人订立的合同;②限制民事行为能力人订立的与其年龄、智力、精神健康状况不相适应的合同;③行为人与相对人以虚假的意思表示订立的合同;④行为人与相对人恶意串通,损害他人合法权益的合同;⑤违反法律、行政法规的强制性规定的合同;⑥违背公序良俗的合同。

此外,合同中的下列免责条款无效:①造成对方人身损害的;②因故意或者重大过失造成对方财产损失的。

三、可撤销合同

可撤销合同,是指当事人在订立合同时意思表示不真实,通过有撤销权的当事人行使撤销权,可使已经生效的合同归于无效的合同。对于可撤销的合同,当事人可以请求人民法院或者仲裁机构对该合同进行撤销。

下列商事合同,当事人一方有权请求人民法院或者仲裁机构变更或者撤销:①因重大误解订立的;②一方以欺诈手段,使对方在违背真实意思的情况下订立的;③第三人实施欺诈行为,使一方在违背真实意思的情况下订立的,对方知道或者应当知道该欺诈行为的;④一方或者第三人以胁迫手段,使对方在违背真实意思的情况下订立的;⑤一方利用对方处于危困状态、缺乏判断能力等情形,致使合同成立时显失公平的。

欺诈,是指一方当事人故意告知对方虚假情况,或者故意隐瞒真实情况,诱使对方当事人作出错误意思表示而与之订立合同。胁迫,指以将来要发生的损害或者以直接施加损害相威胁,使对方当事人产生恐惧而与之订立合同。以欺诈、胁迫手段,使对方在违背真实意思的情况下订立的商事合同,受欺诈方、受胁迫方有权请求人民法院或者仲裁机构予以撤销。

【知识链接】

撤销权的消灭

《民法典》第 152 条规定,有下列情形之一的,撤销权消灭:①当事人自知道或者应当知道撤销事由之日起 1 年内、重大误解的当事人自知道或者应当知道撤销事由之日起 90 日内没有行使撤销权;②当事人受胁迫,自胁迫行为终止之日起 1 年内没有行使撤销权;③当事人知道撤销事由后明确表示或者以自己的行为表明放弃撤销权。

当事人自民事法律行为发生之日起 5 年内没有行使撤销权的,撤销权消灭。

四、合同被确认无效或被撤销的后果

(一) 合同被确认无效或被撤销的效力

1. 合同自始无效

合同被确认无效导致合同自成立时起就是无效的,对当事人不具有法律约束力。《民法典》第 155 条规定:"无效的或者被撤销的民事法律行为自始没有法律约束力。"

2. 合同部分无效不影响其他部分的效力

在内容可分的商事合同中,如果被确认无效只涉及合同部分内容,不影响其他部分效力的,合同其他部分内容仍然有效。《民法典》第 156 条规定:"民事法律行为部分无效,不影响其他部分效力的,其他部分仍然有效。"

3. 解决争议条款具有相对独立性

解决争议条款,是指当事人约定解决合同争议的方法及适用法律的条款,合同不生效、无效、被撤销或者终止的,不影响合同中有关解决争议方法的条款的效力。

(二)合同被确认无效或被撤销的法律后果

《民法典》第 157 条规定:"民事法律行为无效、被撤销或者确定不发生效力后,行为人因该行为取得的财产,应当予以返还;不能返还或者没有必要返还的,应当折价补偿。有过错的一方应当赔偿对方由此所受到的损失;各方都有过错的,应当各自承担相应的责任。法律另有规定的,依照其规定。"

1. 返还财产

合同被确认无效、被撤销或者确定不发生效力后,一方当事人应当将因该合同而从对方得到的财产归还给对方。返还财产以恢复原状为原则,应当尽量返还原物。

2. 折价补偿

民事法律行为无效、被撤销或者确定不发生效力后,行为人因该行为取得的财产,如果财产不能返还或者没有必要返还的,应当折价补偿。

3. 赔偿损失

合同被确认无效、被撤销或者确定不发生效力后,有过错的一方应当赔偿对方由此所受到的损失;各方都有过错的,应当各自承担相应的责任。

五、效力待定合同

效力待定合同是指合同虽然已经成立,但是由于不完全符合合同生效的条件,其效力尚未确定,须经有权人表示承认才能生效。效力待定合同包括主体不合格的合同和无代理权人订立的合同。

(一)主体不合格的合同

主体不合格的合同是指缺乏合同能力或者主体资格的人订立的合同。

1. 限制民事行为能力人订立的合同

限制民事行为能力人订立的合同,经法定代理人追认后,该合同有效,但纯获利益的合同或者与其年龄、智力、精神健康状况相适应而订立的合同,不必经法定代理人追认。《民法典》第 22 条规定:"不能完全辨认自己行为的成年人为限制民事行为能力人,实施民事法律行为由其法定代理人代理或者经其法定代理人同意、追认;但是,可以独立实施纯获利益的民事法律行为或者与其智力、精神健康状况相适应的民事法律行为。"

相对人可以催告法定代理人自收到通知之日起 30 日内予以追认。法定代理人未作表示的,视为拒绝追认。民事法律行为被追认前,善意相对人有撤销的权利。撤销应当以通知的方式作出。

【知识链接】

《民法典》关于限制民事行为能力人的规定

第 17 条　18 周岁以上的自然人为成年人。不满 18 周岁的自然人为未成年人。

第 18 条　成年人为完全民事行为能力人,可以独立实施民事法律行为。

16 周岁以上的未成年人,以自己的劳动收入为主要生活来源的,视为完全民事行为能力人。

第 19 条　8 周岁以上的未成年人为限制民事行为能力人,实施民事法律行为由其法定代理人代理或者经其法定代理人同意、追认;但是,可以独立实施纯获利益的民事法律行为或者与其年龄、智力相适应的民事法律行为。

(二) 无权代理人订立的合同

无权代理,是指欠缺代理权的人所作的代理行为。因无权代理而订立的合同为效力待定的合同,非经本人追认,对本人没有约束力。

行为人没有代理权、超越代理权或者代理权终止后,仍然实施代理行为,未经被代理人追认的,对被代理人不发生效力。相对人可以催告被代理人自收到通知之日起 30 日内予以追认。无权代理人以被代理人的名义订立合同,被代理人已经开始履行合同义务或者接受相对人履行的,视为对合同的追认。被代理人未作表示的,视为拒绝追认。

行为人实施的行为被追认前,善意相对人有撤销的权利。撤销应当以通知的方式作出。行为人实施的行为未被追认的,善意相对人有权请求行为人履行债务或者就其受到的损害请求行为人赔偿。相对人知道或者应当知道行为人无权代理的,相对人和行为人按照各自的过错承担责任。

【知识链接】

代表行为的效力

法人的法定代表人或者非法人组织的负责人超越权限订立的合同,除相对人知道或者应当知道其超越权限外,该代表行为有效,订立的合同对法人或者非法人组织发生效力。

第四节　合同的履行与担保

一、合同履行的原则

合同的履行,是指合同生效后,双方当事人按照合同规定的各项条款,完成各自承担的义务和实现各自享受的权利,使双方当事人的合同目的得以实现的行为。合同履行的原则包括以下几方面。

(一) 全面履行原则

全面履行原则又称适当履行原则或正确履行原则,是指当事人应当按照合同约定全面履行自己的义务,要求当事人按照合同规定的标的、质量、数量、履行期限、履行方式、履行地点等内容完成自己应尽的义务。

(二) 诚信原则

当事人应当遵循诚信原则,根据合同的性质、目的和交易习惯履行通知、协助、保密等义务。这些义务在合同法中被称为附随义务。

(三) 协作履行原则

协作履行原则是诚信原则在合同履行中的要求,是指当事人在履行合同的过程中,应当诚实守信,密切配合,促进合同的顺利履行。

(四) 保护资源与环境原则

当事人在履行合同过程中,应当避免浪费资源、污染环境和破坏生态。

二、合同履行的主要规则

(一) 部分条款不明确时合同的履行

合同生效后,当事人就质量、价款或者报酬、履行地点等内容没有约定或者约定不明确的,可以协议补充;不能达成补充协议的,按照合同相关条款或者交易习惯确定。当事人就有关合同内容约定不明确,依据前述规定仍不能确定的,适用下列规定:

①质量要求不明确的,按照强制性国家标准履行;没有强制性国家标准的,按照推荐性国家标准履行;没有推荐性国家标准的,按照行业标准履行;没有国家标准、行业标准的,按照通常标准或者符合合同目的的特定标准履行。

②价款或者报酬不明确的,按照订立合同时履行地的市场价格履行;依法应当执行政府定价或者政府指导价的,依照规定履行。

③履行地点不明确,给付货币的,在接受货币一方所在地履行;交付不动产的,在不动产所在地履行;其他标的,在履行义务一方所在地履行。

④履行期限不明确的,债务人可以随时履行,债权人也可以随时请求履行,但是应当给对方必要的准备时间。

⑤履行方式不明确的,按照有利于实现合同目的的方式履行。

⑥履行费用的负担不明确的,由履行义务一方负担;因债权人原因增加的履行费用,由债权人负担。

（二）价格调整时合同的履行

执行政府定价或者政府指导价的，在合同约定的交付期限内政府价格调整时，按照交付时的价格计价。逾期交付标的物的，遇价格上涨时，按照原价格执行；价格下降时，按照新价格执行。逾期提取标的物或者逾期付款的，遇价格上涨时，按照新价格执行；价格下降时，按照原价格执行。

（三）涉及第三人的合同履行

1．向第三人履行债务

当事人约定由债务人向第三人履行债务，债务人未向第三人履行债务或者履行债务不符合约定的，应当向债权人承担违约责任。

2．第三人代为履行

当事人约定由第三人向债权人履行债务，第三人不履行债务或者履行债务不符合约定的，债务人应当向债权人承担违约责任。

三、合同履行中的抗辩权

抗辩权是对抗他人行使权利的权利，抗辩权的作用在于"对抗""反对""阻止"他人行使权利，但他人的权利并不因此而消灭。我国《民法典》合同编具体规定了同时履行抗辩权、后履行抗辩权以及先履行抗辩权。

（一）同时履行抗辩权

同时履行抗辩权是指合同当事人互负债务，在没有规定履行顺序的情况下，当事人一方在对方当事人未予给付之前，有权拒绝先为给付。《民法典》第 525 条规定："当事人互负债务，没有先后履行顺序的，应当同时履行。一方在对方履行之前有权拒绝其履行请求。一方在对方履行债务不符合约定时，有权拒绝其相应的履行请求。"

1．同时履行抗辩权行使的条件

①当事人基于同一双务合同，互负债务。

②当事人应当同时履行合同义务。

③双方债务已届清偿期。

④一方当事人未履行或未适当履行合同。

2．同时履行抗辩权的适用

①应当同时履行合同的一方当事人不履行时，另一方当事人也享有不履行合同的权利。

②当事人一方部分履行合同的，对方当事人有权就未履行部分提出抗辩，拒绝相应的给付，只履行对应的部分；当事人一方履行合同不符合约定时，另一方有权拒绝其相应的履行请求。

(二) 后履行抗辩权

《民法典》第 526 条规定:"当事人互负债务,有先后履行顺序,应当先履行债务一方未履行的,后履行一方有权拒绝其履行请求。先履行一方履行债务不符合约定的,后履行一方有权拒绝其相应的履行请求。"

1. 后履行抗辩权行使的条件

①当事人基于同一双务合同,互负债务。

②当事人的履行有先后顺序。

③应当先履行的当事人未履行或未适当履行合同。

2. 后履行抗辩权的适用

①应当先履行的一方不履行到期债务的,后履行的当事人有权不履行合同义务。

②应当先履行的一方履行有瑕疵或部分履行的,后履行的当事人有权不履行相应的合同义务。

【案例 2-5】

甲公司与乙公司某年 1 月 15 日签订买卖合同,约定甲公司 2 月 1 日向乙公司交付汽车一辆,乙公司须于 1 月 31 日支付 50% 货款,其余货款 2 月 10 日支付。合同签订后,乙公司于 1 月 30 日向甲公司的银行账户汇入 30% 货款,其余 20% 未付。2 月 1 日,乙公司向甲公司要求提车,被甲公司拒绝。甲公司是否有权拒绝履行交车的义务?

【评析】

甲公司有权拒绝履行交车的义务,甲公司可以行使后履行抗辩权。

(三) 先履行抗辩权

先履行抗辩权又称不安抗辩权,是指合同当事人互负债务,有先后履行顺序,先履行的一方有确切证据证明对方已经丧失或者有可能丧失履约能力,在对方没有履行或者没有提供担保之前,有中止履行合同义务的权利。

1. 先履行抗辩权发生的原因

《民法典》第 527 条规定,应当先履行债务的当事人,有确切证据证明对方有下列情形之一的,可以中止履行:①经营状况严重恶化;②转移财产、抽逃资金,以逃避债务;③丧失商业信誉;④有丧失或者可能丧失履行债务能力的其他情形。

2. 先履行抗辩权的效力

(1)中止合同

先履行合同的当事人依法中止履行合同,应当及时通知对方。如果对方当事人恢复了履行能力或提供了适当担保的,先履行合同的当事人应当恢复履行。

(2)解除合同并请求承担违约责任

行使先履行抗辩权的当事人中止履行后,对方在合理期限内未恢复履行能力且未提供适当担保的,视为以自己的行为表明不履行主要债务,中止履行的一方可以解除合同并可以请求对方承担违约责任。

【案例2-6】

甲、乙两公司采用合同书形式订立了一份买卖合同,双方约定由甲公司向乙公司提供50台精密仪器,甲公司于5月20日前交货,并负责将货物运至乙公司,乙公司在收到货物后10日内付清货款。4月16日,甲公司与丙运输公司订立货物运输合同,双方约定由丙公司将50台精密仪器运至乙公司。4月20日,丙公司先运了40台精密仪器至乙公司,乙公司全部收到,并于4月28日将40台精密仪器的货款付清。

5月6日,甲公司掌握了乙公司的转移财产、逃避债务的确切证据,随即通知丙公司暂停运输其余10台精密仪器,并通知乙公司中止交货,要求乙公司提供担保;乙公司未提供担保。甲公司5月20日前没有按时全部交货,5月25日,乙公司要求甲公司承担违约责任。

【评析】

甲公司5月6日中止履行合同的行为合法。根据合同法的规定,应当先履行债务的当事人,有确切证据证明对方有转移财产、逃避债务的情形,可以中止履行合同。中止履行合同后,对方在合理期限内未恢复履行能力并且未提供适当担保的,中止履行的一方可以解除合同。乙公司不能要求甲公司承担违约责任。

四、合同的保全

合同的保全是指为防止债务人财产不当减少而损害债权人的债权,法律允许债权人为保全其债权的实现而采取的法律措施。

合同保全是债的对外效力的体现。在合同有效成立期间,如果债务人实施一定的行为致使其财产不当减少,则会危及债权的实现。对此,法律设定了债权人的代位权和撤销权制度。代位权是为了防止债务人财产的不当减少,以保持债务人的财产;撤销权则是为了恢复债务人的财产。合同保全制度的设立,对于保障合同债务的履行和债权的实现,从而保障市场秩序和交易安全,具有重要的意义。

(一)代位权

1. 代位权的概念

代位权是指因债务人怠于行使其对第三人的到期债权,对债权人造成损害,债权人可以向人民法院请求以自己的名义代位行使债务人债权的权利。《民法典》第535条规定:"因债务人怠于行使其债权或者与该债权有关的从权利,影响债权人的到期债权实现的,债权人可以向人民法院请求以自己的名义代位行使债务人对相对人的权利,但是该权利专属于债务人自身的除外。"

2．代位权的成立要件

①债务人对第三人享有到期债权。

②债务人怠于行使其到期债权。

③债务人不积极行使权利已危及债权人的债权。

④债务人已陷入迟延履行。

3．代位权的行使

①代位权的行使方式。代位权必须通过诉讼程序行使。

②代位权的行使范围。代位权的行使范围为债务人现有的财产权及其从权利。代位权的行使范围以债权人的到期债权为限，即债权人因行使代位权而得到的财产价值应当与其债权价值相当。

③代位权的行使费用负担。债权人行使代位权的必要费用，由债务人负担。

4．代位权行使的效力

《民法典》第537条规定："人民法院认定代位权成立的，由债务人的相对人向债权人履行义务，债权人接受履行后，债权人与债务人、债务人与相对人之间相应的权利义务终止。债务人对相对人的债权或者与该债权有关的从权利被采取保全、执行措施，或者债务人破产的，依照相关法律的规定处理。"

债权人行使代位权，具有与债务人行使权利时相同的地位，因此，第三人对抗债务人的一切抗辩权，都可以对债权人行使。《民法典》规定，相对人对债务人的抗辩，可以向债权人主张。

（二）撤销权

1．撤销权的概念

撤销权是指当债务人放弃对第三人的债权、无偿或低价处分财产而给债权人造成损害时，债权人可以依法请求人民法院撤销债务人的行为的权利。

《民法典》第538条规定："债务人以放弃其债权、放弃债权担保、无偿转让财产等方式无偿处分财产权益，或者恶意延长其到期债权的履行期限，影响债权人的债权实现的，债权人可以请求人民法院撤销债务人的行为。"

《民法典》第539条规定："债务人以明显不合理的低价转让财产、以明显不合理的高价受让他人财产或者为他人的债务提供担保，影响债权人的债权实现，债务人的相对人知道或者应当知道该情形的，债权人可以请求人民法院撤销债务人的行为。"

2．撤销权的成立要件

（1）债务人实施了一定处分财产的行为

债务人实施了减少财产或者增加负担的法律行为和事实行为，包括放弃其债权、放弃债权担保、以无偿转让财产等方式无偿处分财产权益，或者恶意延长其到期债权的履行期限，以明显不合理的低价转让财产、以明显不合理的高价受让他人财产或者为他人的债务提供担保等。

(2)债务人处分财产的行为损害了债权人的债权

只有债务人实施的减少财产或者增加负担的法律行为和事实行为危害债权人的债权的时候,债权人才有权行使撤销权。

(3)债务人处分财产的行为发生在债权成立后

债务人处分财产的行为必须是在债权成立后所为。

(4)债务人处分财产时主观上具有恶意

如果债务人无偿处分财产,第三人取得财产也没有付出任何对价,只要该项行为有害于债权,债权人均可请求撤销该行为。如果债务人有偿转让财产,第三人为取得财产付出对价,则以第三人的恶意取得为要件,即债务人与第三人在进行该项财产交易时主观上均为恶意。

3. 撤销权的行使

(1)撤销权的行使方式

撤销权必须通过诉讼程序行使。

(2)撤销权的行使范围

撤销权的行使范围以债权人的债权为限,即债权人因行使撤销权而得到的财产价值应当与其债权价值相当。《民法典》第540条规定:"撤销权的行使范围以债权人的债权为限。"

(3)撤销权的行使费用负担

债权人行使撤销权所支付的必要费用由债务人承担,第三人有过错的,应当适当分担。

(4)撤销权的行使期限

撤销权自债权人知道或应当知道撤销事由之日起1年内行使。自债务人的前述行为发生之日起5年内没有行使,该撤销权消灭。

4. 撤销权行使的效力

债务人影响债权人的债权实现的行为被撤销的,自始没有法律约束力。

第三人因该行为取得的财产,应返还给债务人。不能返还的,应折价赔偿,已经向债务人支付了对价的,可同时请求债务人返还对价。

【案例2-7】

甲公司欠乙公司货款20万元已有10个月,其资产已不足偿债。乙公司在追债过程中发现,甲公司在一年半之前作为保证人向某银行清偿了丙公司的贷款后一直没有向其追偿,同时还将自己对丁公司享有的30%的股权无偿转让给了丙公司。下列哪些选项是错误的?

A.乙公司可以对丙公司行使代位权

B.若乙公司对丙公司提起代位权诉讼,法院应当追加甲公司为第三人

C. 乙公司可以请求法院确认甲、丙之间无偿转让股权的合同无效

D. 乙公司有权请求法院撤销甲、丙之间无偿转让股权的合同

【评析】

参考答案:BCD。因债务人怠于行使其到期债权,对债权人造成损害的,债权人可以向人民法院请求以自己的名义代位行使债务人的债权,但该债权专属于债务人自身的除外。甲公司欠乙公司货款已有10个月,并且怠于行使其到期债权,而且甲公司对丙公司的债权不是专属于债务人甲公司的债权,乙公司有权行使代位权。

债权人以次债务人为被告向人民法院提起代位权诉讼,未将债务人列为第三人的,人民法院可以(而不是应当)追加债务人为第三人。甲、丙之间不存在恶意串通,因此,乙无权请求法院确认甲、丙之间的合同无效。甲公司无偿转让股权的行为发生在前,甲乙两公司的债权债务发生在后,乙公司无权请求撤销。

五、合同的担保

合同的担保,是指依照法律规定,或由当事人双方经过协商一致而约定的,为保障合同债权实现的法律措施。合同订立后,一方当事人不履行合同或不适当履行合同,会给对方造成损失,使对方所期望的经济利益无法实现。为保证合同的切实履行,保障合同债权人实现其债权,促使合同债务人履行其债务,在订立、履行合同的过程中可以采取担保措施。

担保是对被担保合同之债的补充,被担保的合同是主合同,担保合同从属于被担保的合同,是从合同。除担保合同另有约定的以外,主合同无效,担保合同无效;主合同消灭,担保合同随之消灭。根据《民法典》的规定,债权人需要以担保方式保障其债权实现的,可以设定保证、抵押、质押、留置和定金五种方式的担保。

(一)保证

保证,是指第三人为债务人的债务履行作担保,由保证人和债权人约定,当债务人不履行债务时,保证人按照约定履行债务或者承担责任的行为。

1. 保证人

保证人必须符合法律规定的资格。

一般情况下,保证人是担保主债务人履行债务的担保人,可以是自然人、法人或者其他组织,凡是具有代替主债务人清偿债务的能力的人,都可以成为保证人。《民法典》第683条明确规定:"机关法人不得为保证人,但是经国务院批准为使用外国政府或者国际经济组织贷款进行转贷的除外。以公益为目的的非营利法人、非法人组织不得为保证人。"

2. 保证合同的概念与特征

(1)保证合同的概念

保证合同是为保障债权的实现,保证人和债权人约定,当债务人不履行到期债务或

者发生当事人约定的情形时,保证人履行债务或者承担责任的合同。保证合同涉及三方当事人,即债权人、债务人和保证人。保证人是债务人以外的第三人,是与债权人约定为主合同债务提供担保,当债务人不能履行债务时,由其按照约定履行债务或者承担责任的一方当事人。债务人因其债务被担保,也被称为被保证人。

(2)保证合同的特征

①保证合同具有从属性。保证是从属于主债的一种从债,是以主债务的存在为前提的。只有主债务有效存在,保证才可能有效存在。保证的范围也从属于主债,经当事人协商确定的保证担保的范围不得超过主债权。《民法典》第682条规定,保证合同是主债权债务合同的从合同。主债权债务合同无效的,保证合同无效,但是法律另有规定的除外。

②保证合同具有相对独立性。尽管保证合同与主合同之间形成主从关系,但也是独立于主合同的单独合同。保证债务可以有独立的变更或者消灭的原因;保证合同依法无效,主合同的效力并不会因此而受到影响。

③保证合同具有补充性。只有当主债务人不履行主债务时,保证人才按照约定履行债务或者承担责任。债权人请求保证人履行保证责任时,不仅要证明保证债务存在,而且要证明主债务人不履行主债务的事实。

④保证合同属于人的担保。在保证合同中,保证人是以自己的信誉、商誉和不特定财产担保履行债务或者承担责任,以得到债权人的信任。

3. 保证合同的内容

根据《民法典》第684条的规定,保证合同的内容一般包括被保证的主债权的种类、数额,债务人履行债务的期限,保证的方式、范围和期间等条款。

①被保证的主债权的种类、数额。保证人担保的主债权,既可以是给付金钱的债权、交付货物的债权,也可以是付出劳务的债权。

②债务人履行债务的期限。只有在主合同债务人履行期限届满不履行债务时,保证人才承担保证责任,因此必须明确主合同中债务人履行债务的期限。

③保证的方式。保证方式分为一般保证和连带责任保证。保证方式不同,保证人承担保证责任的条件也不同。

④保证的范围。保证的范围是保证人承担保证责任的范围。

⑤保证期间。保证期间是确定保证人承担保证责任的期间。

⑥双方认为需要约定的其他事项。保证合同的当事人可以根据实际情况,协商补充保证合同的内容。

4. 保证范围

保证的范围包括主债权及其利息、违约金、损害赔偿金和实现债权的费用。当事人另有约定的,按照其约定。一般情况下,保证的范围不超过主债务的范围,当事人可以约定保证人担保主债务的全部,也可以约定担保主债务的部分,如果没有约定或者约定不明确的,保证人应当对全部债务承担保证责任。

5. 保证期间

保证期间是指保证人承担保证责任的期限范围。《民法典》规定,债权人与保证人可以约定保证期间,但是约定的保证期间早于主债务履行期限或者与主债务履行期限同时届满的,视为没有约定;没有约定或者约定不明确的,保证期间为主债务履行期限届满之日起6个月。债权人与债务人对主债务履行期限没有约定或者约定不明确的,保证期间自债权人请求债务人履行债务的宽限期届满之日起计算。

6. 保证方式

保证方式包括一般保证和连带责任保证两种。

(1)一般保证

当事人在保证合同中约定,债务人不能履行债务时,由保证人承担保证责任的,为一般保证。一般保证责任是保证人对主债务人不能履行债务的一种补充性的保证。一般情况下,一般保证的保证人在主合同纠纷未经审判或者仲裁,并就债务人财产依法强制执行仍不能履行债务前,有权拒绝向债权人承担保证责任。

(2)连带责任保证

当事人在保证合同中约定保证人与债务人承担连带责任保证的,为连带责任保证。在债务履行期届满债务人没有履行债务时,债权人既可以要求债务人履行债务,也可以要求保证人在其保证范围内履行债务。

连带责任保证人的责任要重于一般保证人的责任,有利于保护债权人的利益。《民法典》第686条规定,当事人在保证合同中对保证方式没有约定或者约定不明确的,按照一般保证承担保证责任。

7. 保证责任

一般保证的保证人在主合同纠纷未经审判或者仲裁,并就债务人财产依法强制执行仍不能履行债务前,有权拒绝向债权人承担保证责任,但是有下列情形之一的除外:①债务人下落不明,且无财产可供执行;②人民法院已经受理债务人破产案件;③债权人有证据证明债务人的财产不足以履行全部债务或者丧失履行债务能力;④保证人书面表示放弃本款规定的权利。

债权人和债务人未经保证人书面同意,协商变更主债权债务合同内容,减轻债务的,保证人仍对变更后的债务承担保证责任;加重债务的,保证人对加重的部分不承担保证责任。债权人和债务人变更主债权债务合同的履行期限,未经保证人书面同意的,保证期间不受影响。

保证期间,债权人转让全部或者部分债权给第三人,未通知保证人的,该转让对保证人不发生效力。保证人与债权人约定禁止债权转让,债权人未经保证人书面同意转让债权的,保证人对受让人不再承担保证责任。主债权转让一般不会增加担保人的风险和负担,担保权利随同主债权一并转移。

保证期间,债权人未经保证人书面同意,允许债务人转移全部或者部分债务,保证人对未经其同意转移的债务不再承担保证责任,但是债权人和保证人另有约定的除外。主债务的转移使履行主债务的义务人发生变化,保证人对原债务人提供保证是基于原债务人履约能力的信赖。未经保证人同意,主债务在当事人之间发生效力,但不得对保证人发生效力。

根据法律规定或者当事人约定,保证人可以免除承担保证责任。一般保证的保证人在主债务履行期限届满后,向债权人提供债务人可供执行财产的真实情况,债权人放弃或者怠于行使权利致使该财产不能被执行的,保证人在其提供可供执行财产的价值范围内不再承担保证责任。

保证人承担保证责任后,除当事人另有约定外,有权在其承担保证责任的范围内向债务人追偿,享有债权人对债务人的权利,但是不得损害债权人的利益。

【案例 2-8】

甲向乙借款人民币 5 万元,乙表示同意并要求甲提供担保。于是甲找到丙进行担保,丙也同意担保。借款合同约定:"如果甲到期没有偿还借款,由丙负责偿还。"三人都在合同上签了字。借款期限届满,甲未按期归还借款,乙多次催讨未果,遂诉至法院,要求甲和丙承担连带偿还责任。丙认为自己提供的担保是一般保证,认为乙应该先起诉甲,在甲的财产依法强制执行后仍不能履行债务时,自己才承担保证责任。

【评析】

甲与乙之间的借款合同关系依法成立,担保合同也符合法律的规定,具有法律效力。甲应当向乙承担还款义务。在甲不能履行还款义务时,担保人丙应当承担保证责任。本案中,当事人在协议中关于担保责任的方式没有明确约定为一般保证责任,即甲与乙并未约定在甲不能履行债务时才由丙承担保证责任。根据《民法典》的规定,当事人在保证合同中对保证方式没有约定或者约定不明确的,按照一般保证承担保证责任。

(二) 抵押

抵押,是指债务人或者第三人以其特定财产在不转移占有的前提下,将该财产作为对债权的担保。当债务人不履行债务时,债权人有权依法以该财产折价或者以拍卖、变卖该财产的价款优先受偿。在这里,债务人或者第三人为抵押人,债权人为抵押权人,提供担保的财产为抵押财产。

1. 抵押物

抵押人只能以法律规定可以抵押的财产提供担保;法律规定不可以抵押的财产,抵押人不得用于提供担保。

《民法典》第 395 条规定,债务人或者第三人有权处分的下列财产可以抵押:①建筑物和其他土地附着物;②建设用地使用权;③海域使用权;④生产设备、原材料、半成品、产品;⑤正在建造的建筑物、船舶、航空器;⑥交通运输工具;⑦法律、行政法规未禁止抵押的其他财产。抵押人可以将前款所列财产一并抵押。

不能作为抵押物的财产有:①土地所有权;②宅基地、自留地、自留山等集体所有土地的使用权,但是法律规定可以抵押的除外;③学校、幼儿园、医疗机构等为公益目的成立的非营利法人的教育设施、医疗卫生设施和其他公益设施;④所有权、使用权不明或者有争议的财产;⑤依法被查封、扣押、监管的财产;⑥法律、行政法规规定不得抵押的其他财产。

2. 抵押合同

设立抵押权,当事人应当采用书面形式订立抵押合同。

抵押合同一般包括下列条款:①被担保债权的种类和数额;②债务人履行债务的期限;③抵押财产的名称、数量等情况;④担保的范围。

抵押权人在债务履行期限届满前,与抵押人约定债务人不履行到期债务时抵押财产归债权人所有的,只能依法就抵押财产优先受偿。

抵押合同的生效。以建筑物和其他土地附着物、建设用地使用权、海域使用权等财产或者正在建造的建筑物抵押的,应当办理抵押登记。抵押权自登记时设立。以动产抵押的,抵押权自抵押合同生效时设立;未经登记,不得对抗善意第三人。

3. 抵押权的实现

债务人不履行到期债务或者发生当事人约定的实现抵押权的情形,抵押权人可以与抵押人协议以抵押财产折价或以拍卖、变卖该抵押财产所得的价款优先受偿。抵押财产折价或者变卖的,应当参照市场价格。协议损害其他债权人利益的,其他债权人可以请求人民法院撤销该协议。

抵押权人与抵押人未就抵押权实现方式达成协议的,抵押权人可以请求人民法院拍卖、变卖抵押财产。

抵押财产折价或者拍卖、变卖后,其价款超过债权数额的部分归抵押人所有,不足部分由债务人清偿。

同一财产向两个以上债权人抵押的,拍卖、变卖抵押财产所得的价款依照下列规定清偿:①抵押权已经登记的,按照登记的时间先后确定清偿顺序;②抵押权已经登记的先于未登记的受偿;③抵押权未登记的,按照债权比例清偿。其他可以登记的担保物权,清偿顺序参照适用前款规定。

(三) 质押

质押是指债务人或第三人将其特定财产移交债权人占有,作为债权的担保,债务人不履行债务时,债权人有权依法将该特定财产折价或以拍卖、变卖的价款优先受偿。其中,债务人或第三人为出质人,债权人为质权人,用于担保的财产为质押财产。

1. 质押的形式

质押的形式包括动产质押和权利质押。

（1）动产质押

动产质押，是指债务人或第三人将其动产移交债权人占有，将该动产作为债权的担保。原则上，除不动产及法律禁止流通的动产外，其他一切动产都可设定质押。《民法典》第 426 条规定，法律、行政法规禁止转让的动产不得出质。

（2）权利质押

权利质押的标的为具有财产内容并可以转让的权利。

债务人或者第三人有权处分的下列权利可以出质：①汇票、本票、支票；②债券、存款单；③仓单、提单；④可以转让的基金份额、股权；⑤可以转让的注册商标专用权、专利权、著作权等知识产权中的财产权；⑥现有的以及将有的应收账款；⑦法律、行政法规规定可以出质的其他财产权利。

2. 质押合同

设立质权，当事人应当采用书面形式订立质押合同。

（1）质押合同的内容

质押合同一般包括下列条款：①被担保债权的种类和数额；②债务人履行债务的期限；③质押财产的名称、数量等情况；④担保的范围；⑤质押财产交付的时间、方式。

质押合同中对质押的财产约定不明，或者约定的质押财产与实际移交的财产不一致的，以实际交付占有的财产为准。

（2）质押合同的设立

质权自出质人交付质押财产时设立。一般情况下，以汇票、本票、支票、债券、存款单、仓单、提单出质的，质权自权利凭证交付质权人时设立；没有权利凭证的，质权自办理出质登记时设立；以基金份额、股权出质的，质权自办理出质登记时设立；以注册商标专用权、专利权、著作权等知识产权中的财产权出质的，质权自办理出质登记时设立；以应收账款出质的，质权自办理出质登记时设立。

3. 质权的实现

质权人在债务履行期限届满前，与出质人约定债务人不履行到期债务时质押财产归债权人所有的，只能依法就质押财产优先受偿。债务人不履行到期债务或者发生当事人约定的实现质权的情形，质权人可以与出质人协议以质押财产折价，也可以就拍卖、变卖质押财产所得的价款优先受偿。

（四）留置

债务人不履行到期债务，债权人可以留置已经合法占有的债务人的动产，并有权就该动产优先受偿。其中，债权人为留置权人，占有的动产为留置财产。一般情况下，债权人留置的动产，应当与债权属于同一法律关系，但是企业之间留置的除外。

1. 留置的效力

为保证留置权人权益，《民法典》对留置财产的价值作了规定：留置财产为可分物的，留置财产的价值应当相当于债务的金额。

留置权人负有妥善保管留置财产的义务;因保管不善致使留置财产毁损、灭失的,应当承担赔偿责任。留置权人有权收取留置财产的孳息。

2. 留置权的实现

留置权人与债务人应当约定留置财产后的债务履行期限;没有约定或者约定不明确的,留置权人应当给债务人60日以上履行债务的期限,但是鲜活易腐等不易保管的动产除外。债务人逾期未履行的,留置权人可以与债务人协议以留置财产折价,也可以就拍卖、变卖留置财产所得的价款优先受偿。留置财产折价或者拍卖、变卖后,其价款超过债权数额的部分归债务人所有,不足部分由债务人清偿。

(五) 定金

定金是指当事人一方为了担保合同的履行而预先向对方支付的一定数额的金钱。

1. 定金合同

定金应当以书面形式约定。定金合同是主合同的从合同,主合同无效,则定金合同无效。当事人可以约定一方向对方给付定金作为债权的担保。定金合同自实际交付定金时成立。定金合同中应当约定定金的数额、交付定金的期限,应当明确当事人交付的金钱具有定金性质。

定金的数额由当事人约定;但是,不得超过主合同标的额的20%,超过部分不产生定金的效力。实际交付的定金数额多于或者少于约定数额的,视为变更约定的定金数额。

2. 定金的效力

《民法典》规定,债务人履行债务的,定金应当抵作价款或者收回。给付定金的一方不履行债务或者履行债务不符合约定,致使不能实现合同目的的,无权请求返还定金;收受定金的一方不履行债务或者履行债务不符合约定,致使不能实现合同目的的,应当双倍返还定金。

当事人既约定违约金,又约定定金的,一方违约时,对方可以选择适用违约金或者定金条款。定金不足以弥补一方违约造成的损失的,对方可以请求赔偿超过定金数额的损失。

第五节 合同的变更、转让和终止

一、合同的变更

合同变更,是指在合同成立以后,尚未履行或者尚未完全履行前,当事人根据客观情况的变化,依照法律规定的条件和程序,对合同的内容进行修改或者补充。

合同变更应当具备以下要件:①当事人之间存在着有效的合同关系;②合同的变更

应当根据法律的规定或者当事人的约定;③必须遵守法定的形式;④必须有合同内容的变化。当事人对合同变更的内容约定不明确,难以判断合同内容发生变更的,推定为未变更。

二、合同的转让

合同转让,是指当事人一方依法将合同的权利和义务全部或部分地转让给第三人的法律行为。合同转让是在不涉及合同内容的前提下,合同的当事人发生变化,一方当事人将自己的债权或者债务转让给第三人,从而改变合同的权利义务主体。原债权人或债务人被称为让与人,新债权人或债务人被称为受让人。合同的转让分为合同权利的转让、合同义务的转移、合同权利义务概括转让。

(一) 合同权利转让

合同权利转让又称为合同债权的让与,是指债权人通过协议将其债权全部或部分转让给第三人的行为。通常情况下,只要是不违反法律和社会公共利益,合同权利均应当允许转让。债权人转让权利,一般情况下不需要经过债务人同意,但是应当通知债务人。未经通知债务人的,合同的转让对债务人不发生效力。债权转让的通知一般情况下不得撤销。

(二) 合同义务转移

合同义务转移又称为合同债务的承担,是指经债权人同意,债务人将合同义务的全部或部分转移给第三人。合同义务的转移使债务的承担者发生变化,将直接影响到债权人债权的实现。因此,从保护债权人的角度出发,债务人转移合同义务的,应当征得债权人的同意。

(三) 合同权利义务概括转让

合同权利义务的概括转让又称为合同承受,是指当事人一方将其在合同中的权利和义务一并转让给第三人。合同的概括转让是合同一方当事人退出合同关系,新的第三人进入合同关系之中。

当事人进行合同权利义务一并转让的,应当征得对方的同意,应当遵守合同法对合同权利转让和合同义务转移的规定。当事人订立合同后合并的,由合并后的法人或者其他组织行使合同权利,履行合同义务。当事人订立合同后分立的,除债权人和债务人另有约定的以外,由分立的法人或者其他组织对合同的权利和义务享有连带债权,承担连带债务。

三、合同的终止

合同的终止又称为合同的消灭,是指由于某种原因而导致合同关系在客观上不存在,合同债权和合同债务归于消灭。

《民法典》第 557 条规定,有下列情形之一的,债权债务终止:①债务已经履行;②债务相互抵销;③债务人依法将标的物提存;④债权人免除债务;⑤债权债务同归于一人;⑥法律规定或者当事人约定终止的其他情形。合同解除的,该合同的权利义务关系终止。据此,合同终止的原因主要有清偿、解除、抵销、提存、免除、混同等。

(一) 清偿

清偿,是指债务已经按照约定履行,债权人的债权得到实现。

清偿是从合同履行效果认定的,债务人履行债务属于清偿,第三人为满足债权人的目的而为给付,也属清偿,即使依强制执行或实行担保权而使债权获得满足,也应为清偿。债务按照合同约定得到履行,一方面可以使合同债权得到满足,实现订立合同的目的;另一方面也使得合同义务归于消灭,产生合同权利义务终止的后果。

(二) 解除

解除,是指合同成立后,在没有履行或者没有完全履行之前,当事人依照法律规定或者当事人约定的条件和程序,解除合同确定的权利义务关系,从而使合同归于消灭。

1. 合同解除的方式

合同的解除分为约定解除和法定解除。

(1)约定解除

约定解除,是指在合同成立后全部履行前,当事人可以通过协议或者行使约定的解除权而进行的合同解除。

①协商解除。合同成立后全部履行前,根据主客观情况的变化,当事人协商一致,可以解除合同。

②约定解除权。当事人在订立合同时,可以约定合同解除的条件,条件出现时,当事人一方可以依约解除合同。

(2)法定解除

法定解除,是指在合同成立后全部履行前,当事人一方在法律规定的解除条件出现时,行使解除权而使合同关系消灭。

法定解除的条件包括:①因不可抗力致使不能实现合同目的;②在履行期限届满前,当事人一方明确表示或者以自己的行为表明不履行主要债务;③当事人一方迟延履行主要债务,经催告后在合理期限内仍未履行;④当事人一方迟延履行债务或者有其他违约行为致使不能实现合同目的;⑤法律规定的其他情形。

2. 合同解除的程序

当事人一方依法主张解除合同的,应当通知对方。合同自通知到达对方时解除;通知载明债务人在一定期限内不履行债务则合同自动解除,债务人在该期限内未履行债务的,合同自通知载明的期限届满时解除。

法律规定或者当事人约定解除权行使期限,期限届满当事人不行使的,该权利消灭。法律没有规定或者当事人没有约定解除权行使期限,自解除权人知道或者应当知道解除事由之日起 1 年内不行使,或者经对方催告后在合理期限内不行使的,该权利消灭。

(三) 抵销

抵销,是指当事人互负到期债务,依照法律规定或者当事人约定,各自用其债权来充当债务进行清偿,从而使双方的债务在对等的额度内相互消灭。

根据抵销产生原因的不同,可以分为法定抵销和约定抵销。

(1)法定抵销

法定抵销是指法律规定了抵销条件,当条件具备时,依照当事人一方的意思表示即可发生抵销的效力。

法定抵销的条件:①当事人互负债务;②债务的履行期限届满;③该债务的标的物种类、品质相同;④该债务按照法律规定和合同性质可以抵销。

(2)约定抵销

约定抵销是指当事人双方协商一致,使自己的债务与对方的债务在等额内消灭。只要当事人互负债务,不论标的物种类、品质是否相同,都可以在协商一致后抵销,但不得违反法律规定。

(四) 提存

提存,是指由于债权人的原因致使债务人难以履行债务的,债务人将标的物或者将标的物依法拍卖、变卖所得价款交付提存部门从而终止合同权利义务关系的行为。

【知识链接】

提存制度的价值和意义

债务的履行往往需要债权人的协助,如果债权人无正当理由拒绝受领债务或者不能受领债务,债权人虽应承担受领迟延的法律责任,但债务人的债务却不能消灭,债务人会无限期地等待履行,这对债务人有失公平。提存制度的建立,有利于债权债务纠纷的及时解决,更好地平衡债权人和债务人双方的利益冲突,保证市场机制的正常运行。

1. 提存的原因

提存的原因有以下几方面。

①债权人无正当理由拒绝或者迟延受领。

②债权人下落不明。

③债权人死亡未确定继承人或者丧失行为能力未确定监护人。

④法律规定的其他情形。

2. 提存的标的物

提存的标的物应当是合同规定给付的标的物,标的物不适于提存或者提存费用过高的,债务人依法可以拍卖或者变卖标的物,提存所得的价款。

3. 提存的效力

①标的物提存后,除债权人下落不明的以外,债务人应当及时通知债权人或者债权人的继承人、遗产管理人、监护人、财产代管人。

②债务人依法将标的物提存后,视为债务已清偿,当事人的合同关系归于消灭。

③标的物提存后,标的物毁损、灭失的风险由债权人承担。

④提存费用由债权人承担。

（五）免除

免除,是指债权人抛弃债权而使合同关系归于消灭的行为。

债权人免除债务人部分或者全部债务的,合同的权利义务部分或者全部终止。但是免除不能损害第三人的利益。

（六）混同

混同,是指由于某种客观事实的发生,使得一项合同中,原本由一方当事人享有的债权和另一方当事人承担的债务,同归于一人,从而导致合同权利义务的终止。混同发生的原因主要有合并、继承等。

第六节　合同的违约与救济

合同依法成立后,对双方当事人具有法律约束力,当事人应当按照合同约定全面、适当地履行义务,非经双方协商或者法定事由不得擅自变更或解除合同,否则构成违约,应该对自己的违约行为承担相应的法律责任。

一、违约责任的概念和特征

（一）违约责任的概念

违约责任,又称违反合同的民事责任,是指合同当事人违反合同义务,履行义务不符合约定时,依照法律规定或者合同约定所应承担的法律责任。

违约责任制度在合同法中具有非常重要的地位和作用,它是保障债权实现及债务履行的重要措施。它不仅可以促使合同当事人双方自觉地履行合同义务,起到避免和减少违约行为发生的预防作用,而且在发生违约时,通过追究违约方的责任,使守约方的损失得到补偿,从而保护合同当事人的合法权利,维护社会经济秩序。

（二）违约责任的法律特征

①违约责任的成立必须以合法有效的合同为前提。

②违约责任的产生必须有违约事实的存在。

③违约责任可以由当事人在法律允许的范围内约定。

④违约责任具有相对性,只发生于合同当事人之间,合同之外的第三人不承担违约责任。

⑤违约责任的目的在于补偿因违约行为造成的损失。

二、违约行为的形式

违约行为的表现形式包括预期违约和实际违约。

1. 预期违约

预期违约是指合同生效后履行期到来之前,当事人一方明确表示或者以自己的行为表明不履行合同义务的行为。

2. 实际违约

实际违约是指合同履行期届满时,当事人实际不履行合同义务或不适当履行合同义务的行为。

三、承担违约责任的方式

《民法典》合同编规定,当事人一方明确表示或者以自己的行为表明不履行合同义务的,对方可以在履行期限届满前请求其承担违约责任。当事人一方不履行合同义务或者履行合同义务不符合约定的,应当承担继续履行、采取补救措施或者赔偿损失等违约责任。

(一)继续履行

继续履行又称实际履行,是指当事人一方不履行合同义务或者履行合同义务不符合约定时,另一方当事人可以要求其在合同履行期届满后,继续按照合同的约定履行义务。在可以履行的条件下,违反合同的当事人无论是否已经承担赔偿金或者违约金责任,对方当事人都有权要求违约方继续按照合同约定履行其尚未履行的义务。

(二)采取补救措施

采取补救措施,是指当事人一方履行合同义务不符合约定后,对违约情形进行补救的一种行为。对违约责任没有约定或者约定不明确,依照《民法典》第 510 条的规定仍不能确定的,受损害方根据标的性质以及损失的大小,可以合理选择请求对方承担修理、重作、更换、退货、减少价款或者报酬等违约责任。

(三)赔偿损失

赔偿损失是指因合同一方当事人的违约行为而给对方当事人造成财产损失时,违约方给予对方的经济补偿。当事人违约,在继续履行义务或者采取补救措施后,对方还有其他损失的,应当赔偿损失。

1. 完全赔偿原则

损失赔偿额应当相当于因违约所造成的损失,包括实际损失和合同履行后可以获得的利益损失。

2. 合理预见规则

损失赔偿额不得超过违反合同一方订立合同时预见到或者应当预见到的因违反合同可能造成的损失。

3. 减轻损失规则

当事人一方违约后,对方应当采取适当措施防止损失的扩大;没有采取适当措施致使损失扩大的,不得就扩大的损失要求赔偿。当事人因防止损失扩大而支出的合理费用,由违约方承担。

(四)支付违约金

违约金,是指当事人在合同中预先约定的在一方违约时应当向对方支付的一定数额的金钱。当事人既可以约定违约金的数额,也可以约定违约损失赔偿额的计算方法。

违约金具有补偿性和特定情况下的惩罚性。当约定的违约金低于造成的损失时,当事人可以请求人民法院或者仲裁机构予以增加;当约定的违约金过分高于造成的损失时,当事人可以请求人民法院或者仲裁机构予以适当减少。通过变动违约金数额,使其保持与受害方的损失大体相当的程度,体现了违约金的补偿性。但是在特定情况下,当违约金高于但不过分高于实际损失时,违约方不能请求减少,这时,适度高于实际损失的部分即具有惩罚性。

(五)定金罚则

定金具有双重功能。一方面,定金由债务人向债权人预先支付,债务人履行债务后,定金抵作价款或收回,这就表明定金是一种担保方式,起着保证债务履行的作用。另一方面,按照定金罚则,给付定金的一方不履行约定的债务的,致使不能实现合同目的的,无权请求返还定金;收受定金的一方不履行约定的债务的,致使不能实现合同目的的,应当双倍返还定金,这又表明定金是一种承担违约责任形式。

当事人在订立合同时,既可以约定违约金,也可以约定定金,一方违约时,对方可以选择适用违约金条款或者定金条款,即二者不能同时适用。当事人执行定金条款后,不足以弥补所受损害的,可以请求赔偿超过定金数额的损失。

四、违约责任的免除

违约责任的免除,是指在合同履行过程中,出现法律规定或合同约定的免责事由,从而导致合同不能履行的,可以免除合同当事人的违约责任。

🏴【知识链接】

法定免责事由和约定免责事由

在发生违反合同的事实后,当事人主张免除自己违约责任的事实和理由,被称为免责事由。免责事由包括法定的免责事由和约定的免责事由:法定的免责事由,是指法律规定的免除责任的事由,主要是指不可抗力;约定的免责事由,是指当事人通过合同约定的免除责任的事由,主要是当事人约定的免责条款。

(一) 不可抗力

1. 不可抗力的概念

不可抗力,是指当事人在订立合同时不能预见、对其发生和后果不能避免并不能克服的事件。一般而言,不可抗力包括:自然灾害,例如火灾、地震等;政府行为,例如政府征用、发布新政策法规等;社会异常事件,例如罢工、战争等。

🏴【知识链接】

情势变更原则

所谓情势变更原则,是指合同依法有效成立后,全面履行前,因不可归责于当事人的原因,使合同赖以成立的基础或环境发生当事人预料不到的重大变化,若继续维持合同的原有效力则显失公平,受不利影响的一方当事人有权请求法院或仲裁机构变更或解除合同的法律制度。

2. 不可抗力的法律后果

因不可抗力不能履行合同的,根据不可抗力的影响,可以部分或全部免除当事人的违约责任。但是法律另有规定的除外。当事人迟延履行后发生不可抗力的不能免责,非违约方仍然有权要求其承担违约责任。

①解除合同:不可抗力的发生使得合同的履行成为不可能,则可以解除合同。

②部分、延迟履行合同:不可抗力事件只是部分地或者暂时地阻碍了合同的履行,当事人可以部分履行合同或者延迟履行合同。

3. 当事人的义务

遭遇不可抗力的一方当事人同时负有两项义务:及时通知义务和提供证明义务。

(1)及时通知义务

遭遇不可抗力的一方当事人,应当及时向对方通知自己不能履行合同的情况和理由,以减轻可能给对方造成的损失,否则应赔偿扩大的损失部分。

(2)提供证明义务

遭遇不可抗力的一方当事人,应当在合理期限内向对方提供有关的证明文件,以证明不可抗力事件的发生及影响当事人履行合同的具体情况。

（二）免责条款

免责条款,是指当事人在合同中约定的排除或限制其未来民事责任的合同条款。

合同中的下列免责条款无效:一是造成对方人身伤害的;二是因故意或者重大过失造成对方财产损失的。

五、违约责任与侵权责任的竞合

（一）违约责任与侵权责任的竞合的概念

违约责任是指合同当事人对自己违反合同约定义务所引起的法律后果应当承担的民事法律责任。侵权的民事责任即侵权责任,是指违法行为人对侵害他人的人身权、财产权等造成的法律后果应当承担的民事法律责任。

违约责任与侵权责任的竞合,是指在一方当事人违约时,不仅造成了对方的合同权利即债权的损害,违反了约定义务,而且侵害了对方的人身或者财产,造成了对方人身权或财产权的损害,违反了法定的义务,受害者可请求对方承担违约责任,或者请求对方承担侵权责任,但二者不能同时适用。

【知识链接】

违约责任与侵权责任的区别

违约责任与侵权责任虽然都是民事责任,但两者之间有着重要的区别,主要表现为:责任所保护的权利性质不同、责任发生的前提或依据不同、责任的后果和承担方式不同、归责原则与免责条件不同等。

（二）违约责任与侵权责任的竞合的特点

(1)责任竞合因违反义务的行为引起。

(2)违反义务的行为既符合违约责任的构成要件也符合侵权责任的构成要件。

(3)违约责任与侵权责任之间相互冲突,即两者之间既不能相互吸收,也不能并存。由于两者存在重大差异,因此当事人依合同法提起违约之诉,还是依侵权行为法提起侵权之诉将产生不同的法律后果。

（三）违约责任与侵权责任的竞合的处理

因当事人一方的违约行为,侵害对方人身、财产权益的,受侵害方可以在违约责任和侵权责任中选择一种责任提出请求,而不能同时基于两种责任提出请求。

【思考题】

1.一般合同条款有哪些?

2.合同生效的要件是什么?

3.合同成立与合同生效的区别是什么?

4.先履行抗辩权发生的原因有哪些?

5.试比较代位权与撤销权的区别。

6.合同担保的主要方式有哪些?

7.承担违约责任的方式有哪些?

8.定金有哪些功能?

9.不可抗力引起的法律后果是什么?

10.法定解除权行使的条件是什么?

第三章 公 司 法

【学习要点及目标】

1.掌握公司以及公司法的概念和特征。

2.理解并掌握有限责任公司、股份有限公司设立的规定。

3.了解国有独资公司、一人有限责任公司的特别规定。

4.理解并掌握有限责任公司、股份有限公司组织机构的规定。

5.理解并掌握股份有限公司股份的发行与转让的规定。

6.掌握股东权利和义务的内容。

7.了解公司合并、分立的基本规定。

8.了解公司解散、破产、清算的规定。

第一节　公司法概述

一、公司的概念与分类

(一) 公司的概念

公司是企业的一种组织形式。一般认为,公司是按照公司法设立的,并以营利为目的的企业法人。

1. 公司是企业法人

我国《公司法》明确规定,公司是企业法人,有独立的法人财产,享有法人财产权,公司以其全部财产对公司的债务承担责任。公司的独立财产制度要求公司的责任与股东责任相分离,公司以其全部财产对公司的债务负责,股东不直接对公司的债务承担责任。

🏴 【知识链接】

法人应当具备的条件

我国《民法典》规定,法人是具有民事权利能力和民事行为能力,依法独立享有民事权利和承担民事义务的组织。法人应当依法成立。法人应当有自己的名称、组织机构、住所、财产或者经费。法人成立的具体条件和程序,依照法律、行政法规的规定。设立法人,法律、行政法规规定须经有关机关批准的,依照其规定。

法人的民事权利能力和民事行为能力,从法人成立时产生,到法人终止时消灭。

2．公司必须依法设立

法人是由法律赋予法律人格的社会组织,必须依法设立。在我国,设立公司所依据的法律主要是《中华人民共和国公司法》(以下简称《公司法》),此外,还要符合其他法律法规的规定。公司的设立条件、目的必须符合国家法律的规定,设立公司还必须按照法律规定的程序办理。

3．公司以营利为目的

公司必须从事经营活动,公司的设立、运行是为了通过各种生产经营活动,满足社会各种需求,获取利润,并将其分配给公司的股东。公司的这一特征,不仅为世界范围内的公司法所确认,而且也是公司区别于其他法人组织的特征之一。公司的营利性经营活动应当具有连续性和固定性。

(二) 公司的沿革与发展

现代社会的公司企业形式萌芽于欧洲中世纪。那时,合伙制度有了巨大的发展,出现了由两个以上的出资人共同经营的经济实体,法人制度也出现了巨大发展,两者相结合,形成了公司,而工业革命的兴起和发展最终导致公司制度确立并且得以发展。

最早出现的公司形式是无限责任公司。无限责任公司来源于中世纪时期的意大利和地中海沿岸的商业城市中出现的家族经营团体。无限责任公司之后出现了两合公司。两合公司来源于这一时期地中海沿岸城市出现的以海运为主的康孟达组织。欧洲中世纪的一些地方出现了经皇家特许颁发的特许状或者政府特别准许设立的组织,它们被特许并设立而成为独立的法人。这种特许设立的经营体后来发展成为特许设立的公司,并对此后的公司法产生影响。

无限责任公司和两合公司的出现在公司的演进过程中并没有起到划时代的作用。直至股份有限公司的出现,在公司制度发展中起到了意义深远的作用。19世纪末,首先在德国出现了有限责任公司。20世纪以来,公司制度,主要是股份有限公司制度进入了黄金时代。经过了三百多年的发展,公司制度日渐完善,终于形成了现在的格局。

(三) 公司的分类

依据不同的标准,可以对公司进行不同的分类:

(1)按照股东所负责任状况的不同,公司可以分为无限责任公司、有限责任公司、股份有限公司、两合公司、股份两合公司

无限责任公司,也称无限公司,是指全体股东就公司的债务承担无限连带责任的公司。

有限责任公司,也称有限公司,是指由一定数额的股东组成的,股东仅以其出资额为限对公司承担责任,公司以其全部资产对公司债务承担责任的公司。

股份有限公司,也称股份公司,是指公司的全部资本分为等额股份,股东仅以其持有股份为限对公司承担责任,公司以其全部资产对公司债务承担责任的公司。

两合公司是由有限责任股东与无限责任股东两种成员组成的公司,一部分股东就公司债务仅负有限责任,但不参与公司的经营管理;另一部分股东就公司债务负无限责任,享有公司的经营管理权。两合公司是无限公司的一种变形。

股份两合公司则属于股份公司与两合公司的结合,它是由无限责任股东与股份有限责任股东组成的公司,资本分为等额股份,其中无限责任股东对公司债务负无限责任,有限责任股东仅以其认购的股份对公司债务负责。它与两合公司不同之处在于有限责任部分资本分为等额股份,可以发行股票。

(2)按照公司国籍不同,公司可以分为本国公司和外国公司

依据我国对公司国籍的确定标准,凡依据我国法律组成并在我国境内登记设立的公司,为我国的本国公司;凡依据外国法律在中国境外登记设立的公司,为外国公司。外国公司可以在中国境内设立分支机构,该分支机构不具有中国法人资格,外国公司对其分支机构在中国境内进行经营活动承担民事责任。[1]

(3)按照公司的组织结构关系,公司可以分为总公司和分公司

总公司也称本公司,是指在组织上可以管辖其全部机构的公司,对所属机构的经营、资金调度等进行统一指挥;分公司是指由总公司设置,属于总公司管辖,并且不具有独立的法人资格的公司。

我国《公司法》规定,公司可以设立分公司。设立分公司,应当向公司登记机关申请登记,领取营业执照。分公司不具有法人资格,其民事责任由公司承担。

(4)按照公司之间的控制和依附关系,公司可以分为母公司与子公司

母公司是指通过掌握其他公司一定比例以上的股份或者通过协议的方式,能够实际上控制其他公司经营活动的公司,也称控股公司。

子公司又称为被控股公司,是指受母公司控制,但是自己具有独立的法人资格,能独立承担民事责任的公司。我国《公司法》规定,公司可以设立子公司,子公司具有法人资格,依法独立承担民事责任。

(5)按照公司的信用基础不同,公司可以分为人合公司、资合公司以及人合兼资合公司

人合公司是以股东个人的信用为基础而建立的公司。人合公司的财产及责任与股东的财产及责任没有完全分离,企业的所有权和经营权一般也不分离。无限责任公司是典型的人合公司。

资合公司是以资本的结合为信用基础的公司。此类公司仅以资本的实力取信于人。股东对公司债务以出资为限承担有限的责任。股份有限公司是典型的资合性公司。

---

〔1〕 关于公司国籍标准,立法上有三种体例:准据法主义、设立地主义、设立人国籍主义。我国采用准据法和设立地主义的双重标准,凡是在我国境内并依据我国法律设立的法人为中国法人。

人合兼资合公司则是一种既具有人合性质又具有资合性质的公司,同时以公司资本和股东个人信用作为公司信用基础,其典型的形式为两合公司。有限责任公司也具有人合兼资合的性质。

二、公司法的概念和适用范围

(一)公司法的概念

公司法是调整公司设立、组织机构、经营、解散、清算以及公司在对内对外活动中发生的社会关系的法律规范的总称。

公司法既是组织法,也是行为法。作为确定公司法律地位和资格的组织法,公司法对公司的设立、变更、终止、公司组织机构的设置及其职权等内容作了规定。此外,公司法还调整公司的内部关系,即公司股东之间的关系,股东与公司之间的关系。作为规范公司经营活动的行为法,公司法规定了股票的发行与交易、公司债券的发行与转让等。但是,公司法并不调整全部的公司行为,只是对与公司组织特点有关的行为进行调整。

公司法是以强制性规范为主的法律。公司法规定公司的设立必须严格遵守公司法对公司的设立条件和程序的规定。对与公司特点有关的经营交易行为,公司法也作出了许多强制性的规定,不得由当事人协议变更。

公司法属于传统的商法,属于私法范畴,以意思自治为基本原则,体现为公司的设立自由、营业自由、股份转让自由等。同时,国家对其进行必要的干预,例如规定了公司设立的最低注册资本限制、对转让股份的限制、对公司章程记载事项的要求等。

公司法主要采取成文法形式,即使是英美法国家也采取成文法形式。

🚩【知识链接】

我国公司立法

20 世纪 90 年代,为适应大力发展社会主义市场经济的客观要求,我国加快了公司立法的步伐。1993 年 12 月 29 日第八届全国人民代表大会常务委员会第五次会议通过《中华人民共和国公司法》,并于 2018 年 10 月 26 日由第十三届全国人民代表大会常务委员会第六次会议第四次修正。国务院颁布《中华人民共和国公司登记管理条例》等行政法规。此外,有关部门还发布了一系列关于公司的规范性文件。

(二)公司法的适用范围

《公司法》第 2 条规定,本法所称公司是指依照本法在中国境内设立的有限责任公司和股份有限公司。公司法的适用范围仅包括按照《公司法》的规定在中国境内设立的有限责任公司和股份有限公司。

三、公司的设立

(一) 公司设立的概念

公司设立是指公司在成立之前,以取得公司法人资格为目的而进行的一系列活动,包括出资人订立出资协议、草拟公司章程、履行审批手续等。

(二) 公司的设立原则

公司的设立原则是指公司依据何种法定原则,通过何种具体途径实现公司设立。各国对公司的设立主要有以下几种立法原则。

1. 自由主义原则

自由主义原则是指法律对公司的设立不予强制规范,当事人可自由设立公司,无须办理任何登记手续。自由主义原则存在于公司制度发展的早期阶段。

2. 特许主义原则

特许主义原则是指公司必须经国家的特别许可才能设立,如:依照特别法、专门法规、行政命令、国家领导人特许等设立公司。在英国公司法发展的早期,特许主义比较普遍。后来,特许主义发展为"法律特许主义"。特许主义的思想基础是公司的设立必须依赖于国家的授权,而不仅仅是当事人私人的事情。

3. 核准主义原则

核准主义原则是指公司的设立除了需要符合法律规定的条件外,还须报请政府有关主管部门审核批准,方能申请登记成立。

核准主义最早见于法国路易十四于 1673 年 3 月颁布的《商事条例》。《商事条例》的颁布开辟了国家商事立法的先河,是最早的商事单行法。该条例专门规范陆商活动,共计 12 章 112 条,包括商业性质、商人、商业簿记、合伙(无限公司)、票据、破产和商事裁判管辖等内容。1681 年 8 月,路易十四又颁布了《海事条例》,该条例专门规范海商活动,类似于现在的海商法,共有 5 编,包括海上裁判所、海员及船员、海上契约、海港警察、海上渔猎等内容。颁布该条例的目的在于加强王室对海事贸易活动的控制。核准主义强调行政机关在公司设立中的作用。

4. 准则主义原则

准则主义原则又称登记主义,是指公司设立不需要报有关机关批准,只要公司设立时符合法律规定的成立条件,即可向公司登记机关申请登记,经该机关审查合格授予主体资格后即可成立。

我国公司的设立原则主要是采用准则主义原则和核准主义原则。

四、公司章程

（一）公司章程的概念

公司章程是规范公司的组织和活动的基本规则，是由股东订立的关于公司的组织、内外关系和经营范围等重要事项的规则、制度的书面文件。我国《公司法》规定，公司章程应当采用书面形式。公司章程由公司股东依据《公司法》自行制定，是公司最基本的文件，它规定公司组织与经营的最根本的事项，是公司活动的基本依据。

（二）公司章程的特征

(1)公司章程是公司设立的必备条件。公司在设立登记时，必须向登记机关提交公司章程。我国《公司法》规定，设立公司必须依法制定公司章程。

(2)公司章程是公司活动的基本依据，对公司全体成员具有约束力。

(3)公司章程必须采取书面形式。

(4)公司章程必须具备法律规定的记载事项，此外，在法律允许的范围内，当事人可以就其他相关事项作出特别的约定或安排。

🚩【知识链接】

我国《公司法》的部分相关规定

第 41 条规定："召开股东会会议，应当于会议召开 15 日前通知全体股东；但是，公司章程另有规定或者全体股东另有约定的除外。股东会应当对所议事项的决定做成会议记录，出席会议的股东应当在会议记录上签名。"

第 42 条规定："股东会会议由股东按照出资比例行使表决权；但是，公司章程另有规定的除外。"

第 43 条规定："股东会的议事方式和表决程序，除本法有规定的外，由公司章程规定。"

（三）公司章程的效力

公司章程一经生效，即发生法律约束力。我国《公司法》规定，公司章程对公司、股东、董事、监事、高级管理人员具有约束力。主要表现在以下几方面。

1. 对公司的效力

公司章程是公司组织与行为的基本准则，公司必须遵守并执行公司章程。公司的权力机关、义务执行机关和经营意思决定机关、监督机关都应当按照公司章程规定的办法进行工作，在规定范围内行使职权；公司应当使用公司章程上规定的名称，而且必须在公司章程确定的经营范围内从事经营活动。

2．对股东的效力

股东是公司的出资人、投资者，股东依照公司章程的规定享有权利，也必须依照公司章程的规定对公司承担义务。

3．对董事、监事、高级管理人员的效力

作为公司的高级管理人员，董事、监事、经理对公司负有勤勉、诚信义务，依照法律和公司章程的规定行使职权。当公司董事等因故意或重大过失违反公司章程的职责使股东的利益受到直接侵害时，股东可以依据公司章程对公司的董事、监事、经理等提出权利主张。

（四）公司章程记载的内容

1．公司章程记载内容的分类

公司章程的内容又称为章程条款，可以分为绝对必要记载事项、相对必要记载事项和任意记载事项。

（1）绝对必要记载事项

绝对必要记载事项是指法律规定必须记载于公司章程的、不可缺少的法定事项，缺少其中任何一项或任何一项记载不合法，整个章程即归无效。这些事项一般都是涉及公司根本性质的重大事项，其中有些事项是各种公司必然具有的共同性问题。各国公司法对章程的绝对必要记载事项都有明确规定。

（2）相对必要记载事项

相对必要记载事项是指法律规定的某些事项，由章程制订者自行决定是否予以记载。这些事项只有在公司章程中予以记载，才能对公司具有约束力；如果记载违法，则仅该事项无效；如果公司章程不予记载，则不发生法律效力，也不影响整个公司章程的法律效力。有的国家的公司法律列举了公司章程相对必要的记载事项，这些事项一般包括发起人所得的特别利益、设立费用及发起人的报酬、有关非货币资产的出资、公司的期限、分公司的设立等。我国《公司法》没有规定相对必要记载事项。

（3）任意记载事项

任意记载事项是指在绝对必要记载事项和相对必要记载事项以外，法律未予明确规定，是否记载于章程，由投资者自行决定的事项。任意记载事项如不予记载，不影响整个章程的效力；如果予以记载，就发生法律效力，公司及其股东必须遵照执行，不能任意变更；如果予以变更，也必须遵循修改公司章程的特别程序。

从我国《公司法》对公司章程内容的规定来看，对于有限责任公司和股份有限公司的公司章程，股东会或者股东大会会议认为需要规定的其他事项当属于任意记载事项。

2．我国《公司法》规定的公司章程的内容

（1）有限责任公司的公司章程应当载明的事项

根据《公司法》的规定，有限责任公司的公司章程应当载明下列事项：①公司名称和住所;②公司经营范围;③公司注册资本;④股东的姓名或者名称;⑤股东的出资方式、出资额和出资时间;⑥公司的机构及其产生办法、职权、议事规则;⑦公司法定代表人;⑧股东会会议认为需要规定的其他事项。

股东应当在公司章程上签名、盖章。

(2)股份有限公司的公司章程应当载明的事项

根据《公司法》的规定,股份有限公司的公司章程应当载明下列事项:①公司名称和住所;②公司经营范围;③公司设立方式;④公司股份总数、每股金额和注册资本;⑤发起人的姓名或者名称、认购的股份数、出资方式和出资时间;⑥董事会的组成、职权和议事规则;⑦公司法定代表人;⑧监事会的组成、职权和议事规则;⑨公司利润分配办法;⑩公司的解散事由与清算办法;⑪公司的通知和公告办法;⑫股东大会会议认为需要规定的其他事项。

第二节 有限责任公司

一、有限责任公司的概念和特征

(一) 有限责任公司的概念

有限责任公司是指由一定数额的股东共同出资,股东仅以其出资额为限对公司承担责任,公司以其全部资产对公司债务承担责任的企业法人。

(二) 有限责任公司的特征

(1)股东以其出资额为限对公司承担责任。

(2)对股东有最高人数的限制。

(3)有限责任公司的资本不分为等额股份。

(4)有限责任公司具有封闭性,不能公开募股集资,经营状况不公开。

(5)有限责任公司的设立程序比较简单,组织机构灵活。

(6)股东的转让出资受到严格限制。

二、有限责任公司的设立

(一) 有限责任公司的设立条件

1. 股东符合法定人数

有限责任公司由 50 个以下股东出资设立。有限责任公司也可以只有一个股东。《公司法》规定了一人有限责任公司和国有独资公司。

股东既可以是法人,也可以是自然人。

🚩【知识链接】

一人有限责任公司、国有独资公司

一人有限责任公司是指只有一个自然人股东或者一个法人股东的有限责任公司。

国有独资公司是指国家单独出资、由国务院或者地方人民政府委托本级人民政府国有资产监督管理机关履行出资人职责的有限责任公司。

2. 有符合公司章程规定的全体股东认缴的出资额

有限责任公司的全体股东认缴的出资额之和构成公司的注册资本。这是公司进行生产经营活动的物质基础,也是公司承担民事责任的保证。

法律、行政法规以及国务院决定对有限责任公司注册资本实缴、注册资本最低限额另有规定的,从其规定。

股东可以用货币出资,也可以用实物、知识产权、土地使用权等可以用货币估价并可以依法转让的非货币财产作价出资,但法律、行政法规规定不得作为出资的财产除外。

🚩【知识链接】

实物、知识产权、土地使用权

实物是指房屋、机器设备、工具、原材料、零部件等有形资产。知识产权是无形资产,包括著作权、专利权、商标权、非专利技术等。土地使用权是指国有土地和农民集体所有土地,依法明确给单位或者个人使用的权利。对作为出资的非货币财产应当评估作价,核实财产,不得高估或者低估作价。法律、行政法规对评估作价有规定的,从其规定。

3. 股东共同制定公司章程

设立公司必须依法制定公司章程。公司章程规定了公司组织以及经营的最基本的事项,是公司最基本的规范性文件。

有限责任公司的章程必须由股东共同制定,所有股东应当在公司章程上签名、盖章。公司章程对公司、股东、董事、监事、高级管理人员具有约束力。

4. 有公司名称,建立符合有限责任公司要求的组织机构

公司名称是公司的标志。有限责任公司的名称必须符合法律、法规的规定,必须在公司名称中标明有限责任公司字样。公司主要是通过组织机构行使权利、履行义务的,所以,公司必须依据公司法的规定设立组织机构,即股东会、董事会或者执行董事、监事会或者监事等。

5. 有公司住所

公司以其主要办事机构所在地为住所。公司的住所是公司一切活动的中心。

(二) 有限责任公司的设立程序

1. 订立公司章程

股东设立有限责任公司,必须依法制定公司章程。公司章程应当经全体股东同意,并签名盖章。

2．缴纳出资

股东应当按期足额缴纳公司章程中规定的各自所认缴的出资额。股东以货币出资的，应当将货币出资足额存入有限责任公司在银行开设的账户；以非货币财产出资的，应当依法办理其财产权的转移手续。股东不按照规定缴纳出资的，除应当向公司足额缴纳外，还应当向已按期足额缴纳出资的股东承担违约责任。

【案例3-1】

甲、乙、丙三人签订协议，共同出资组建某有限责任公司。该公司的注册资本为50万元人民币，其中，甲出资10万元人民币，乙以厂房和设备作价30万元出资，丙以专利权作价10万元出资。同时，协议还约定：公司章程由甲起草，无须公司全体股东审议通过；公司不设立董事会，只设执行董事，甲为执行董事。

【评析】

该协议不完全符合《公司法》的规定。《公司法》规定，公司章程应当由全体股东共同制定，甲、乙、丙三人约定由甲起草公司章程，但无须公司全体股东审议通过，于法无据。公司规模较小、股东人数较少的，可以设一名执行董事，不设立董事会。甲、乙、丙关于出资的约定不违反《公司法》的规定。

公司成立后，股东不得抽逃出资。

3．申请设立登记

股东认足公司章程规定的出资后，由全体股东指定的代表或者共同委托的代理人向公司登记机关报送公司登记申请书、公司章程等文件，申请设立登记。符合《公司法》规定的设立条件的，由公司登记机关登记为有限责任公司，发给公司营业执照，公司营业执照签发日期为公司成立日期。

有限责任公司成立后，应当向股东签发出资证明书。有限责任公司应当置备股东名册，记载于股东名册的股东，可以依股东名册主张行使股东权利。公司应当将股东的姓名或者名称向公司登记机关登记；登记事项发生变更的，应当办理变更登记。未经登记或者变更登记的，不得对抗第三人。

【知识链接】

有限责任公司的出资证明书与股东名册

有限责任公司成立后，应当向股东签发出资证明书。出资证明书应当载明下列事项：①公司名称；②公司成立日期；③公司注册资本；④股东的姓名或者名称、缴纳的出资额和出资日期；⑤出资证明书的编号和核发日期。出资证明书由公司盖章。

有限责任公司应当置备股东名册，记载下列事项：①股东的姓名或者名称及住所；②股东的出资额；③出资证明书编号。

法律、行政法规规定设立公司必须报经有关部门批准的,还应当在公司登记前依法办理批准手续。

三、有限责任公司的股东

(一) 有限责任公司的股东的概念

有限责任公司的股东是公司的出资人。股东可以是中国公民、法人、国家以及外国投资者。

(二) 有限责任公司股东的权利

有限责任公司的股东权利是股东通过出资形成的,以出资证明书的形式体现的财产权利和特定的非财产权利。《公司法》规定,公司股东依法享有资产收益、参与重大决策和选择管理者等权利。

具体来讲,有限责任公司的股东享有如下权利:①参加股东会,并按出资份额享有表决权;②选举或被选举为董事会成员、监事会成员;③有权查阅、复制公司章程、股东会会议记录、董事会会议决议、监事会会议决议和财务会计报告;④股东可以要求查阅公司会计账簿。公司拒绝提供查阅的,股东可以请求人民法院要求公司提供查阅;⑤有权依法转让股权或者受让股权;⑥按照实缴的出资比例分取红利;⑦公司新增资本时,股东有权优先按照实缴的出资比例认缴出资;⑧公司终止时,有权依法分得剩余财产;⑨公司章程规定的其他权利。

🚩【知识链接】

有限责任公司股东转让出资

有限责任公司的股东之间可以相互转让其全部或者部分股权。

股东向股东以外的人转让股权,应当经其他股东过半数同意。股东应就其股权转让事项书面通知其他股东征求同意,其他股东自接到书面通知之日起满 30 日未答复的,视为同意转让。其他股东半数以上不同意转让的,不同意的股东应当购买该转让的股权;不购买的,视为同意转让。

经股东同意转让的股权,在同等条件下,其他股东有优先购买权。两个以上股东主张行使优先购买权的,协商确定各自的购买比例;协商不成的,按照转让时各自的出资比例行使优先购买权。

(三)有限责任公司股东的义务

(1)依法按期足额缴纳出资的义务。

(2)股东在公司设立登记后,不得抽回出资。

(3)依法补缴出资差额。

（4）依法行使股东权，不得滥用股东权利损害公司或者其他股东的利益。

（5）依其出资额对公司承担责任。

（6）公司章程规定的其他义务。

公司股东不得滥用公司法人独立地位和股东有限责任损害公司债权人的利益。公司股东滥用股东权利给公司或者其他股东造成损失的，应当依法承担赔偿责任。

公司股东滥用公司法人独立地位和股东有限责任，逃避债务，严重损害公司债权人利益的，应当对公司债务承担连带责任。[1]

四、有限责任公司的组织机构

（一）有限责任公司的股东会

1. 股东会的性质和职权

有限责任公司股东会由全体股东组成，是公司的权力机构、公司最高的决策机关。它有权对公司的重大事项作出决议。

股东会依法行使以下职权：①决定公司的经营方针和投资计划；②选举和更换非由职工代表担任的董事、监事，决定有关董事、监事的报酬事项；③审议批准董事会的报告；④审议批准监事会或者监事的报告；⑤审议批准公司的年度财务预算方案、决算方案；⑥审议批准公司的利润分配方案和弥补亏损方案；⑦对公司增加或者减少注册资本作出决议；⑧对发行公司债券作出决议；⑨对公司合并、分立、解散、清算或者变更公司形式作出决议；⑩修改公司章程；⑪公司章程规定的其他职权。

2. 股东会决议

股东会会议分为定期会议和临时会议。定期会议应当依照公司章程的规定按时召开。需要召开临时会议的，应当有代表1/10以上表决权的股东、1/3以上的董事、监事会或者不设监事会的公司的监事提议。

召开股东会会议，应当于会议召开15日前通知全体股东。股东会应当对所议事项的决定做成会议记录，出席会议的股东应当在会议记录上签名。

有限责任公司股东会的首次会议由出资最多的股东召集和主持。以后的股东会会议，公司设立董事会的，由董事会召集，董事长主持；董事长不能履行职务或者不履行职务的，由副董事长主持；副董事长不能履行职务或者不履行职务的，由半数以上董事共同推举一名董事主持。有限责任公司不设董事会的，股东会会议由执行董事召集和主持。董事会或者执行董事不能履行或者不履行召集股东会会议职责的，由监事会或者不设监

---

〔1〕 为防止公司股东滥用公司法人独立人格，在承认公司独立责任和股东有限责任的前提下，如果股东滥用公司法人资格从而损害债权人利益的，就特定法律关系中否认公司及其股东的有限责任，使股东对公司的债权人或公共利益直接承担责任，是公司法上的公司法人格否认。

事会的公司的监事召集和主持;监事会或者监事不召集和主持的,代表 1/10 以上表决权的股东可以自行召集和主持。

一般情况下,股东会会议由股东按照出资比例行使表决权。

股东会会议作出修改公司章程、增加或者减少注册资本的决议,以及公司合并、分立、解散或者变更公司形式的决议,必须经代表 2/3 以上表决权的股东通过。

(二)有限责任公司的董事会

1. 董事会的性质和职权

董事会是公司股东会的常设执行机构,由股东选举产生,负责经营决策和管理工作,对股东会负责。

有限责任公司应当设立董事会,其成员为 3 至 13 人。两个以上的国有企业或者两个以上的其他国有投资主体投资设立的有限责任公司,其董事会成员中应当有公司职工代表;其他有限责任公司董事会成员中也可以有公司职工代表。董事会中的职工代表由公司职工通过职工代表大会、职工大会或者其他形式民主选举产生。

股东人数较少或者规模较小的有限责任公司,可以设一名执行董事,不设立董事会。

董事任期由公司章程规定,但每届任期不得超过 3 年。董事任期届满,连选可以连任。董事任期届满未及时改选,或者董事在任期内辞职导致董事会成员低于法定人数的,在改选出的董事就任前,原董事仍应当依照法律、行政法规和公司章程的规定,履行董事职务。

根据《公司法》的规定,董事会对股东会负责,依法行使以下职权:①召集股东会会议,并向股东会报告工作;②执行股东会的决议;③决定公司的经营计划和投资方案;④制订公司的年度财务预算方案、决算方案;⑤制订公司的利润分配方案和弥补亏损方案;⑥制订公司增加或者减少注册资本以及发行公司债券的方案;⑦制订公司合并、分立,解散或者变更公司形式的方案;⑧决定公司内部管理机构的设置;⑨决定聘任或者解聘公司经理及其报酬事项,并根据经理的提名决定聘任或者解聘公司副经理、财务负责人及其报酬事项;⑩制定公司的基本管理制度;⑪公司章程规定的其他职权。

2. 董事会的会议

董事会会议由董事长召集和主持,董事长不能履行职务或者不履行职务的,由副董事长召集和主持;副董事长不能履行职务或者不履行职务的,由半数以上的董事共同推举一名董事召集和主持。

董事会的议事方式和表决程序,除《公司法》有规定的外,由公司章程规定。董事会决议的表决,实行一人一票。董事会应当对所议事项的决定做成会议记录,出席会议的董事应当在会议记录上签名。

（三）有限责任公司的经理

1. 经理的设立

有限责任公司可以设经理,由董事会决定聘任或者解聘。经理对董事会负责。

2. 经理的职权

经理的职权有:①主持公司的生产经营管理工作,组织实施董事会决议;②组织实施公司年度经营计划和投资方案;③拟订公司内部管理机构设置方案;④拟订公司的基本管理制度;⑤制定公司的具体规章;⑥提请聘任或者解聘公司副经理、财务负责人;⑦决定聘任或者解聘除应由董事会决定聘任或者解聘以外的负责管理人员;⑧董事会授予的其他职权。

（四）有限责任公司的监事会

1. 监事会的性质和组成

监事会是公司内部常设的监督机构,依法行使监督权。监事会的成员不得少于 3 人。股东人数较少或者规模较小的有限责任公司,可以设 1 至 2 名监事,不设监事会。

监事会应当包括股东代表和适当比例的公司职工代表,其中职工代表的比例不得低于 1/3。监事的任期每届为 3 年。监事任期届满,连选可以连任。

董事、高级管理人员不得兼任监事。

🚩**【知识链接】**

高级管理人员是指公司的经理、副经理、财务负责人,上市公司董事会秘书和公司章程规定的其他人员。

2. 监事会的职权

监事会、不设监事会的有限责任公司的监事行使下列职权:①检查公司财务;②对董事、高级管理人员执行公司职务的行为进行监督,对违反法律、行政法规、公司章程或者股东会决议的董事、高级管理人员提出罢免的建议;③当董事、高级管理人员的行为损害公司的利益时,要求董事、高级管理人员予以纠正;④提议召开临时股东会会议,在董事会不履行《公司法》规定的召集和主持股东会会议职责时召集和主持股东会会议;⑤向股东会会议提出提案;⑥依照《公司法》第 151 条的规定,对董事、高级管理人员提起诉讼;⑦公司章程规定的其他职权。

🚩**【知识链接】**

《公司法》第 151 条、第 149 条的规定

《公司法》第 151 条规定:"董事、高级管理人员有本法第 149 条规定的情形的,有限责任公司的股东、股份有限公司连续 180 日以上单独或者合计持有公司 1% 以上股份的股东,可以书面请求监事会或者不设监事会的有限责任公司的监事向人民法院提起诉讼;监事有本法第 149 条规定的情形的,前述股东可以书面请求董事会或者不设董事会的有限责任公司的执行董事向人民法院提起诉讼。

监事会、不设监事会的有限责任公司的监事,或者董事会、执行董事收到前款规定的股东书面请求后拒绝提起诉讼,或者自收到请求之日起 30 日内未提起诉讼,或者情况紧急、不立即提起诉讼将会使公司利益受到难以弥补的损害的,前款规定的股东有权为了公司的利益以自己的名义直接向人民法院提起诉讼。

他人侵犯公司合法权益,给公司造成损失的,本条第一款规定的股东可以依照前两款的规定向人民法院提起诉讼。"

《公司法》第 149 条规定:"董事、监事、高级管理人员执行公司职务时违反法律、行政法规或者公司章程的规定,给公司造成损失的,应当承担赔偿责任。"

监事可以列席董事会会议,并对董事会决议事项提出质询或者建议。在发现公司经营情况异常时,可以进行调查。

3. 监事的任期

监事的任期每届 3 年。监事任期届满,连选可以连任。

4. 监事会的决议

监事会每年度至少召开 1 次会议,监事可以提议召开临时监事会会议。监事会的议事方式和表决程序,除《公司法》有规定的外,由公司章程规定。监事会决议应当经半数以上监事通过。监事会应当对所议事项的决定做成会议记录,出席会议的监事应当在会议记录上签名。

五、国有独资公司

(一) 国有独资公司的概念

国有独资公司是指国家单独出资、由国务院或者地方人民政府授权本级人民政府国有资产监督管理机构履行出资人职责的有限责任公司。

(二) 国有独资公司的组织机构

1. 国有独资公司不设股东会

国有独资公司由国有资产监督管理机构行使股东会职权。国有资产监督管理机构可以授权公司董事会行使股东会的部分职权,决定公司的重大事项,但公司的合并、分立、解散、增减注册资本和发行公司债券等事项,必须由国有资产监督管理机构决定;其中,重要的国有独资公司合并、分立、解散、申请破产的,应当由国有资产监督管理机构审核后,报本级人民政府批准。

2. 国有独资公司设董事会及经理

国有独资公司设董事会。经授权,国有独资公司董事会行使股东会的部分职权,决定公司重大事项。董事每届任期不得超过 3 年。董事会成员中应当有公司职工代表。董事会成员由国有资产监督管理机构委派;董事会成员中的职工代表由公司职工代表大会选举产生。董事会设董事长一人,可以设副董事长。董事长、副董事长由国有资产监督管理机构从董事会成员中指定。

国有独资公司设经理,由董事会聘任或者解聘。

国有独资公司的董事长、副董事长、董事、高级管理人员,未经国有资产监督管理机构同意,不得在其他有限责任公司、股份有限公司或者其他经济组织兼职。

3. 国有独资公司设监事会

监事会成员不得少于 5 人,由国有资产监督管理机构委派;其中职工代表的比例不得低于 1/3,由公司职工代表大会选举产生。

六、一人有限责任公司

(一) 一人有限责任公司的概念

一人有限责任公司,是指只有一个自然人股东或者一个法人股东的有限责任公司,是有限责任公司的一种特殊表现形式。

一人有限责任公司应当在公司登记中注明自然人独资或者法人独资,并在公司营业执照中载明。

(二) 一人有限责任公司的特别规定

(1)股东应当一次足额缴纳公司章程规定的出资额。

(2)一个自然人只能投资设立一个一人有限责任公司。该一人有限责任公司不能投资设立新的一人有限责任公司。

(3)一人有限责任公司不设股东会。公司章程由股东制定。

(4)一人有限责任公司的股东不能证明公司财产独立于股东自己的财产的,应当对公司债务承担连带责任。

第三节 股份有限公司

一、股份有限公司的概念和特征

(一) 股份有限公司的概念

股份有限公司,是指依法设立的,其全部资本分为等额股份,股东以其所认购的股份为限对公司承担责任,公司以其全部资产对公司的债务承担责任的企业法人。

(二) 股份有限公司的特征

(1)股份有限公司的全部资本分为等额股份,股份采取股票形式发行并流通。

(2)股东以其认购的股份为限对公司承担责任。

(3)公司的股东有最低人数的限制,而没有最高人数的限制。

(4)可以通过发行股票公开募股集资,经营状况公开。

(5)股份有限公司的设立程序和管理比较严格。

二、股份有限公司的设立

(一) 股份有限公司的设立方式

依《公司法》的规定,股份有限公司的设立,可以采取发起设立或者募集设立的方式。所谓发起设立,是指由发起人认购公司应发行的全部股份而设立公司。所谓募集设立,是指由发起人认购公司应发行股份的一部分,其余股份向社会公开募集或者向特定对象募集而设立公司。

(二) 股份有限公司的设立条件

1. 发起人符合法定人数

股份有限公司发起人承担公司筹办事务,是公司的创建人,在公司成立以后,发起人可以是自然人也可以是法人,是公司的当然股东。设立股份有限公司,应当有 2 人以上 200 人以下为发起人,其中须有半数以上的发起人在中国境内有住所。

2. 有符合公司章程规定的全体发起人认购的股本总额或者募集的实收股本总额

股份有限公司的公司章程应当规定全体发起人认购的股本总额或者募集的实收股本总额。发起人应当出资,并且应当按照公司章程中的规定履行出资义务。法律、行政法规以及国务院决定对股份有限公司注册资本实缴、注册资本最低限额另有规定的,从其规定。

股份有限公司采取发起设立方式设立的,注册资本为在公司登记机关登记的全体发起人认购的股本总额。在发起人认购的股份缴足前,不得向他人募集股份。股份有限公司采取募集方式设立的,注册资本为在公司登记机关登记的实收股本总额。

以募集设立方式设立股份有限公司的,发起人认购的股份不得少于公司股份总数的35%;但是,法律、行政法规另有规定的,从其规定。股份有限公司的注册资本为在公司登记机关登记的实收股本总额。

3. 股份发行、筹办事项符合法律规定

发起人为了设立股份有限公司而发行股份,以及在办理其他的筹办事项时,都必须符合法律规定的条件和程序。

4. 发起人制订公司章程,采用募集方式设立的经创立大会通过

设立股份有限公司必须依法制定公司章程。以发起设立方式设立的股份有限公司,由全体发起人共同制订公司章程;以募集设立方式设立的股份有限公司,发起人制订的公司章程,还应当经有其他认股人参加的创立大会通过方为有效。

5. 有公司名称,建立符合股份有限公司要求的组织机构

股份有限公司应当按照法律规定确立公司名称,必须在公司名称中标明股份有限公司或者股份公司字样。建立股东大会、董事会、监事会和经理等组织机构。

6. 有公司住所

公司以其主要办事机构所在地为住所。经公司登记机关登记的公司住所只能有一个。

(三) 股份有限公司的设立程序

1. 以发起设立方式设立股份有限公司的程序

(1)发起人书面认足公司章程规定其认购的股份。

(2)缴纳出资。发起人以书面认足公司章程规定其认购的股份后,应当缴纳出资。按照公司章程规定一次缴纳的,应即缴纳全部出资;按照公司章程规定分期缴纳的,应即缴纳首期出资。如果发起人是以实物、知识产权、土地使用权等非货币财产出资的,还应当依法办理其财产权的转移手续。发起人不按照规定缴纳出资的,应当按照发起人协议承担违约责任。

(3)选举董事会和监事会。发起人认足公司章程规定的出资后,应当选举董事会和监事会,建立公司的组织机构,由董事会向公司登记机关报送公司章程以及法律、行政法规规定的其他文件,申请设立登记。

(4)申请设立登记。发起人在选举董事会和监事会后,董事会应当向公司登记机关报送公司章程、由依法设定的验资机构出具的验资证明以及法律、行政法规规定的其他文件,申请设立登记。公司登记机关依法登记,发给公司营业执照,公司即告成立。

【案例 3-2】

甲、乙、丙、丁作为发起人拟用募集设立的方式设立一家股份有限公司,公司拟注册资本初步定为 2000 万元人民币,各发起人分别以专利技术、货币、实物等出资,共计 600 万元人民币,其余的部分准备向社会公众公开募集。发起人在认股人缴清股款并经依法设立的验资机构验资完毕并出具证明的两个月后召开了创立大会。

请问:该公司设立过程中有什么做法不符合法律规定吗?《公司法》对此是怎样规定的?

【评析】

公司法规定,以募集方式设立股份有限公司的,发起人认购的股份不得少于公司股份总数的 35%,而本案的全体股东认购的股款不足 35%。发行股份的股款缴足后,必须经依法设立的验资机构验资并出具证明,应当在30日内主持召开创立大会。本案中,该股份有限公司在两个月后才召开创立大会,不符合《公司法》的规定。

2. 以募集设立方式设立股份有限公司的程序

(1)发起人认购股份。发起人认购的股份不得少于公司股份总数的35%;但是法律、行政法规另有规定的,从其规定。

(2)向社会公开募集股份。发起人向社会公开募集股份,必须公告招股说明书,并制作认股书。招股说明书应当附有发起人制订的公司章程。认股人应当按照所认购股数缴纳股款。

(3)召开创立大会。发行股份的股款缴足后,必须经依法设立的验资机构验资并出具证明。发起人应当在股款缴足之日起30日内主持召开公司创立大会。发起人应当在创立大会召开15日前将会议日期通知各认股人或者予以公告。创立大会应有代表股份总数过半数的发起人、认股人出席,方可举行。

(4)创立大会依法行使职权。创立大会的职权包括:①审议发起人关于公司筹办情况的报告;②通过公司章程;③选举董事会成员;④选举监事会成员;⑤对公司的设立费用进行审核;⑥对发起人用于抵作股款的财产的作价进行审核;⑦发生不可抗力或者经营条件发生重大变化直接影响公司设立的,可以作出不设立公司的决议。

创立大会对上述所列事项作出决议,必须经出席会议的认股人所持表决权过半数通过。

(5)申请设立登记。董事会应于创立大会结束后30日内,向公司登记机关申请设立登记,并报送法律要求的文件,包括国务院证券监督管理机构的核准文件。公司登记机关依法核准登记后,应当发给公司营业执照。自公司营业执照签发之日起,公司即告成立。

(四) 发起人应当承担的义务和责任

(1)依法认购应认购的股份。

(2)承担公司筹办事务,如拟订公司章程、召开创立大会等。

(3)公司不能成立时,发起人对设立行为所产生的债务和费用负连带责任。

(4)公司不能成立时,对认股人已缴纳的股款,负返还股款并加算银行同期存款利息的连带责任。

(5)在公司设立过程中,由于发起人的过失致使公司利益受到损害的,应当对公司承担赔偿责任。

三、股份有限公司的组织机构

(一) 股份有限公司的股东大会

1. 股东大会的性质和职权

股东大会由全体股东组成,是公司的权力机构,决定公司的重大事项,依法行使职权。《公司法》关于有限责任公司股东会职权的规定,适用于股份有限公司股东大会。

2. 股东大会会议

股东大会分为股东大会年会和临时股东大会。

股东年会是指依照法律和公司章程的规定每年按时召开的股东大会。《公司法》规定,股东大会应当每年召开 1 次年会。

临时股东大会是指股份有限公司在出现召开临时股东大会的法定事由时,应当在法定期限内召开的股东大会。股份有限公司有下列情形之一的,应当在 2 个月内召开临时股东大会:①董事人数不足《公司法》规定人数或者公司章程所定人数的 2/3 时;②公司未弥补的亏损达实收股本总额 1/3 时;③单独或者合计持有公司 10% 以上股份的股东请求时;④董事会认为必要时;⑤监事会提议召开时;⑥公司章程规定的其他情形。

股东出席股东大会会议,所持每一股份有一表决权。但是,公司持有的本公司股份没有表决权。股东大会作出决议,必须经出席会议的股东所持表决权过半数通过,股东大会作出修改公司章程、增加或者减少注册资本的决议,以及公司合并、分立、解散或者变更公司形式的决议,必须经出席会议的股东所持表决权的 2/3 以上通过。

股东可以委托代理人出席股东大会会议,代理人应当向公司提交股东授权委托书,并在授权范围内行使表决权。股东大会应当对所议事项的决定做成会议记录,由主持人、出席会议的董事签名。召开股东大会会议,应当将会议召开的时间、地点和审议的事项于会议召开 20 日前通知各股东;临时股东大会应当于会议召开 15 日前通知各股东;发行无记名股票的,应当于会议召开 30 日前公告会议召开的时间、地点和审议事项。

(二) 股份有限公司的董事会

1. 董事会的性质和职权

董事会是公司股东大会的执行机构,负责经营决策和管理工作,对股东大会负责。股份有限公司设董事会,其成员为 5 至 19 人。董事会成员中可以有公司职工代表。董事会中的职工代表由公司职工通过职工代表大会、职工大会或者其他形式民主选举产生。股份有限公司的董事任期由公司章程规定,但每届任期不得超过 3 年。董事任期届满,连选可以连任。

《公司法》关于有限责任公司董事会任期、职权的规定,适用于股份有限公司董事、董事会。董事会设董事长一人,可以设副董事长。董事长和副董事长由董事会以全体董事的过半数选举产生。

2. 董事会会议

董事会每年度至少召开两次会议,每次会议应当于会议召开 10 日前通知全体董事和监事。代表 1/10 以上表决权的股东、1/3 以上董事或者监事会,可以提议召开董事会临时会议。董事长应当自接到提议后 10 日内,召集和主持董事会会议。

董事会会议,应由董事本人出席;董事因故不能出席,可以书面委托其他董事代为出席,委托书中应载明授权范围。董事会会议应有过半数的董事出席方可举行。董事会决议的表决,实行一人一票。董事会作出决议,必须经全体董事的过半数通过。

董事会应当对会议所议事项的决定做成会议记录,出席会议的董事应当在会议记录上签名。董事应当对董事会的决议承担责任。董事会的决议违反法律、行政法规或者公司章程、股东大会决议,致使公司遭受严重损失的,参与决议的董事对公司负赔偿责任。但经证明在表决时曾表明异议并记载于会议记录的,该董事可以免除责任。

(三)股份有限公司的经理

股份有限公司设经理,负责公司日常经营管理的活动,经理由董事会聘任或者解聘。经理列席董事会会议,对董事会负责。《公司法》关于有限责任公司经理职权的规定,适用于股份有限公司经理。

(四)股份有限公司监事会

股份有限公司设监事会,其成员不得少于 3 人。监事会应当包括股东代表和适当比例的公司职工代表,其中职工代表的比例不得低于 1/3。监事会中的职工代表由公司职工通过职工代表大会、职工大会或者其他形式民主选举产生。董事、高级管理人员不得兼任监事。

《公司法》关于有限责任公司监事会职权的规定,适用于股份有限公司监事会。监事会行使职权所必需的费用,由公司承担。监事可以列席董事会会议,并对董事会决议事项提出质询或者建议。监事会发现公司经营情况异常,可以进行调查;必要时,可以聘请会计师事务所等协助其工作,费用由公司承担。

监事的任期每届为 3 年。监事任期届满,连选可以连任。监事任期届满未及时改选,或者监事在任期内辞职导致监事会成员低于法定人数的,在改选出的监事就任前,原监事仍应当依照法律、行政法规和公司章程的规定,履行监事职务。

监事会每 6 个月至少召开一次会议。监事可以提议召开临时监事会会议。监事会应当对所议事项的决定做成会议记录。

(五)董事、监事、高级管理人员的任职资格及义务

1. 董事、监事、高级管理人员的任职资格

公司董事、监事、高级管理人员在公司中处于重要的地位并具有法定的职权,因此需要对其任职资格作一些限制性的规定,以保证其具有正确履行职责的能力和条件。《公司法》规定有下列情形之一的,不得担任公司的董事、监事、高级管理人员。

①国家公务员。

②无民事行为能力或者限制民事行为能力人。

③因贪污、贿赂、侵占财产、挪用财产或者破坏社会主义市场经济秩序,被判处刑罚,执行期满未逾 5 年,或者因犯罪被剥夺政治权利,执行期满未逾 5 年。

④担任破产清算的公司、企业的董事或者厂长、经理,对该公司、企业的破产负有个人责任的,自该公司、企业破产清算完结之日起未逾 3 年。

⑤担任因违法被吊销营业执照、责令关闭的公司、企业的法定代表人,并负有个人责任的,自该公司、企业被吊销营业执照之日起未逾 3 年。

⑥个人所负数额较大的债务到期未清偿。

公司违反以上规定选举、委派董事、监事或者聘任高级管理人员的,该选举、委派或者聘任无效。董事、监事、高级管理人员在任职期间出现前述情形的,公司应当解除其职务。

2. 董事、监事、高级管理人员的义务

①遵守法律、行政法规和公司章程,对公司负有忠实义务和勤勉义务,不得利用职权收受贿赂或者其他非法收入,不得侵占公司的财产。

②不得挪用公司资金或者将公司资金以其个人名义或者以其他个人名义开立账户存储或者违反公司章程的规定,未经股东会、股东大会或者董事会同意,将公司资金借贷给他人或者以公司财产为他人提供担保。

③不得违反公司章程的规定或者未经股东会、股东大会同意,与本公司订立合同或者进行交易或者未经股东会或者股东大会同意,利用职务便利为自己或者他人谋取属于公司的商业机会,自营或者为他人经营与所任职公司同类的业务。

④不得接受他人与公司交易的佣金归为己有。

⑤不得擅自披露公司秘密。

⑥不得进行违反对公司忠实义务的其他行为。

董事、高级管理人员违反以上规定所得的收入应当归公司所有。董事、监事、高级管理人员执行公司职务时违反法律、行政法规或者公司章程的规定,给公司造成损失的,应当承担赔偿责任;损害股东利益的,股东可以向人民法院提起诉讼。

四、股份有限公司的股份

(一)股份发行的概念

股份有限公司的资本划分为股份,每一股份的金额相等,股份是平均划分公司资本的基本计量单位,体现了股东的权利和义务。股份有限公司的股份采取股票的形式。股份有限公司的股票,是公司签发的证明股东所持股份的法律凭证,是股份的表现形式。

股份发行是股份有限公司为设立公司筹集资本或者在生产经营过程为增加资本,依照法律规定发售股份的行为。股份发行分为设立发行与新股发行。

【知识链接】

设立发行与新股发行

设立发行是股份有限公司在设立公司过程中发行股份。

新股发行是股份有限公司在成立以后生产经营过程中再次发行股份。无论是设立发行还是新股发行均须具备法律规定的条件。

(二) 股份发行的原则

股份的发行,实行公开、公平、公正的原则,必须同股同权,同股同利。同种类的每一股份应当具有同等权利。同次发行的同种类股票,每股的发行条件和价格应当相同。任何单位或者个人所认购的股份,每股应当支付相同价额。

股票发行价格可以按票面价格,也可以超过票面金额,但不得低于票面金额。

公司发行的股票,可以是记名股票,也可以是不记名股票。公司向发起人、法人发行的股票,应当是记名股票。

我国《公司法》规定,股票采用纸面形式或者国务院证券监督管理机构规定的其他形式。股票应当载明下列主要事项:①公司名称;②公司成立日期;③股票种类、票面金额及代表的股份数;④股票的编号。股票由法定代表人签名,公司盖章。

(三) 股份发行的条件

公开发行股份、债券等有价证券,必须符合法律、行政法规规定的条件,并依法报经国务院证券监督管理机构或者国务院授权的部门核准;未经依法核准,任何单位和个人不得公开发行证券。公司发行新股,依照公司章程的规定由股东大会或者董事会对下列事项作出决议:新股种类及数额;新股发行价格;新股发行的起止日期;向原有股东发行新股的种类及数额。

公司公开发行新股,应当符合下列条件:①具备健全且运行良好的组织机构;②具有持续盈利能力、财务状况良好;③最近3年内财务会计文件无虚假记载,无其他重大违法行为;④经国务院批准的国务院证券监督管理机构规定的其他条件。

公司公开发行新股,应当向国务院证券监督管理机构报送募股申请和下列文件:①公司营业执照;②公司章程;③股东大会决议;④招股说明书;⑤财务会计报告;⑥代收股款银行的名称及地址;⑦承销机构名称及有关的协议。

(四) 股份转让

股份有限公司的股东持有的股份可以依法转让。股东转让其股份,应当在依法设立的证券交易场所进行或者按照国务院规定的其他方式进行。记名股票,由股东以背书方式或者法律、行政法规规定的其他方式转让;转让后由公司将受让人的姓名或者名称及住所记载于股东名册。无记名股票的转让,由股东将该股票交付给受让人后即发生转让的效力。

为了维持公司正常运行,维护公司、股东、公众和债权人的利益,《公司法》对公司股份的转让,作了一定限制:

①发起人持有的本公司股份,自公司成立之日起1年内不得转让。

②公司公开发行股份前已发行的股份，自公司股票在证券交易所上市交易之日起 1 年内不得转让。

③公司董事、监事、高级管理人员应当向公司申报所持有的本公司的股份及其变动情况，在任职期间每年转让的股份不得超过其所持有本公司股份总数的 25%；所持本公司股份自公司股票上市交易之日起 1 年内不得转让。上述人员离职后半年内，不得转让其所持有的本公司股份。公司章程可以对公司董事、监事、高级管理人员转让其所持有的本公司股份作出其他限制性规定。

五、上市公司

上市公司是指其股票在证券交易所上市交易的股份有限公司。

（一）上市公司的条件

1. 股份有限公司申请股票上市，应当符合规定的条件

①股票经国务院证券监督管理机构核准已向社会公开发行。

②公司股本总额不少于人民币 5000 万元。

③开业时间在 3 年以上，最近 3 年连续盈利。

④持有股票面值达人民币 1000 元以上的股东人数不少于 1000 人，向社会公开发行的股份达公司股份总数的 25% 以上；公司股本总额超过人民币 4 亿元的，其向社会公开发行股份的比例为 10% 以上。

⑤公司在最近 3 年内无重大违法行为，财务会计报告无虚假记载。

⑥国务院规定的其他条件。

🚩 【知识链接】

股份有限公司申请股票上市交易应当报送的文件

股份有限公司申请股票上市交易，应当向证券交易所报送下列文件：①上市报告书；②申请股票上市的股东大会决议；③公司章程；④公司营业执照；⑤依法经会计师事务所审计的公司最近 3 年的财务会计报告；⑥法律意见书和保荐人出具的上市保荐书；⑦最近一次的招股说明书；⑧证券交易所上市规则规定的其他文件。

股份有限公司股票上市交易申请经证券交易所审核同意后，签订上市协议的公司应当在规定的期限内公告股票上市的有关文件，并将该文件置备于指定场所供公众查阅。

2. 暂停股票上市的情形

上市公司有下列情形之一的，由证券交易所决定暂停其股票上市交易：①公司股本总额、股权分布等发生变化不再具备上市条件；②公司不按照规定公开其财务状况，或者对财务会计报告作虚假记载，可能误导投资者；③公司有重大违法行为；④公司最近 3 年连续亏损；⑤证券交易所上市规则规定的其他情形。

3. 终止股票上市的情形

上市公司有下列情形之一的,由证券交易所决定终止其股票上市交易:①公司股本总额、股权分布等发生变化不再具备上市条件,在证券交易所规定的期限内仍不能达到上市条件;②公司不按照规定公开其财务状况,或者对财务会计报告作虚假记载,且拒绝纠正;③公司最近3年连续亏损,在其后一个年度内未能恢复盈利;④公司解散或者被宣告破产;⑤证券交易所上市规则规定的其他情形。

(二)上市公司组织机构的特殊规定

上市公司在一年内购买、出售重大资产或者担保金额超过公司资产总额30%的,应当由股东大会作出决议,并经出席会议的股东所持表决权的2/3以上通过。

上市公司设立独立董事和董事会秘书,负责公司股东大会和董事会会议的筹备、文件保管以及公司股东资料的管理,办理信息披露事务等事宜。上市公司董事与董事会会议决议事项所涉及的企业有关联关系的,不得对该项决议行使表决权,也不得代理其他董事行使表决权。该董事会会议由过半数的无关联关系董事出席即可举行,董事会会议所作决议须经无关联关系董事过半数通过。出席董事会的无关联关系董事人数不足3人的,应将该事项提交上市公司股东大会审议。

第四节 公司债券

一、公司债券的概念

公司债券是指公司依照法定程序发行、约定在一定期限还本付息的有价证券。《公司法》规定,公司债券,可以为记名债券,也可以为无记名债券。

公司债券的持有人是公司的债权人,依法享有债权,公司在公司债券到期时,必须向债券持有人归还本金。公司债券有固定的利息率,无论公司是否盈利,公司债券持有人均有权请求按时支付利息。

二、公司债券的发行条件

公开发行公司债券必须符合以下条件:①股份有限公司的净资产不低于人民币3000万元,有限责任公司的净资产不低于人民币6000万元;②累计债券余额不超过公司净资产的40%;③最近3年平均可分配利润足以支付公司债券一年的利息;④筹集的资金投向符合国家产业政策;⑤债券的利率不超过国务院限定的利率水平;⑥国务院规定的其他条件。

公司申请公开发行公司债券,应当向国务院授权的部门或者国务院证券监督管理机构报送下列文件:①公司营业执照;②公司章程;③公司债券募集办法;④资产评估报告和验资报告;⑤国务院授权的部门或者国务院证券监督管理机构规定的其他文件。

发行公司债券,必须用于审批机关批准的用途。

有法律规定以下情形之一的,不得再次公开发行公司债券:①前一次公开发行的公司债券尚未募足;②对已公开发行的公司债券或者其他债务有违约或者延迟支付本息的事实,仍处于继续状态;③违反公司法规定,改变公开发行公司债券所募资金的用途。

依照法律规定聘请保荐人的,还应当报送保荐人出具的发行保荐书。

三、公司债券的转让

公司债券可以转让,转让应当在依法设立的证券交易场所进行。

公司债券的转让价格由转让人与受让人约定。记名公司债券,由债券持有人以背书方式或者法律、行政法规规定的其他方式转让;转让后由公司将受让人的姓名或者名称及住所记载于公司债券存根簿。无记名公司债券的转让,由债券持有人将该债券交付给受让人后即发生转让的效力。

四、可转换债券

可转换债券是上市公司发行的、可以依一定条件转换为股票的债券。

发行可转换为股票的公司债券,上市公司须经股东大会决议并在公司债券募集办法中规定具体的转换办法。上市公司发行可转换为股票的公司债券,应当报国务院证券监督管理机构核准。除具备发行公司债券的条件外,上市公司还应当符合股票发行的条件。

发行可转换为股票的公司债券,应当在债券上标明可转换公司债券字样,并在公司债券存根簿上载明可转换公司债券的数额。公司应当按照其转换办法向债券持有人换发股票,但债券持有人对转换股票或者不转换股票有选择权。

第五节　公司的财务会计

一、公司财务会计工作的一般要求

我国《公司法》规定,公司应当依照法律、行政法规和国务院财政部门的规定建立本公司的财务、会计制度。公司除法定的会计账簿外,不得另立会计账簿。对公司资产,不得以任何个人名义开立账户存储。

公司应当在每一会计年度终了时制作财务会计报告,并依法经会计师事务所审计。财务会计报告应当包括资产负债表、损益表、财务状况变动表、财务情况说明书、利润分配表等财务会计报表及附属明细表。

有限责任公司应当按照公司章程规定的期限将财务会计报告送交各股东。股份有限公司的财务会计报告应当在召开股东大会年会的20日前置备于本公司,供股东查阅;公开发行股票的股份有限公司必须公告其财务会计报告。

二、公司财务会计报告

公司财务会计报告是反映公司财务状况和经营成果的书面文件,是各类利益群体了解公司经营情况的主要途径。财务会计报告的基本目标是向股东、投资者提供他们所需要的公司财务状况信息,为其进行投资决策提供帮助。

公司应当在每一会计年度终了时编制财务会计报告,并依法经会计师事务所审计。对于上市公司,在每一会计年度的上半年结束之日,还应当制作中期财务会计报告。

三、公司的利润分配

(一)利润分配顺序

公司利润是指公司在一定时期(1年)内从事经营活动的财务成果,包括营业利润、投资净收益以及营业外收支净额。公司应按如下顺序进行利润分配:①弥补以前年度的亏损;②缴纳所得税;③提取法定公积金;④提取任意公积金;⑤支付股利。

(二)公积金

公积金又称准备金,是公司根据法律或者公司章程规定提留备用,不作为股利分配的部分所得或收益。

《公司法》规定,公司分配当年税后利润时,应当提取利润的10%列入公司法定公积金。公司法定公积金累计额为公司注册资本的50%以上的,可以不再提取。公司的法定公积金不足以弥补以前年度亏损的,在提取法定公积金之前,应当先用当年利润弥补亏损。公司从税后利润中提取法定公积金后,经股东会或者股东大会决议,还可以从税后利润中提取任意公积金。

公司的公积金用于弥补公司的亏损,扩大公司生产经营或者转为增加公司资本。法定公积金转为资本时,留存的该项公积金不得少于转增前公司注册资本的25%。

【案例3-3】

某股份有限公司,注册资本3亿元人民币,累计提取的法定公积金余额为5000万元。2009年度税后利润为3000万元,该公司当年应当提取的公积金为多少?公积金的用途是什么?

【评析】

根据《公司法》规定,公司分配当年税后利润时,应提取利润的10%列入法定公积金,当公司法定公积金累计额为公司注册资本的 50% 以上的,可以不再提取。该公司应提取 300 万公积金(3000 万×10%)。提取后的法定公积金余额为 5300 万元,不到公司注册资本的 50%。我国《公司法》规定:"公司的公积金用于弥补公司的亏损、扩大公司生产经营或者转为增加公司资本。但是,资本公积金不得用于弥补公司的亏损。"

(三) 股利的分配

公司弥补亏损和提取公积金后所余税后利润,有限责任公司按照股东出资比例进行分配;股份有限公司按照股东持有的股份比例进行分配,但股份有限公司章程规定不按持股比例分配的除外。

股东会、股东大会或者董事会违反规定,在公司弥补亏损和提取法定公积金之前向股东分配利润的,股东必须将违反规定分配的利润退还公司。公司持有的本公司股份不得分配利润。

第六节 公司的合并、分立、增资、减资、解散和清算

一、公司的合并与分立

(一) 公司的合并

1. 公司合并的概念

公司的合并是指两个以上的公司依照法定程序变更为一个公司的法律行为。公司的合并,应当由股东会或者股东大会作出决议。

2. 公司合并的形式

公司合并有吸收合并和新设合并两种形式。吸收合并指一个公司吸收其他公司,被吸收的公司解散。新设合并是指两个以上公司合并设立为一个新的公司,合并各方解散。

3. 公司合并的程序

公司合并,应当由合并各方依法签订合并协议,并编制资产负债表及财产清单。公司应当自作出合并决议之日起 10 日内通知债权人,并于 30 日内在报纸上公告。债权人自接到通知书之日起 30 日内,未接到通知书的自公告之日起 45 日内,有权要求公司清偿债务或者提供相应的担保。

公司合并后,应当依法向公司登记机关办理有关手续。吸收合并后存续的公司登记事项变更的,应当依法办理公司变更登记;公司合并后解散的,应当依法办理公司注销登记;设立新公司的,应当依法办理公司设立登记。

4. 公司合并后的债权债务

公司合并时,合并各方的债权、债务,应当由合并后存续的公司或者新设的公司承继。

（二）公司分立

公司分立是指一个公司依法分为两个以上的公司。公司的分立应当由股东(大)会作出决议,公司合并有两种情况:一是公司以其部分财产和业务另设一个新的公司,原公司存续;二是公司以其全部财产分别归入两个以上的新设公司,原公司解散。

公司分立,其财产应当作相应的分割。公司分立,应当编制资产负债表及财产清单。公司应当自作出分立决议之日起 10 日内通知债权人,并于 30 日内在报纸上公告。公司分立前的债务由分立后的公司承担连带责任。

二、公司的增资与减资

（一）公司的增资

公司可以增加注册资本。有限责任公司增加注册资本时,股东认缴新增资本的出资,依照设立有限责任公司缴纳出资的有关规定执行。股份有限公司为增加注册资本发行新股时,股东认购新股,也应当依照设立股份有限公司时缴纳股款的有关规定执行。

（二）公司的减资

公司需要减少注册资本的,必须编制资产负债表及财产清单。公司应当自作出减少注册资本决议之日起 10 日内通知债权人,并于 30 日内在报纸上公告。债权人自接到通知书之日起 30 日内,未接到通知书的自公告之日起 45 日内,有权要求公司清偿债务或者提供相应的担保。

公司增加或者减少注册资本,应当依法向公司登记机关办理变更登记。

三、公司的解散与清算

（一）公司的解散

《公司法》规定,引起公司解散的原因有以下情形:

①公司章程规定的营业期限届满或者公司章程规定的其他解散事由出现。

②股东会或者股东大会决议解散。

③因公司合并或者分立需要解散。

④依法被吊销营业执照、责令关闭或者被撤销。

⑤人民法院依照本法第 182 条的规定予以解散。

🚩【知识链接】

《公司法》第 182 条的规定

公司经营管理发生严重困难,继续存续会使股东利益受到重大损失,通过其他途径不能解决的,持有公司全部股东表决权 10%以上的股东,可以请求人民法院解散公司。

(二) 公司的清算

公司法规定,公司的清算是指公司进入解散程序后,为了终结公司现存的各种法律关系,了结公司债务,而对公司资产、债权债务关系等进行清理、处分的行为。

1. 清算组的组成

公司应当在解散事由出现之日起 15 日内成立清算组,开始清算。

有限责任公司的清算组由股东组成,股份有限公司的清算组由董事或者股东大会确定的人员组成。逾期不成立清算组进行清算的,债权人可以申请人民法院指定有关人员组成清算组进行清算。人民法院应当受理该申请,并及时组织清算组进行清算。

公司有下列情形之一,债权人申请人民法院指定清算组进行清算的,人民法院应当予以受理:①公司解散逾期不成立清算组进行清算的;②虽然成立清算组但故意拖延清算的;③违法清算可能严重损害债权人或者股东利益的。如果公司符合以上情况,而债权人未提起清算申请,公司股东可以申请人民法院指定清算组对公司进行清算,人民法院应当予以受理。

🚩【知识链接】

清算组成员

清算组成员可以从下列人员或者机构中产生:①公司股东、董事、监事、高级管理人员;②依法设立的律师事务所、会计师事务所、破产清算事务所等社会中介机构;③依法设立的律师事务所、会计师事务所、破产清算事务所等社会中介机构中具备相关专业知识并取得执业资格的人员。

人民法院指定的清算组成员有下列情形之一的,人民法院可以根据债权人、股东的申请,或者依职权更换清算组成员:①有违反法律或者行政法规的行为;②丧失执业能力或者民事行为能力;③有严重损害公司或者债权人利益的行为。

2. 清算组的职权

清算组在清算期间行使下列职权:①清理公司财产,分别编制资产负债表和财产清单;②通知、公告债权人;③处理与清算有关的公司未了结的业务;④清缴所欠税款以及清算过程中产生的税款;⑤清理债权、债务;⑥处理公司清偿债务后的剩余财产;⑦代表公司参与民事诉讼活动。

清算组成员应当忠于职守,依法履行清算义务。因故意或者重大过失给公司或者债权人造成损失的,应当承担赔偿责任。

3. 清算程序

(1)登记债权

清算组应当自成立之日起 10 日内将公司解散清算事宜书面通知全体已知债权人,

并根据公司规模和营业地域范围于60日内在全国或者公司注册登记地省级有影响的报纸上进行公告。债权人应当自接到通知书之日起30日内,未接到通知书的自公告之日起45日内,向清算组申报其债权。债权人在规定的期限内未申报债权,在公司清算程序终结前补充申报的,清算组应予登记。债权人补充申报的债权,可以在公司尚未分配的财产中依法清偿。

债权人应当说明债权的有关情况,并提供证明材料。清算组应当将债权进行登记。在申报债权期间,清算组不得对债权人进行清偿。公司清算时,债权人对清算组核定的债权有异议的,可以要求清算组重新核定。清算组不予重新核定,或者债权人对重新核定的债权仍有异议,债权人可以以公司为被告向人民法院提起诉讼请求确认,人民法院应当予以受理。

清算组未按照法律规定履行通知和公告义务,导致债权人未及时申报债权,从而未获清偿的,债权人有权主张清算组成员对因此造成的损失承担赔偿责任,人民法院应当依法予以支持。

(2)清理公司财产,制定清算方案

清算组应当清理公司财产,编制资产负债表和财产清单,制定清算方案。清算方案报股东会、股东大会或者人民法院确认。如果清算组在清理公司财产、编制资产负债表和财产清单后,发现公司财产不足清偿债务,则应当依法向人民法院申请宣告破产。公司经人民法院裁定宣告破产后,清算组应当将清算事务移交给人民法院。

人民法院组织清算的,清算组应当自成立之日起6个月内清算完毕。因为特殊情况无法在6个月内完成清算的,清算组应当向人民法院申请延长。

公司自行清算的,清算方案应当报股东会或者股东大会决议确认。未经确认的清算方案,清算组不得执行。如果执行未经确认的清算方案给公司或者债权人造成损失,公司、股东或者债权人主张清算组成员承担赔偿责任的,人民法院应当依法予以支持。

(3)清偿债务

公司财产能够清偿公司债务的,在分别支付清算费用、职工的工资、社会保险费用和法定补偿金、缴纳所欠税款以及清偿公司债务后的剩余财产,有限责任公司按照股东的出资比例分配,股份有限公司按照股东持有的股份比例分配。

清算期间,公司依然存续,但是不得开展与清算无关的经营活动。公司财产在未按规定清偿前,不得分配给股东。

(4)公告公司终止

公司清算结束后,清算组应当制作清算报告,报股东会、股东大会或者人民法院确认,并报送公司登记机关,申请注销公司登记,公告公司终止。

【思考题】

1.什么是公司?公司的法律特征是什么?

2.公司的种类主要有哪些?

3.公司的登记事项包括哪些内容?

4.公司章程的主要内容是什么?

5.设立有限责任公司应当具备哪些条件?

6.设立股份有限公司应当具备哪些条件?

7.有限责任公司与股份有限公司的股东会、董事会、监事会的职权分别是什么?

8.股份有限公司设立的程序是什么?

9.股份有限公司召开临时股东大会的情形有哪些?

10.《公司法》规定不得担任公司的董事、监事、高级管理人员的情形有哪些?

11.公开发行公司债券应当具备哪些条件?

12.试比较公司股份与公司债券。

13.公司利润如何分配?公司公积金有哪些用途?

14.公司清算对其财产应如何处理?

第四章　破　产　法

【学习要点及目标】

1. 掌握破产法的概念,理解并掌握破产重整与破产和解的程序。

2. 了解破产案件的申请与受理程序、债权人财产的范围与债权申报,明确破产财产的分配顺序。

第一节　破产法概述

一、破产和破产法的概念

(一) 破产的概念

破产是指企业法人不能清偿到期债务,并且资产不足以清偿全部债务或者明显缺乏清偿能力时,由法院强制执行,将债务人剩余财产扣除相关费用后,公平清偿全体债权人,或者在法院监督下,经和解程序或重整程序,避免企业倒闭清算的法律制度。

破产制度是市场经济体系中的重要制度,通过破产制度,技术落后、经营管理不善的市场主体将被淘汰,从而实现资源最优配置的效果。

(二) 破产法的概念

破产法是规定在债务人丧失清偿能力时,法院强制对其全部财产进行清算分配,公平清偿给债权人,或通过债务人与债权人会议达成的和解协议清偿债务,或进行企业重整,避免债务人破产的法律规范的总称。

破产法有广义和狭义之分。狭义的破产法特指破产法典,如我国于 2006 年 8 月 27日通过的《中华人民共和国企业破产法》(以下简称《破产法》)。广义的破产法还包括其他有关破产的法律、法规、行政规章、司法解释及散见于其他立法中的调整破产关系的法律规范,如《商业银行法》《保险法》《公司法》《合伙企业法》等立法中有关破产的规定。现代意义上的破产法均由破产清算制度与挽救债务人的和解、重整制度两方面的法律构成。有的国家的立法将这些法律规定在同一部法典之中,如我国。有的国家则对之分别立法,如日本。

🚩**【知识链接】**

我国有关企业破产的立法

　　1991 年 4 月 9 日,第七届全国人民代表大会第四次会议通过《中华人民共和国民事诉讼法》。其第二编第十九章规定"企业法人破产还债程序",适用于非全民所有制的企业法人。至此,所有法人型企业均被纳入破产法的调整体系。2002 年 7 月 18 日,最高人民法院发布《关于审理企业破产案件若干问题的规定》,全面规定了破产法的适用问题。此外,最高人民法院还就企业破产案件审理的有关具体问题发布了一些司法解释文件。

　　2006 年 8 月 27 日,第十届全国人大常委会第 23 次会议通过了《破产法》,自 2007 年 6 月 1 日起施行。

二、破产法的适用范围

(一) 主体适用范围

　　根据《破产法》第 2 条的规定,其主体适用范围是所有的企业法人。该法第 134 条规定,金融机构实施破产的,国务院可以依据本法和其他有关法律的规定制定实施办法。该法第 135 条规定,其他法律规定企业法人以外的组织的清算,属于破产清算的,参照适用本法规定的程序。

(二) 地域适用范围

　　《破产法》的地域适用范围主要是指破产程序的域外效力问题,即一国的破产程序对位于其他国家的破产人财产是否有效。破产程序的域外效力发生于跨境破产的情况。跨境破产又称国际破产、越界破产,是指同时涉及本国与外国因素的破产程序。通常,影响跨国破产形成的因素,主要是债务人的财产位于两个以上的国家。

　　依照《破产法》开始的破产程序,对债务人在中华人民共和国领域外的财产发生效力。对外国法院作出的发生法律效力的破产案件的判决、裁定,涉及债务人在中华人民共和国领域内的财产,申请或者请求人民法院承认和执行的,人民法院依照中华人民共和国缔结或者参加的国际条约,或者按照互惠原则进行审查,认为不违反中华人民共和国法律的基本原则,不损害国家主权、安全和社会公共利益,不损害中华人民共和国领域内债权人的合法权益的,裁定承认和执行。

第二节　破产申请的提出与受理

一、破产的原因

　　破产原因,也称破产界限,是指认定债务人丧失清偿能力,当事人得以提出破产申

请,法院据以启动破产程序的法律事实。破产原因是指债务人丧失清偿能力的客观状况。原因如下:

(1)债务人不能清偿到期债务,并且资产不足以清偿全部债务。所谓"不能清偿",是指债务人对请求偿还的到期债务,因丧失清偿能力而无法偿还的客观财产状况。

(2)债务人不能清偿到期债务,并且明显缺乏清偿能力。

债务人不能清偿到期债务并且具有下列情形之一的,人民法院应当认定其具备破产原因:①资产不足以清偿全部债务;②明显缺乏清偿能力。相关当事人以对债务人的债务负有连带责任的人未丧失清偿能力为由,主张债务人不具备破产原因的,人民法院应不予支持。破产原因的前者适用于债务人提出破产申请,资不抵债易于判断且无须资产评估的案件;后者适用于债权人提出破产申请以及债务人提出破产申请、资不抵债不易判断的案件。但若从司法实践适用的角度分析,由于债务人发生任何一种破产原因均应适用破产程序,所以破产原因的第二种情况是完全可以涵盖前一种情况的。

我国其他立法也规定了同样的原则。《合伙企业法》第92条规定:"合伙企业不能清偿到期债务的,债权人可以依法向人民法院提出破产清算申请,也可以要求普通合伙人清偿。"据此,合伙企业丧失清偿能力的认定,不以所有普通合伙人均丧失清偿能力为前提。

最高人民法院颁布的《关于适用〈中华人民共和国企业破产法〉若干问题的规定(一)》(以下简称《破产法司法解释(一)》)第4条对"明显缺乏清偿能力"作出界定。债务人账面资产虽大于负债,但存在下列情形之一的,人民法院应当认定其明显缺乏清偿能力。

(1)因资金严重不足或者财产不能变现等原因,无法清偿债务。在司法实践中,有时虽然债务人账面资产(如土地使用权、厂房等)大于负债,但因无法变现或变现即意味着破产倒闭,而长期对到期债务无法清偿,即使是有物权担保的债权人往往也难以说服人民法院采取必然导致债务人企业倒闭、职工失业的执行措施实现权利,只有启动破产程序才解决其债务清偿问题。

(2)法定代表人下落不明且无其他人员负责管理财产,无法清偿债务。在此种情况下,债务人已经丧失行为能力,往往也已丧失了清偿能力,必须及时启动破产程序以维护债权人的利益。

(3)经人民法院强制执行,无法清偿债务。

(4)长期亏损且经营扭亏困难,无法清偿债务。这是从债务人的持续经营能力角度考察其清偿能力。

(5)导致债务人丧失清偿能力的其他情形。

二、破产申请的提出

破产申请是指当事人或利害关系人向法院提出的受理破产案件的请求。依据《破产法》的规定,无破产申请,法院不启动破产程序。破产申请不是破产程序开始的标志,而是破产程序开始的前提条件。

(一) 提出破产申请的当事人

(1)根据法律规定,债务人发生破产原因,可以向人民法院提出重整、和解或者破产清算申请。

(2)债务人不能清偿到期债务,债权人可以向人民法院提出对债务人进行重整或者破产清算的申请。

(3)企业法人已解散但未清算或者未清算完毕,资产不足以清偿债务的,依法负有清算责任的人应当向人民法院申请破产清算(清算组在清理公司财产、编制资产负债表和财产清单后,发现公司财产不足清偿债务的,应当依法向人民法院申请宣告破产)。

(4)商业银行、证券公司、保险公司等金融机构有《破产法》第 2 条规定情形的,国务院金融监督管理机构可以向人民法院提出对该金融机构进行重整或者破产清算的申请。国务院金融监督管理机构依法对出现重大经营风险的金融机构采取接管、托管等措施的,可以向人民法院申请中止以该金融机构为被告或者被执行人的民事诉讼程序或者执行程序。

由此可见,依据《破产法》的规定,享有提出破产申请权利的当事人包括债务人、债权人、清算责任人。

(二) 破产案件的管辖

当事人的破产申请应当向对破产案件有管辖权的人民法院提出。《破产法》规定,破产案件的地域管辖由债务人住所地人民法院管辖。债务人住所地指债务人办事机构所在地。

破产申请权人向人民法院提出破产申请,应当采用书面形式,即提交破产申请书和有关证据。破产申请书应当载明下列事项:①申请人、被申请人的基本情况;②申请目的;③申请的事实和理由;④人民法院认为应当载明的其他事项。

债务人提出申请的,还应当向人民法院提交财产状况说明、债务清册、债权清册、有关财务会计报告、职工安置预案以及职工工资的支付和社会保险费用的缴纳情况。

🏳 **【知识链接】**

《破产法司法解释(一)》规定的资不抵债的判定标准

《破产法司法解释(一)》第 3 条界定了资不抵债的判定标准。即"债务人的资产负债表,或者审计报告、资产评估报告等显示其全部资产不足以偿付全部负债的,人民法院应当认定债务人资产不足以清偿全部债务,但有相反证据足以证明债务人资产能够偿付全部负债的除外"。

该规定明确了可以以中介机构编制的具有更高公信力与证明力的审计报告和资

产评估报告作为判断依据。但是,如果当事人提交的证据能够证明债务人资产能够偿付全部负债,则可以推翻资产负债表、审计报告或者资产评估报告对资不抵债的认定。

三、破产申请的受理

(一) 受理的程序

债权人提出破产申请的,人民法院应当自收到申请之日起5日内通知债务人。通知中应告知债务人不得转移资产、逃避债务,不得进行有碍于公平清偿的行为。债务人对申请有异议的,应当自收到人民法院的通知之日起7日内向人民法院提出。人民法院应当自异议期满之日起10日内裁定是否受理。除上述情形外,人民法院应当自收到破产申请之日起15日内裁定是否受理。有特殊情况需要延长受理案件期限的,经上一级人民法院批准,可以延长15日。

人民法院裁定受理破产申请的,应当将裁定自作出之日起5日内送达申请人。

债权人提出申请的,人民法院应当自裁定作出之日起5日内送达债务人。债务人应当自裁定送达之日起15日内,向人民法院提交财产状况说明、债务清册、债权清册、有关财务会计报告以及职工工资的支付和社会保险费用的缴纳情况。

债务人违反法律规定,拒不向人民法院提交或者提交不真实的上述文件与情况说明的,人民法院可以对直接责任人员依法处以罚款。

人民法院裁定受理破产申请的,应当同时指定管理人。人民法院应当自裁定受理破产申请之日起25日内通知已知债权人,并予以公告。人民法院裁定不受理破产申请的,应当将裁定自作出之日起5日内送达申请人并说明理由。

申请人对裁定不服的,可以自裁定送达之日起10日内向上一级人民法院提起上诉。

(二) 受理后驳回

人民法院受理破产申请后至破产宣告前,经审查发现债务人未发生前述破产原因的,可以裁定驳回申请。

申请人对裁定不服的,可以自裁定送达之日起10日内向上一级人民法院提起上诉。

在整个破产程序中,当事人可以提起上诉的仅限于"不予受理"和"驳回破产申请"这两个裁定。只要破产程序开始后,当事人对人民法院的其他裁定(如宣告破产的裁定、对破产财产分配方案的裁定等)不服,均不能提起上诉。

【案例4-1】

在破产程序中,当事人对人民法院作出的下列裁定,有权提出上诉的是( )。

A. 驳回破产申请的裁定　　　B. 破产宣告的裁定

C. 撤销债权人会议决议的裁定　D. 终结破产程序的裁定

【评析】

申请人不服人民法院驳回破产申请裁定的,有权向上一级人民法院提起上诉。故本题正确答案为 A。

(三) 受理的效力

(1)自人民法院受理破产申请的裁定送达债务人之日起至破产程序终结之日,债务人的有关人员承担下列义务:①妥善保管其占有和管理的财产、印章和账簿、文书等资料;②根据人民法院、管理人的要求进行工作,并如实回答询问;③列席债权人会议并如实回答债权人的询问;④未经人民法院许可,不得离开住所地;⑤不得新任其他企业的董事、监事、高级管理人员。

(2)人民法院受理破产申请后,债务人对个别债权人的债务清偿无效。但是,债务人以其自有财产向债权人提供物权担保的,其在担保物价值内向债权人所作的债务清偿,不受上述规定限制。

(3)人民法院受理破产申请后,债务人的债务人或者财产持有人应当向管理人清偿债务或者交付财产。债务人的债务人或者财产持有人故意违反法律规定向债务人清偿债务或者交付财产,使债权人受到损失的,不免除其清偿债务或者交付财产的义务。不免除清偿债务或者交付财产的义务,以债权人因此受到损失的范围为限。

所谓故意违反法律规定,是指上述当事人明知或应知人民法院已经受理破产申请,仍向债务人清偿债务或者交付财产。

如果债务人的债务人或者财产持有人虽向债务人清偿债务或者交付财产,但债务人将接收到的清偿款项或者财产全部上交管理人,债权人并未受到损失,则其不必再承担民事责任。

(4)人民法院受理破产申请后,管理人对破产申请受理前成立而债务人和对方当事人均未履行完毕的合同有权决定解除或者继续履行,并通知对方当事人。

管理人决定解除或者继续履行合同,应当以保障债权人权益最大化为原则。管理人自破产申请受理之日起 2 个月内未通知对方当事人,或者自收到对方当事人催告之日起 30 日内未答复的,视为解除合同。

管理人决定继续履行合同的,对方当事人应当履行,但有权要求管理人提供担保。管理人不提供担保的,视为解除合同。

(5)人民法院受理破产申请后,有关债务人财产的保全措施应当解除,执行程序应当中止。

保全措施,既包括民事诉讼保全措施,也包括行政处罚程序中的保全措施,如海关、工商管理部门等采取的财产扣押、查封等措施,还包括刑事诉讼中公安部门、司法部门采取的相关措施。

所谓执行程序应当中止,是指对无物权担保债权的执行,物权担保债权人对担保物的执行原则上不中止,除非当事人申请的是重整程序。因为在破产清算和和解程序中,物权担保债权人对担保物享有优先受偿权,其就担保物的执行,不会损害其他债权人的权益,不违反公平清偿原则。

(6)人民法院受理破产申请后,已经开始而尚未终结的有关债务人的民事诉讼或者仲裁应当中止。在管理人接管债务人的财产后,该诉讼或者仲裁继续进行。人民法院受理企业破产案件后,以债务人为原告的其他民事纠纷案件尚在一审程序的,受诉人民法院应当将案件移送受理破产案件的人民法院;案件已进行到二审程序的,受诉人民法院应当继续审理。

(7)人民法院受理破产申请后,有关债务人的民事诉讼,只能向受理破产申请的人民法院提起。但是其他法律有特殊规定的应当除外,如劳动争议仍应先行进行劳动仲裁,当事人约定仲裁解决纠纷的,也应当以仲裁方式解决。

💬**【案例 4-2】**

甲公司被申请破产,法院受理了破产申请后,以下行为符合法律规定的有(　　)。

A. 乙公司向甲公司购买一批货物,货已交但款未付,管理人要求乙公司支付货款

B. 丙公司借用甲公司一台货车,管理人要求丙公司交还该货车

C. 丁银行直接从甲公司账上扣缴贷款 30 万元

D. 戊公司与甲公司协商,以一台设备充抵所欠的加工费

【评析】

A 选项、B 选项符合法律规定。C 选项丁银行和 D 选项戊公司的行为属于对个别债权人的债务清偿,不符合法律规定。

第三节　破产的管理人与债务人财产

一、管理人制度

(一) 管理人概念

破产管理人制度的起源可追溯到古罗马时代。我国《破产法》用管理人制度基本取代了旧法中的清算组制度,这是我国破产法走向规范化、市场化、国际化的重要一步。

管理人是破产程序中最为重要的机构之一。通常,管理人是指破产宣告后成立的,全面接管破产企业并负责破产财产的保管、清理、估价、处理和分配等破产清算事务的专门机构。管理人概念有广义与狭义之分。狭义的管理人仅负责破产清算程序中的管理工作,所以又称破产管理人。广义的管理人则还在和解、重整程序中承担管理、监督工作,以及在破产程序启动后至破产宣告前临时负责管理债务人的财产。我国《破产法》将

破产清算、和解与重整三程序的受理阶段合并规定,管理人的工作自案件受理开始横贯前述三个程序,使用的是广义的管理人概念,所以称为管理人,而不是破产管理人。

(二) 管理人产生的时间和方式

1. 管理人产生的时间

人民法院裁定受理破产申请的同时必须指定破产管理人。破产程序的开始,意味着管理人的产生,这样可以使债务人财产从破产程序开始就置于管理人的管理之下,可以有效避免某些债务人因某种目的采取不当或非法手段处置财产,损害债权人利益。

2. 管理人产生的方式

管理人由人民法院指定。债权人会议认为管理人不能依法、公正执行职务或者有其他不能胜任职务情形的,可以申请人民法院予以更换。

管理人没有正当理由不得辞去职务。管理人辞去职务应当经人民法院许可。

(三) 管理人的资格

作为债务人财产的管理人,必须具有独立的法律地位,在破产案件中与债权人、债务人等都不存在可能影响其公平从事管理活动的利害关系,并具有相应的专业能力,这样才可能保证其公正、高效地执行法律规定的职责。

管理人可以由下列组织、中介机构或个人担任:①有关部门、机构的人员组成的清算组。②依法设立的律师事务所、会计师事务所、破产清算事务所等社会中介机构。③人民法院根据债务人的实际情况,可以在征询有关社会中介机构的意见后,指定该机构具备相关专业知识并取得执业资格的人员担任管理人。个人担任管理人的,应当参加执业责任保险。

有下列情形之一的,不得担任管理人:①因故意犯罪受过刑事处罚;②曾被吊销相关专业执业证书;③与本案有利害关系;④人民法院认为不宜担任管理人的其他情形。

(四) 管理人的报酬

管理人履行职责,应当获得合理的报酬。根据《破产法》第28条规定,管理人的报酬由人民法院确定,从破产费用中支付。破产费用由债务人财产随时清偿。债权人会议对管理人的报酬有异议的,有权向人民法院提出。

人民法院确定或者调整管理人报酬方案时,应当考虑以下因素:①破产案件的复杂性;②管理人的勤勉程度;③管理人为重整、和解工作作出的实际贡献;④管理人承担的风险和责任;⑤债务人住所地居民可支配收入及物价水平;⑥其他影响管理人报酬的情况。

(五) 管理人的职责

管理人应当勤勉尽责,忠实执行职务。根据《破产法》的规定,管理人履行下列职责:①接管债务人的财产、印章和账簿、文书等资料;②调查债务人财产状况,制作财产状况报告;③决定债务人的内部管理事务;④决定债务人的日常开支和其他必要开支;⑤在第一次债权人会议召开之前,决定继续或者停止债务人的营业;⑥管理和处分债务人的财产;⑦代表债务人参加诉讼、仲裁或者其他法律程序;⑧提议召开债权人会议;⑨人民法院认为管理人应当履行的其他职责。

《破产法》对管理人的职责另有规定的,适用其规定。同时《破产法》第 26 条规定:"在第一次债权人会议召开之前,管理人决定继续或者停止债务人的营业或者有本法第 69 条规定行为之一的,应当经人民法院许可。"管理人经人民法院许可,可以聘用必要的工作人员。

(六)管理人的义务

管理人依法执行职务,向人民法院报告工作,并接受债权人会议和债权人委员会的监督。管理人应当列席债权人会议,向债权人会议报告职务执行情况,并回答询问。管理人没有正当理由不得辞去职务。管理人辞去职务应当经人民法院许可。管理人未依法勤勉尽责,忠实执行职务的,人民法院可以依法处以罚款;给债权人、债务人或者第三人造成损失的,依法承担赔偿责任。

二、债务人财产

(一)债务人财产的范围

根据《破产法》第 30 条规定,债务人财产包括以下内容:①破产申请受理时属于债务人的全部财产;②破产申请受理后至破产程序终结前债务人取得的财产。

债务人财产在破产宣告后称为破产财产。据此规定,确定债务人财产范围的界定点是破产申请受理时,而不是破产宣告时,已作为担保物的财产也属于破产财产。

除此之外,还有如下三类财产也属于债务人财产。

(1)管理人申请人民法院行使撤销权所取得的财产。人民法院受理破产申请前 1 年内,涉及债务人财产的下列行为,管理人有权请求人民法院予以撤销:①无偿转让财产的;②以明显不合理的价格进行交易的;③对没有财产担保的债务提供财产担保的;④对未到期的债务提前清偿的;⑤放弃债权的。

此外,人民法院受理破产申请前 6 个月内,债务人不能清偿到期债务,并且资产不足以清偿全部债务或者明显缺乏清偿能力的,仍对个别债权人进行清偿的,管理人有权请求人民法院予以撤销。但是,个别清偿使债务人财产受益的除外。

(2)管理人行使追回权所取得的财产。《破产法》规定,债务人的董事、监事和高级管理人员利用职权从企业获取的非正常收入和侵占的企业财产,管理人应当追回。

(3)因债务人的无效行为而返还的财产。因债务人恶意的无效行为而返还的财产,属于债务人财产。在破产程序中,债务人的下列行为无效:为逃避债务而隐匿、转移财产的;虚构债务或承认不真实的债务的。

（二）债务人财产的其他规定

人民法院受理破产申请后,债务人的出资人尚未完全履行出资义务的,管理人应当要求该出资人缴纳所认缴的出资,而不受出资期限的限制。在人民法院受理破产申请后,管理人可以通过清偿债务或者提供为债权人接受的担保,取回质物、留置物。

人民法院受理破产申请时,出卖人已将买卖标的物向作为买受人的债务人发运,债务人尚未收到且未付清全部价款的,出卖人可以取回在运途中的标的物。但是,管理人可以支付全部价款,请求出卖人交付标的物。

债权人在破产申请受理前对债务人负有债务的,可以向管理人主张抵销。

第四节 破产费用和共益债务

一、破产费用

破产费用是指在破产程序中为全体债权人的共同利益而支付的各项费用的总称。

人民法院受理破产申请后发生的下列费用,为破产费用:①破产案件的诉讼费用;②管理、变价和分配债务人财产的费用;③管理人执行职务的费用、报酬和聘用工作人员的费用。

【知识链接】

破产费用、共益债务

破产费用是人民法院在受理破产申请时收取的案件受理费用,以及在破产程序进行中为全体债权人利益和程序进行而必需支付的各项费用的总称。它是为破产程序的顺利进行以及债务人财产的管理、估价、清理、变卖和分配而必须支付的常规性、程序性费用,需要从债务人财产中优先拨付。

共益债务是在破产程序进行中,管理人或重整程序中的自行管理债务人为全体债权人的共同利益,管理、变价和分配债务人财产而负担的债务。共益债务具有不确定性。

二、共益债务

共益债务是指在破产程序中为全体债权人利益而由债务人财产负担的债务的总称。

人民法院受理破产申请后发生的下列债务,为共益债务:①因管理人或者债务人请求对方当事人履行双方均未履行完毕的合同所产生的债务;②债务人财产受无因管理所产生的债务;③因债务人不当得利所产生的债务;④为债务人继续营业而应支付的劳动报酬和社会保险费用以及由此产生的其他债务;⑤管理人或者相关人员执行职务致人损害所产生的债务;⑥债务人财产致人损害所产生的债务。

【案例4-3】

甲企业申请破产后,厂房及机器设备一直闲置,在一个风雨交加的夜晚,厂房及设备可能受到威胁,相邻的乙企业派人将机器设备转移到安全地点,并修理了厂房。问:乙企业的行为是什么行为?

【评析】

乙企业保管设备及修理厂房,属于无因管理,由此产生的费用属于因无因管理而产生的债务。

三、破产费用与共益债务的清偿

破产费用与共益债务均是以债务人财产为清偿对象的,并享有优先于其他债权的受偿权。破产费用和共益债务由债务人财产随时清偿。债务人财产不足以清偿所有破产费用和共益债务的,先行清偿破产费用。债务人财产不足以清偿所有破产费用或者共益债务的,按照比例清偿。债务人财产不足以清偿破产费用的,管理人应当提请人民法院终结破产程序。人民法院应当自收到请求之日起15日内裁定终结破产程序,并予以公告。

债务人财产虽然不足以支付所有破产费用和共益债务,但是破产案件的债权人、管理人、债务人的出资人或者其他利害关系人愿意垫付相关费用的,经人民法院同意,破产程序可以继续进行。

在债权人或债务人等提出破产清算申请时,即发现破产人财产不足以支付破产费用、无财产可供分配的,人民法院在确认其属实之后,应当受理破产案件,并作出破产宣告,同时作出终结破产程序的裁定。

第五节　破产的债权申报与债权人会议

一、破产的债权申报

(一) 破产债权的含义

破产债权是指依破产程序启动前原因成立的,经依法申报确认,并得由破产财产中获得清偿的可强制执行的财产请求权。《破产法》第107条第2款规定,"人民法院受理破产申请时对债务人享有的债权称为破产债权"。

《破产法司法解释(一)》第5条对解散企业法人的债权人破产申请权作出规定,"企业法人已解散但未清算或者未在合理期限内清算完毕,债权人申请债务人破产清算的,除债务人在法定异议期限内举证证明其未出现破产原因外,人民法院应当受理"。

鉴于目前企业被吊销营业执照后不清算等恶意逃债现象较为严重,并且这类企业即使进行司法强制清算大多数最后也要依法转入破产程序,为了简化程序,节省司法资源与诉讼时间,更好地保障债权人的合法权益,司法解释规定债权人可以选择直接申请其破产。在因清算义务人怠于履行义务,导致公司财产贬值、流失、毁损或者灭失,或者导致主要财产、账册、重要文件等灭失,无法进行破产清算时,债权人仍可以主张由清算义务人对公司债务承担连带清偿等法律责任。

(二) 破产债权申报的一般原则

破产案件受理后,债权人只有在依法申报债权并得到确认后,才能行使破产参与、受偿等权利。债权人行使各项权利,应依照破产法规定的程序进行。

《破产法司法解释(一)》第 6 条规定,债权人申请债务人破产的,应当提交债务人不能清偿到期债务的有关证据。债务人对债权人的申请未在法定期限内向人民法院提出异议,或者异议不成立的,人民法院应当依法裁定受理破产申请。受理破产申请后,人民法院应当责令债务人依法提交其财产状况说明、债务清册、债权清册、财务会计报告等有关材料,债务人拒不提交的,人民法院可以对债务人的直接责任人员采取罚款等强制措施。

在当事人特别是债务人不能提交或拒不提交有关材料的情况下,法院不得拒绝受理破产案件或驳回破产申请。在最高人民法院 2008 年发布的《关于债务人对人员下落不明或者财产状况不清的债务人申请破产清算案件如何处理的批复》中也指出:"债务人能否依据企业破产法第 11 条第 2 款的规定向人民法院提交财产状况说明、债权债务清册等相关材料,并不影响对债权人申请的受理。"

(三) 破产债权申报的程序

1. 债权申报的期限

人民法院受理破产申请后,应当确定债权人申报债权的期限。债权申报期限自人民法院发布受理破产申请公告之日起计算,最短不得少于 30 日,最长不得超过 3 个月。(在法律规定的期间内,人民法院可以根据案件具体情况确定申报债权的期限)。在人民法院确定的债权申报期限内,债权人未申报债权的,可以在破产财产最后分配前补充申报;但是,此前已进行的分配,不再对其补充分配。

为审查和确认补充申报债权的费用,由补充申报人承担。

2. 债权申报的范围

破产案件受理前成立的对债务人的债权,均为可申报的债权。未到期的债权,在破产申请受理时视为到期。附条件、附期限的债权和诉讼、仲裁未决的债权,债权人也可以申报。

除此之外,以下主体也可以进行债权申报:①保证人或连带债务人。债务人的保证人或者其他连带债务人已经代替债务人清偿债务的,以其对债务人的求偿权申报债权。②解除合同的对方当事人。管理人或者债务人依照法律规定解除合同的,对方当事人以因合同解除所产生的损害赔偿请求权申报债权。③合同受托人。债务人是委托合同的委托人,被裁定适用破产法规定的程序,受托人不知该事实,继续处理委托事务的,受托人以由此产生的请求权申报债权。④票据付款人。债务人是票据的出票人,被裁定适用破产法规定的程序,该票据的付款人继续付款或者承兑付款,付款人以由此产生的请求权申报债权。

3. 债权申报的方式和内容

债权人应当在人民法院确定的债权申报期限内向管理人以书面形式申报债权。债权申报属于要式行为。连带债权人可以由其中一人代表全体连带债权人申报债权,也可以共同申报债权。

在债权申报的书面材料中,应当说明债权的数额、有无财产担保,并提交相关证据。申报的债权是连带债权的应当予以说明。债务人所欠职工的工资和医疗、伤残补助、抚恤费用,所欠的应当划入职工个人账户的基本养老保险、基本医疗保险费用,以及法律、行政法规规定应当支付给职工的补偿金,不必申报,由管理人调查后列出清单并予以公示。

4. 登记造册

管理人在收到债权申报材料后,应当登记造册,对申报的债权进行初步审查,并编制债权表。

(四)审查确定债权

债权人申报的债权需经确认后才能在破产程序中行使权利。债权审查的判断原则是:凡法律允许通过一般司法程序提出异议的债权,即未经发生法律效力的裁判所确认的债权,均应在审查确认之列;凡经发生法律效力的裁判所确认的债权,原则上不在审查确认之列。

只有经审查确定的债权人,才能继续作为破产程序的当事人出席债权人会议,行使表决权、异议权、接受破产财产分配。

🚩【知识链接】

破产申请受理问题上需要特别注意的事项

根据《破产法司法解释(一)》的规定,在受理问题上需要特别注意的是:

(1)该司法解释第7条第1款规定:"人民法院收到破产申请时,应当向申请人出具收到申请及所附证据的书面凭证。"

(2)对申请人提交申请材料的补充与补正。该司法解释第7条第3款规定:"人民法院认为申请人应当补充、补正相关材料的,应当自收到破产申请之日起5日内告知申请人。当事人补充、补正相关材料的期间不计入企业破产法第 10 条规定的期限。"在司法实践中,有的法院在当事人提出重整申请时就要求提交完整的重整计划草案,甚至交纳所谓的保证金,故意以此作为阻止受理申请的手段,这些做法是错误的。

(3)当事人申请受阻的救济。该司法解释第 9 条规定:"申请人向人民法院提出破产申请,人民法院未接收其申请,或者未按本规定第 7 条执行的,申请人可以向上一级人民法院提出破产申请。上一级人民法院接到破产申请后,应当责令下级法院依法审查并及时作出是否受理的裁定;下级法院仍不作出是否受理裁定的,上一级人民法院可以径行作出裁定。上一级人民法院裁定受理破产申请的,可以同时指令下级人民法院审理该案件。"

二、债权人会议

(一) 债权人会议的概念

债权人会议,是由所有依法申报债权的债权人组成,以保障债权人共同利益为目的,为实现债权人的破产程序参与权,讨论决定有关破产事宜,表达债权人意志,协调债权人行为的破产议事机构。

【知识链接】

债权人会议的地位

在破产程序中,债权人会议不是一个独立的民事权利主体,而只是具有自治性质的机构。债权人会议仅在破产程序中与法院、管理人、债务人或破产人等有关当事人进行交涉,负责处理涉及全体债权人共同利益的问题,协调债权人的法律行为,采用多数决的决定方式在其职权范围内议决有关破产事宜。债权人会议不能与破产程序之外的主体发生法律关系。债权人会议以召集会议的方式进行活动,虽属于法定必设机关,但不是常设的机构,而是临时性机构。债权人会议仅为决议机关,虽享有法定职权,但本身无执行功能,其所作出的相关决议一般由管理人负责执行。

(二) 债权人会议的成员与权利

依法申报债权的债权人为债权人会议的成员,有权参加债权人会议,享有表决权。

凡是申报债权者均有权参加第一次债权人会议,有权参加对其债权的核查、确认活动,并可依法提出异议。第一次会议以后的债权人会议,只有债权得到确认者才有权参加并行使表决权。债权被否认而又未提起债权确认诉讼者不得再参加债权人会议。

债权尚未确定的债权人,除人民法院能够为其行使表决权而临时确定债权额者外,不得行使表决权。

对债务人的特定财产享有担保权的债权人,未放弃优先受偿权利的,对"通过和解协议"和"通过破产财产的分配方案"的事项不享有表决权。

债权人可以委托代理人出席债权人会议,行使表决权。代理人出席债权人会议,应当向人民法院或者债权人会议主席提交债权人的授权委托书。

债权人会议应当有债务人的职工和工会的代表参加,对有关事项发表意见。因职工债权人处于最优先的清偿地位,破产程序的进行不影响其实际利益,职工债权人一般不享有表决权。但是,如果职工债权不能从破产财产中全额优先受偿,或债权人会议决议影响其清偿利益(如表决通过重整计划)的情况下,职工债权人应享有表决权。

债权人会议设主席1人,由人民法院从有表决权的债权人中指定,通常是在破产程序中无优先权的债权人。债权人会议主席依法行使职权,负责债权人会议的召集、主持等工作。

在债权人会议上,除有权出席会议的债权人之外,还有其他列席人员。债权人会议的列席人员是指不属于会议正式成员,无表决权,为协助债权人会议顺利召开,因履行法定义务或职务义务而参加会议的人员。债务人的法定代表人有义务列席债权人会议。经人民法院决定,债务人企业的财务管理人员和其他经营管理人员也有义务列席债权人会议。管理人作为负有财产管理职责的人也应当列席债权人会议。有义务列席债权人会议的债务人的有关人员,经人民法院传唤,无正当理由拒不列席债权人会议的,人民法院可以拘传,并依法处以罚款。债务人的有关人员违反法律规定,拒不陈述、回答,或者作虚假陈述、回答的,人民法院可以依法处以罚款。

(三)债权人会议的召集

第一次债权人会议由人民法院召集,自债权申报期限届满之日起15日内召开。以后的债权人会议,在人民法院认为必要时,或者管理人、债权人委员会、占债权总额1/4以上的债权人向债权人会议主席提议时召开。人民法院召集第一次债权人会议时,应当宣布债权人资格审查结果,宣布债权人会议的职权及其他有关事项,并通报债务人的生产、经营、财产和债务的基本情况。

(四)债权人会议的职权

关于债权人会议的职权,各国立法之间并不相同。我国《破产法》在债权人会议的职权上侧重于决议权。具体权利如下:①核查债权;②申请人民法院更换管理人,审查管理人的费用和报酬;③监督管理人;④选任和更换债权人委员会成员;⑤决定继续或者停止债务人的营业;⑥通过重整计划;⑦通过和解协议;⑧通过债务人财产的管理方案;⑨通过破产财产的变价方案;⑩通过破产财产的分配方案;⑪人民法院认为应当由债权人会议行使的其他职权。

(五)债权人会议的决议原则与效力

1. 决议原则

债权人会议的决议,由出席会议的有表决权的债权人过半数通过,并且其所代表的债权额占无财产担保债权总额的1/2以上。通过和解协议的决议,必须占无财产担保债权总额的 2/3 以上。由此可见,债权人会议决议的通过应当同时具备两个条件:(1)出席会议的有表决权的债权人过半数同意;(2)赞成票所代表的债权额占无财产担保债权总额的半数以上。但是,在通过和解协议的事项时,应当占这一总额的 2/3 以上。"债权额"是指经过债权人会议确认的金额。

2. 决议效力

债权人会议的决议对于全体债权人均有约束力。决议依照法定程序获得通过,各债权人不论是否出席了会议,不论是否参加表决,也不论是否投票同意,都受决议的约束。债权人认为债权人会议的决议违反法律规定,损害其利益的,可以自债权人会议作出决议之日起 15 日内请求人民法院裁定撤销该决议,责令债权人会议依法重新作出决议。

【案例 4-4】

某被申请破产的企业有 9 位债权人,债权总额为 1100 万元。其中某银行的债权额为 300 万元,有破产企业的房产作抵押。当债权人会议审查管理人的报酬时,下列情形可以通过的是(　　　)。

A. 有 6 位债权人同意,其代表的债权额为 300 万元

B. 有 5 位债权人同意,其代表的债权额为 500 万元

C. 有 4 位债权人同意,其代表的债权额为 600 万元

D. 有 3 位债权人同意,其代表的债权额为 700 万元

【评析】

债权人会议审查管理人的报酬决议属于一般决议,由出席会议的有表决权的债权人过半数通过,并且其所代表的债权额占无财产担保债权总额的 1/2 以上。本题 C、D 选项债权人未过半数,不能通过。本题无财产担保债权总额为 1100－300＝800 万元,A 选项未达到 1/2 以上。故本题正确答案为 B。

(六) 债权人委员会

1. 债权人委员会的概念及组成

债权人委员会是遵循债权人的共同意志,代表债权人会议监督管理人行为以及破产程序的合法、公正进行,处理破产程序中的有关事项的常设监督机构。债权人委员会由债权人会议选任,对债权人会议负责。

债权人委员会由债权人会议选任的债权人代表和 1 名债务人的职工代表或者工会代表组成。债权人委员会成员不得超过 9 人。债权人委员会成员应当经人民法院书面决定认可。当债权人委员会的决议与债权人会议的决议不一致时,应服从债权人会议的决议。

2. 债权人委员会的职权

(1)监督债务人财产的管理和处分。

(2)监督破产财产分配。

(3)提议召开债权人会议。

(4)债权人会议委托的其他职权。

另外,债权人委员会执行职务时,有权要求管理人、债务人的有关人员对其职权范围内的事务作出说明或者提供有关文件。管理人、债务人的有关人员违反《破产法》规定拒绝接受监督的,债权人委员会有权就监督事项请求人民法院作出决定,强制施行。人民法院接到债权人委员会的请求应当在 5 日内作出决定。

第六节　破产的重整、和解与清算

一、破产企业的重整程序

(一)重整的含义

重整是指对已经或可能发生破产原因但又有挽救希望的法人企业,通过对各方利害关系人的利益协调,借助法律强制进行营业重组与债务清理,以避免破产、获得新生的法律制度。我《破产法》借鉴外国立法经验创建了重整制度。我国重整制度的适用范围为企业法人,由于其程序复杂、费用高昂、耗时较长,故实践中主要适用于大型企业,中小型企业则往往采用更为简化的和解程序。

(二)重整的程序

1. 重整申请

债务人或债权人可以依照《破产法》的规定,直接向人民法院申请对债务人进行重整,直接进入重整程序。如果债权人申请对债务人进行破产清算,那么在人民法院受理破产申请后、宣告债务人破产前,债务人或者出资额占债务人注册资本 1/10 以上的出资人,可以向人民法院申请重整。

国务院金融监督管理机构可以向人民法院提出对金融机构进行重整的申请。

2. 申请审查

债务人或债权人提出的重整申请,要经过人民法院的审查。人民法院经审查认为重整申请符合法律规定的,应当裁定债务人重整,并予以公告。自人民法院裁定债务人重整之日起至重整程序终止,为重整期间。

重整期间指重整申请受理至重整计划草案得到债权人会议分组表决通过及人民法院审查批准,或重整计划草案未能得到债权人会议分组表决通过或人民法院不予批准的期间,不包括重整计划得到批准后的执行期间。

在重整期间,经债务人申请,人民法院批准,债务人可以在管理人的监督下自行管理财产和营业事务。已接管债务人财产和营业事务的管理人应当向债务人移交财产和营业事务,管理人的职权由债务人行使。管理人起监督作用。管理人负责管理财产和营业事务的,可以聘任债务人的经营管理人员负责营业事务。

3. 制订重整计划草案

债务人或者管理人应当自人民法院裁定债务人重整之日起 6 个月内,同时向人民法院和债权人会议提交重整计划草案。规定期限届满,经债务人或者管理人请求,有正当理由的,人民法院可以裁定延期 3 个月。债务人或者管理人未按期提出重整计划草案的,人民法院应当裁定终止重整程序,并宣告债务人破产。

计划草案制订主体。债务人自行管理财产和营业事务的,由债务人制订重整计划草案。管理人负责管理财产和营业事务的,由管理人制订重整计划草案。

重整计划草案内容包括以下内容:债务人的经营方案;债权分类;债权调整方案;债权受偿方案;重整计划的执行期限;重整计划执行的监督期限;有利于债务人重整的其他方案。

4. 表决重整计划草案

人民法院应当自收到重整计划草案之日起 30 日内召开债权人会议,对重整计划草案进行表决。债权人参加讨论重整计划草案的债权人会议,依照债权分类,分组对重整计划草案进行表决。出席会议的同一表决组的债权人过半数同意重整计划草案,并且其所代表的债权额占该组债权总额的 2/3 以上,即为该组通过重整计划草案。

5. 通过和批准重整计划草案

各表决组均通过重整计划草案时,重整计划即为通过。部分表决组未通过重整计划草案的,债务人或者管理人可以同未通过重整计划草案的表决组协商。该表决组可以在协商后再表决一次。双方协商的结果不得损害其他表决组的利益。

自重整计划通过之日起 10 日内,债务人或者管理人应当向人民法院提出批准重整计划的申请。人民法院经审查认为符合《破产法》规定的,应当自收到申请之日起 30 日内裁定批准,终止重整程序,并予以公告。

6. 执行重整计划

经人民法院裁定批准的重整计划,对债务人和全体债权人均有约束力。债权人未依照法律规定申报债权的,在重整计划执行期间不得行使权利;在重整计划执行完毕后,可以按照重整计划规定的同类债权的清偿条件行使权利。债权人对债务人的保证人和其他连带债务人所享有的权利,不受重整计划的影响。

重整计划由债务人负责执行。人民法院裁定批准重整计划后,已接管财产和营业事务的管理人应当向债务人移交财产和营业事务。

7. 监督重整计划执行

根据《破产法》规定,重整计划由债务人负责执行。依据法律规定之文意,即使原重整计划草案是由管理人负责制定的,在批准之后也要由债务人负责执行。

自人民法院裁定批准重整计划之日起,在重整计划规定的监督期内,由管理人监督重整计划的执行。在监督期内,债务人应当向管理人报告重整计划执行情况和债务人财务状况。监督期届满时,管理人应当向人民法院提交监督报告。自监督报告提交之日起,管理人的监督职责终止。经管理人申请,人民法院可以裁定延长重整计划执行的监督期限。管理人向人民法院提交的监督报告,重整计划的利害关系人有权查阅。

8. 重整程序的终止

在重整期间,有下列情形之一的,经管理人或利害关系人请求,人民法院应当裁定终止重整计划的执行,并宣告债务人破产。

(1)债务人的经营状况和财产状况继续恶化,缺乏挽救的可能性。

(2)债务人有欺诈、恶意减少债务人财产或者其他显著不利于债权人的行为。

(3)由于债务人的行为致使管理人无法执行职务。

(三)重整的效力

经人民法院裁定批准的重整计划,对债务人和全体债权人均有约束力,包括对债务人的特定财产享有的担保权的债权人。

在重整期间,对债务人的特定财产享有的担保权暂停行使。但是,担保物有损坏或者价值有明显减少的可能,足以危害担保权人权利的,担保权人可以向人民法院请求恢复其行使担保权。

债务人合法占有的他人财产,该财产的权利人在重整期间要求取回的,应当符合事先约定的条件。

在重整期间,债务人的出资人不得请求投资收益分配。在重整期间,债务人的董事、监事、高级管理人员不得向第三人转让其持有的债务人的股权。但是,经人民法院同意的除外。

按照重整计划减免的债务,自重整计划执行完毕时起,债务人不再承担清偿责任。

二、破产企业的和解制度

(一)和解的含义

和解是指具备破产原因的债务人,为了避免破产清算而与债权人团体达成以让步了结债务的协议,经人民法院裁定认可后生效的法律程序。

和解程序和重整程序都是为了避免企业破产而采取的措施。比较而言,重整程序着眼点在于通过债务人和债权人的合作拯救出现债务危机的企业,其程序较为复杂。和解程序则相对简单,只要债务人和债权人之间达成某种让步,公平地清偿所有债权人的利益即可。和解制度是预防债务人破产的法律制度之一。

(二)和解的特点

1. 债务人已具备破产原因

设立和解制度的目的,在于为债务人提供避免破产清算的机会。如果没有破产原因的客观存在,也就没有进行和解的必要。

2. 由债务人提出和解请求

适用和解制度以避免破产清算,是出于债务人的利益需要。而且,一般有债权人在利益上的让步,所以,债务人最有请求和解的动机。是否请求和解,应由债务人自行决定。

3. 和解请求以避免破产清算为目的

在符合法律程序的情况下,债务人为避免破产清算而提出减少、延缓债务,第三人承担清偿等请求,为法律所允许。和解制度所遵循的法律政策是,尽可能减少破产清算事件的发生,以避免破产清算可能带来的一系列消极后果。

4. 和解协议采用让步方法了结债务

破产清算是以债务人的现有财产即时了结债务。这虽然有及时清偿之利,但债权人清偿所得受到现有财产的局限,往往损失巨大。而和解不仅以债务人的现有财产,而且以其将来财产,作为债权人实现债权的基础。所以,债权人通过和解协议的执行,往往能够获得比在破产清算情况下更多的清偿。为了达到此目的,债权人通常需要作出减少利息、延长偿债期限以及同意第三人承担债务等方面的让步,以利于债务人保持继续经营的能力。

5. 和解程序受法定机关监督

和解程序为债务人无力偿债状态下实现债务公平清偿的一种法律程序。为保证程序公正,各国法律都设定法定机关对该程序进行监督。根据《破产法》的规定,监督权属于人民法院。

(三) 和解的程序

1. 提出和解申请

债务人既可以直接向人民法院提出和解申请,也可以在人民法院受理破产申请后、宣告债务人破产前,向人民法院申请和解。

2. 审查和解申请

对债务人的和解申请,人民法院经审查认为符合法律规定的,应当裁定和解,予以公告,并召集债权人会议讨论和解协议草案。

3. 表决和解申请

债权人会议通过和解协议的决议,由出席会议的有表决权的债权人过半数同意,并且其所代表的债权额占无财产担保债权总额的 2/3 以上。债权人人数和债权人所代表的债权额要同时满足。

4. 通过和解申请

债权人会议通过和解协议的,由人民法院裁定认可,终止和解程序,并予以公告。管理人应当向债务人移交财产和营业事务,并向人民法院提交执行职务的报告。

【案例 4-5】

某破产企业有 9 位债权人,债权总额为 1100 万元。其中债权人甲的债权额为 300 万元,有破产企业的房产作抵押。当债权人会议讨论和解协议草案时,下列情形可以通过的是(　　)。

A. 有 6 位债权人同意,其代表的债权额为 450 万元

B. 有 5 位债权人同意,其代表的债权额为 550 万元

C. 有 4 位债权人同意,其代表的债权额为 650 万元

D. 有 3 位债权人同意,其代表的债权额为 750 万元

【评析】

债权人会议的决议,首先要由出席会议的有表决权的债权人过半数通过,通过和解协议草案的决议(特别决议)时,所代表的债权额必须占无财产担保债权总额的 2/3 以上。本题中除甲外,有 8 位债权人有表决权,C、D 选项未过半数。本题无财产担保债权总额为 1100-300=800 万元,A 选项中的债权额未达到 2/3。故本题正确答案为 B。

(四)和解程序的终止

和解协议草案经债权人会议表决未获通过,或者已经债权人会议通过的和解协议未获得人民法院认可的,人民法院应当裁定终止和解程序,并宣告债务人破产。

因债务人的欺诈或者其他违法行为而成立的和解协议,人民法院应当裁定无效,并宣告债务人破产。

债务人不能执行或者不执行和解协议的,人民法院经和解债权人请求,应当裁定终止和解协议的执行,并宣告债务人破产。人民法院裁定终止和解协议执行的,和解债权人在和解协议中作出的债权调整的承诺失去效力。和解债权人因执行和解协议所受的清偿仍然有效,和解债权未受清偿的部分作为破产债权。

人民法院受理破产申请后,债务人与全体债权人就债权债务的处理自行达成协议的,可以请求人民法院裁定认可,并终结破产程序。

三、企业的破产清算

(一) 破产宣告的概念和特征

破产宣告是人民法院对债务人不能清偿到期债务的事实作出法律上的判定。破产宣告是由人民法院作出的,是一种司法行为,会产生一系列的法律效果。

破产宣告的法律特征:①破产宣告只适用于不能清偿到期债务的债务人;②破产宣告是开始破产清算的标志;③破产宣告是审理破产案件的法院的司法审判行为;④破产宣告发生《破产法》规定的程序效力。

《破产法》第 107 条规定,人民法院宣告债务人破产的,应当自裁定作出之日起 5 日

内送达债务人和管理人,自裁定作出之日起 10 日内通知已知债权人,并予以公告。人民法院应当负责在规定的期限内把裁定书送达给各利害关系人,而且应当对宣告破产的事实向全社会公开,允许第三人旁听和新闻报道。人民法院宣告企业破产应当通知债权人、债务人到法庭,拒不到法庭的,并不影响裁定的效力。

(二) 破产宣告的效力

破产宣告的效力是指人民法院作出破产宣告所产生的一系列法律后果。

1. 程序上的效力

破产企业一旦被破产宣告,从程序上看意味着破产案件进入了变价、分配阶段。在破产案件受理后,破产宣告前,债务人还可以通过重整或和解进而避免破产清算。但是企业一旦被破产宣告,则破产案件不可逆转地进入了变价、分配阶段。

2. 对债务人的效力

破产企业在被破产宣告之前称为债务人,在被破产宣告之后则称为破产人,其财产在被破产宣告之后称为破产财产。

3. 对债权人的效力

(1)有财产担保的债权人可以随时由担保物获得清偿。

(2)对破产企业负有债务的债权人享有破产抵销权。

(3)无担保债权人依破产分配方案获得清偿。

(三) 破产财产的变价与分配

破产企业被人民法院破产宣告后,破产案件进入清算程序。清算程序包括变价和分配两个阶段。

1. 变价

变价是指管理人将非金钱的破产财产,通过合法的方式加以出让,使之转化为金钱形态,以便于分配的过程。破产宣告后,管理人在接管破产财产后,就应着手进行破产变价的工作。

(1)拟订变价方案

管理人应当于人民法院破产宣告之后及时拟订破产财产变价方案,提交债权人会议讨论。对于债权人会议通过的,或人民法院依法裁定的破产财产变价方案,管理人应当适时变价出售破产财产。

(2)变价的方式

变价出售破产财产应当通过拍卖方式进行。但是,债权人会议另有决议的除外。在实践中,虽然拍卖方式有助于保证公平,但有时不一定能够使破产财产以最高价格售出,而且其成本较高,耗时较长,所以,只要债权人会议作出相应决议,就可以不采取拍卖方式处分财产。

破产企业可以全部或者部分变价出售。企业变价出售时,可以将其中的无形资产和其他财产单独变价出售。按照国家规定不能拍卖或者限制转让的财产,应当按照国家规定的方式处理。

2. 分配

破产分配是指将破产财产按照法律规定的债权清偿顺序和案件实际情况决定的受偿比例进行清偿的程序。破产财产的分配应当遵守法定的分配顺序和分配方法。对破产财产可以进行一次性分配,也可以进行多次分配,需视破产财产的多少、变价难易等情况而定。

(1)拟订破产财产分配方案

管理人应当及时拟订破产财产分配方案,提交债权人会议讨论。破产财产分配方案应当载明下列事项:①参加破产财产分配的债权人名称或者姓名、住所;②参加破产财产分配的债权额;③可供分配的破产财产数额;④破产财产分配的顺序、比例及数额;⑤实施破产财产分配的方法。债权人会议通过破产财产分配方案后,由管理人将该方案提请人民法院裁定认可。

(2)破产财产分配方案的认可和执行

破产财产分配方案经人民法院裁定认可后,由管理人执行。管理人按照破产财产分配方案实施多次分配的,应当公告本次分配的财产额和债权额。

(3)破产财产分配的顺序

破产财产在优先清偿破产费用和共益债务后,依照下列顺序清偿:

①破产人所欠职工的工资和医疗、伤残补助、抚恤费用,所欠的应当划入职工个人账户的基本养老保险、基本医疗保险费用,以及法律、行政法规规定应当支付给职工的补偿金。

②破产人欠缴的除前项规定以外的社会保险费用和破产人所欠税款。

③普通破产债权。

破产财产不足以清偿同一顺序的清偿要求的,按照比例分配。破产企业的董事、监事和高级管理人员的工资按照该企业职工的平均工资计算。

(4)破产财产分配的方式

破产财产的分配应当以货币分配方式进行。但是,债权人会议另有决议的除外。

(5)破产财产的提存

①对于附生效条件或者解除条件的债权,管理人应当将其分配额提存。管理人提存的分配额,在最后分配公告日,生效条件未成就或者解除条件成就的,应当分配给其他债权人;在最后分配公告日,生效条件成就或者解除条件未成就的,应当交付给债权人。

②债权人未受领的破产财产分配额,管理人应当提存。债权人自最后分配公告之日起满2个月仍不领取的,视为放弃受领分配的权利,管理人或者人民法院应当将提存的分配额分配给其他债权人。

③破产财产分配时,对于诉讼或者仲裁未决的债权,管理人应当将其分配额提存。

自破产程序终结之日起满 2 年仍不能受领分配的,人民法院应当将提存的分配额分配给其他债权人。

(四) 破产程序的终结

破产人无财产可供分配的,管理人应当请求人民法院裁定终结破产程序。管理人在最后分配完结后,应当及时向人民法院提交破产财产分配报告,并提请人民法院裁定终结破产程序。人民法院应当自收到管理人终结破产程序的请求之日起 15 日内作出是否终结破产程序的裁定。裁定终结的,应当予以公告。

管理人应当自破产程序终结之日起 10 日内,持人民法院终结破产程序的裁定,向破产人的原登记机关办理注销登记。管理人于办理注销登记完毕的次日终止执行职务。

破产人的保证人和其他连带债务人,在破产程序终结后,对债权人依照破产清算程序未受清偿的债权,依法继续承担清偿责任。

【思考题】

1. 破产和破产法的概念是什么?

2. 企业破产的原因有哪些?

3. 如何理解和解和重整制度?

4. 破产宣告的效果有哪些?

5. 简述破产财产的分配顺序。

第五章 证券法

【学习要点及目标】

1. 理解证券的概念、特征,证券法的概念和原则,掌握证券监管的机构和内容。

2. 了解证券市场及其参与者的相关规定,掌握证券发行和交易的法律规定。

3. 了解证券法律责任和具体规定。

第一节 证券法概述

一、证券概述

(一) 证券的概念和种类

证券是为了证明或设定权利而做成的书面凭证,它表明证券持有人有权依其所持证券记载之内容而取得特定的权益。它主要包括资本证券、货币证券和商品证券等。证券法意义上的证券主要指的是资本证券。我国《证券法》中的证券种类主要包括在中华人民共和国境内流通的股票、公司债券、存托凭证和国务院依法认定的其他证券。

股票是股份有限公司依法发行的,证明股东持有股份的凭证。债券是政府或公司为筹集资金,依照法定程序发行,约定在一定期限内还本付息的有价证券。公司债券是指公司依照法定程序发行、约定在一定期限还本付息的有价证券。存托凭证是指在一国证券市场流通的代表外国公司有价证券的可转让凭证,它是由存托人签发,以境外证券为基础在境内发行,代表境外基础证券权益的证券。

🚩【知识链接】

货币证券,是指可以用来代替货币使用的有价证券,是商业信用工具。货币证券在范围和功能上与商业票据基本相同,即货币证券的范围主要包括期票、汇票、支票和本票等;其功能则主要是用于单位之间的商品交易、劳务报酬的支付,以及债权债务的清算等经济往来。现在各银行发行的信用卡,其实质也是一种货币证券。

商品证券,是证明持有人有商品所有权或使用权的凭证,取得证券就等于取得这种商品的所有权,它是一种物权。商品证券作为某种商品物权的凭证,其拥有者对该证券上所载明的商品享有合法权利。提货单、购物券、栈单、运货单等就属于商品证券。商品证券的价格取决于其票面面值。

资本证券是有价证券的主要形式,是指由金融投资或与金融投资有直接联系的活动而产生的证券,持有人有一定收入请求权。资本证券具体来说,包括股票、债券及其衍生品种如金融期货、可转换证券等。资本证券是有价证券的主要形式,狭义的价证券即指资本证券。

资料来源:http://wiki.mbalib.com/wiki/Special:Search? search

(二) 证券的法律特征

证券法所规范的证券具有下列法律特征。

1. 证券是一种投资工具,具有较大的风险性

投资人以证券作为一种投资工具,要取得一定的收益,必须先行支付一定的财产,证券是表明其投资多少的凭证。证券投资具有较大的风险性,因其要借助于实际资本的市场运作或者虚拟资本市场交换才能实现资产的保值和增值,但在这两类市场中都存在着诸多不确定因素,从而使得证券投资蕴含着较大的风险性。

2. 证券是一种财产权利凭证,具有收益性

证券证明投资人拥有一定的财产权利,比如股票投资人享有股权,债券投资人享有债权。同时,投资者投资证券更重要的是取得投资的收益,它或者是证券发行人分派的股息、红利和债券利息等,或者是投资者买卖证券的交换收益。

3. 证券是可转让凭证,具有流通性

证券可自由转让,其持有者可以随时将证券转让出售,以实现自身权利。为了保证证券投资的变现性,世界各国证券法都规定,绝大多数的证券都可以自由转让和买卖。这样,既可以使得投资者获取证券交易收益,也可以使投资者通过出让其所持证券以控制或规避投资的风险。

4. 证券是标准化凭证,具有定型性

证券权利属于无形的财产权利,为了保障证券交易的便捷和安全,需要对证券的内容和格式实行统一的标准,使证券定型化。例如,发行人向社会公众募集资金时,所发行的同种证券,应符合同一标准。

二、证券法的概念、适用范围及基本原则

(一) 证券法的概念

证券法是调整证券发行、交易、服务及国家对证券的监管活动中所发生的社会关系的法律规范的总称。证券法有广义与狭义之分,广义的证券法,是指所有调整证券融资关系的法律规范;狭义的证券法,则仅指《中华人民共和国证券法》(以下简称《证券法》)。

(二) 证券法的适用范围

我国《证券法》于 1998 年 12 月 29 日由第九届全国人民代表大会常务委员会第六次

会议通过,自1999年7月1日起施行。2019年12月28日,第十三届全国人民代表大会常务委员会第十五次会议对《证券法》进行第二次修订。修订后的《证券法》第2条规定:"在中华人民共和国境内,股票、公司债券、存托凭证和国务院依法认定的其他证券的发行和交易,适用本法;本法未规定的,适用《中华人民共和国公司法》和其他法律、行政法规的规定。政府债券、证券投资基金份额的上市交易,适用本法;其他法律、行政法规另有规定的,适用其规定。资产支持证券、资产管理产品发行、交易的管理办法,由国务院依照本法的原则规定。在中华人民共和国境外的证券发行和交易活动,扰乱中华人民共和国境内市场秩序,损害境内投资者合法权益的,依照本法有关规定处理并追究法律责任。"

(三)证券法的基本原则

1. 公开、公平、公正原则

《证券法》规定:"证券的发行、交易活动,必须遵循公开、公平、公正的原则。"公开信息是证券法的基础,也是证券监管的核心。发行公开、上市公开、上市后持续公开等制度都是公开原则在证券法律制度上的体现。公平原则则是强调证券活动所有参与者的法律地位平等、机会平等、规则平等。公正原则要求证券活动的当事人应受到法律的同等对等,合法利益受到平等的保护。

2. 自愿有偿、诚实信用原则

《证券法》规定:"证券发行、交易活动的当事人具有平等的法律地位,应当遵守自愿、有偿、诚实信用的原则。"自愿有偿、诚实信用原则是指证券活动主体有权根据自己的意愿参与证券发行和交易,按照市场规律进行等价交换并且能够诚实信用、实事求是地履行自己所承担的义务,不得从事任何证券欺诈活动。

3. 合法性原则

《证券法》第5条规定:"证券的发行、交易活动,必须遵守法律、行政法规;禁止欺诈、内幕交易和操纵证券市场的行为。"《证券法》第219条规定:"违反本法规定,构成犯罪的,依法追究刑事责任。"

【案例5-1】

2012年8月21日,西南证券原副总裁兼投资管理部总经理季敏波涉嫌利用未公开信息交易案在重庆市第一中级人民法院公开开庭审理。

据公诉机关指控,被告人季敏波在2009年3月至2011年6月担任西南证券投资管理部总经理期间,利用负责西南证券自营业务的全面管理工作职务便利条件,获取内幕消息等其他未公开信息,违反规定,通过其实际控制或受托操作的"梅某某""汪某某"等5人的证券账户,先于或同期于西南证券自营账户买入或卖出20余只股票,成交金额累计人民币5400余万元。公诉人认为,被告人季敏波的行为已触犯我国《刑法》相关规定,应当以"利用未公开信息交易罪"追究其刑事责任。

资料来源:http://www.legaldaily.com.cn/News_Center

【评析】

季敏波个人的上述行为涉嫌构成《刑法》第 180 条规定的利用未公开信息交易罪。《刑法》第 180 条规定：证券、期货交易内幕信息的知情人员或者非法获取证券、期货交易内幕信息的人员，在涉及证券的发行，证券、期货交易或者其他对证券、期货交易价格有重大影响的信息尚未公开前，买入或者卖出该证券，或者从事与该内幕信息有关的期货交易，或者泄露该信息，或者明示、暗示他人从事上述交易活动，情节严重的，处 5 年以下有期徒刑或者拘役，并处或者单处违法所得 1 倍以上 5 倍以下罚金；情节特别严重的，处 5 年以上 10 年以下有期徒刑，并处违法所得 1 倍以上 5 倍以下罚金。

4. 分业经营和分业管理原则

《证券法》第 6 条规定："证券业和银行业、信托业、保险业实行分业经营、分业管理，证券公司与银行、信托、保险业务机构分别设立。国家另有规定的除外。"该条规定确立了我国证券业、银行业、信托业和保险业分业经营、分业管理的原则。证券公司与银行、信托和保险业务机构如果实行混业经营，难以防范证券业风险在行业间交叉、传播和扩大，不利于金融市场的安全和稳定运行。

5. 保护投资者合法权益原则

投资者的积极参与是证券市场繁荣和稳健发展的重要一环。因此，保护投资者的合法权益是《证券法》的基本原则。我国《证券法》将保护投资者的合法权益作为证券法首要的一项立法目的。《证券法》中关于信息披露、禁止证券欺诈等制度和规范，也都体现了保护投资者合法权益的原则。

6. 政府监管为主、自律监管为辅的原则

《证券法》第 7 条规定："国务院证券监督管理机构依法对全国证券市场实行集中统一监督管理。国务院证券监督管理机构根据需要可以设立派出机构，按照授权履行监督管理职责。"第 8 条规定："国家审计机关依法对证券交易场所、证券公司、证券登记结算机构、证券监督管理机构进行审计监督。"《证券法》对我国证券市场实行政府监管为主、自律监管为辅的原则。对证券市场实行统一的政府监管，有利于形成统一性的全国证券市场，能够更有效、更有力度地控制证券市场，保障证券市场的稳健发展。同时，我国也应重视自律监管的地位，提升其监管能力，形成政府监管与证券业协会的自律监管相结合的有效监管体系。

第二节　证券发行与交易

一、证券发行

(一) 证券发行概述

1. 证券发行的概念

证券发行，是指发行人依照《证券法》规定的条件和程序，将证券销售给投资者，以募集资金的行为。由证券发行所形成的市场被称为一级市场。

2. 证券发行的分类

(1)根据发行范围的不同,证券发行分为公开发行和非公开发行

公开发行,也称为公募发行,是指发行人向社会公众发售证券。非公开发行,也称私募发行,是发行人只面向内部的特定投资者销售证券。非公开发行证券,不得采用广告、公开劝诱和变相公开方式。

【知识链接】

公开发行的情形

有下列情形之一的,为公开发行:①向不特定对象发行证券;②向特定对象发行证券累计超过200人,但依法实施员工持股计划的员工人数不计算在内;③法律、行政法规规定的其他发行行为。

(2)根据是否有承销机构介入,证券发行分为直接发行和间接发行

直接发行是不需要通过承销机构介入而由发行人直接向投资者发行证券的方式。间接发行是通过证券承销机构介入,由发行人与承销机构签订承销协议方式来发行证券。

(3)根据发行种类的不同,证券发行分为股票发行、债券发行及基金份额发行

股票发行是由股份有限公司依照《公司法》和《证券法》的规定向投资者出售股票,以筹集资金。债券发行是发行人依照法定程序向投资者出售债券,在发行人与投资者之间形成一种债权债务关系。基金份额的发行依照《证券法》和《证券投资基金法》的规定,由符合条件的证券投资基金发起人以筹集受托资金为目的,依照法定程序向投资者发售证券投资基金。

此外,根据股票发行时间的不同,股票发行还可分为设立发行和新股发行。设立发行是发行人第一次发行证券;新股发行是在初次发行基础上再次发行同种证券。

(二)股票发行的条件

1. 设立发行的条件

设立发行是股份有限公司为设立新公司而首次发行股票。

设立股份有限公司公开发行股票,应当符合《公司法》规定的条件和经国务院批准的国务院证券监督管理机构规定的其他条件,向国务院证券监督管理机构报送募股申请和《证券法》规定的文件。

2. 新股发行的条件

新股发行是股份有限公司为了增加资本而发行股票。《证券法》规定,公司首次公开发行新股,应当符合下列条件:①具备健全且运行良好的组织机构;②具有持续经营能力;③最近3年财务会计报告被出具无保留意见审计报告;④发行人及其控股股东、实际控制人最近3年不存在贪污、贿赂、侵占财产、挪用财产或者破坏社会主义市场经济秩序

的刑事犯罪;⑤经国务院批准的国务院证券监督管理机构规定的其他条件。

上市公司发行新股,应当符合经国务院批准的国务院证券监督管理机构规定的条件,具体管理办法由国务院证券监督管理机构规定。

公司对公开发行股票所募集资金,必须按照招股说明书或者其他公开发行募集文件所列资金用途使用;改变资金用途,必须经股东大会作出决议。擅自改变用途而未作纠正的,或者未经股东大会认可的,不得公开发行新股,上市公司也不得非公开发行新股。

(三) 公司债券的发行条件

1. 公司债券的发行条件

我国《证券法》第15条第1款规定,公开发行公司债券,应当符合下列条件:①具备健全且运行良好的组织机构;②最近3年平均可分配利润足以支付公司债券1年的利息;③国务院规定的其他条件。

上市公司发行可转换为股票的公司债券,除应当符合以上规定的条件外,还应当符合经国务院批准的国务院证券监督管理机构规定的条件,但是,按照公司债券募集办法,上市公司通过收购本公司股份的方式进行公司债券转换的除外。有下列情形之一的,不得再次公开发行公司债券:

(1)对已公开发行的公司债券或者其他债务有违约或者延迟支付本息的事实,仍处于继续状态;

(2)违反《证券法》规定,改变公开发行公司债券所募资金的用途。

2. 可转换公司债券的发行条件

可转换公司债券,是指发行公司依法发行,在一定期间内依据约定的条件可以转换成股份的公司债券。按照《证券法》的规定,上市公司发行可转换为股票的公司债券,除应当符合《证券法》第15条第1款规定的条件外,还应当遵守《证券法》第12条第2款的规定。

《上市公司证券发行管理办法》(2020年2月14日中国证券监督管理委员会修正)规定:"公开发行可转换公司债券的公司,除应当符合本章第一节规定外,还应当符合下列规定:(1)最近3个会计年度加权平均净资产收益率平均不低于6%。扣除非经常性损益后的净利润与扣除前的净利润相比,以低者作为加权平均净资产收益率的计算依据。(2)本次发行后累计公司债券余额不超过最近一期末净资产额的40%。(3)最近3个会计年度实现的年均可分配利润不少于公司债券1年的利息。"

(四) 证券发行承销

1. 证券承销的概念

证券承销,是指由证券公司接受证券发行人委托,通过代销或包销方式为其销售证券并收取一定比例承销费用的活动。证券公司必须依法取得证券承销业务资格,才能从事证券承销业务。

2. 证券承销的方式

(1)证券代销和证券包销

发行人向不特定对象发行的证券,法律、行政法规规定应当由证券公司承销的,发行人应当同证券公司签订承销协议。证券承销业务采取代销或者包销方式。

证券代销是指证券公司代发行人发售证券,在承销期结束时,将未售出的证券全部退还给发行人的承销方式。在该方式之下,发行人与承销商的证券公司之间是一种委托代理关系,证券发行失败的风险由发行人自行承担。

证券包销是指证券公司将发行人的证券按照协议全部购入或者在承销期结束时将售后剩余证券全部自行购入的承销方式。在该方式之下,发行风险由包销商承担。

(2)独立承销和承销团承销

独立承销是指仅由一家证券公司代销或包销证券的承销方式。而承销团承销则指由两个或两个以上的证券公司共同完成证券销售的承销方式。

承销团承销方式相对于独立承销来讲,具有发行效率高、抗风险能力强、承销量大的优点,适合于发行巨额证券。我国《证券法》第30条规定:向不特定对象发行证券聘请承销团承销的,承销团应当由主承销和参与承销的证券公司组成。

3. 证券承销的协议

证券承销协议,是由证券发行人与证券承销商之间所签订的,明确证券承销内容的书面协议。

【知识链接】

证券承销协议主要包括的内容

证券公司承销证券,应当同发行人签订代销或者包销协议,载明下列事项:①当事人的名称、住所及法定代表人姓名;②代销、包销证券的种类、数量、金额及发行价格;③代销、包销的期限及起止日期;④代销、包销的付款方式及日期;⑤代销、包销的费用和结算办法;⑥违约责任;⑦国务院证券监督管理机构规定的其他事项。

二、证券上市

证券上市,是指已公开发行的证券经审核批准,在证券交易所公开挂牌交易的行为。

申请证券上市交易,应当向证券交易所提出申请,由证券交易所依法审核同意,并由双方签订上市协议。证券交易所根据国务院授权的部门的决定安排政府债券上市交易。

申请证券上市交易,应当符合证券交易所上市规则规定的上市条件。证券交易所上市规则规定的上市条件,应当对发行人的经营年限、财务状况、最低公开发行比例和公司治理、诚信记录等提出要求。

上市交易的证券,有证券交易所规定的终止上市情形的,由证券交易所按照业务规则终止其上市交易。证券交易所决定终止证券上市交易的,应当及时公告,并报国务院证券监督管理机构备案。对证券交易所作出的不予上市交易、终止上市交易决定不服的,可以向证券交易所设立的复核机构申请复核。

三、证券交易

(一) 证券交易的概念及种类

1. 证券交易的概念

证券交易,是指证券投资者在证券交易场所对已发行的证券进行买卖的活动。

2. 证券交易的种类

(1)根据交易场所的不同,证券交易分为场内交易和场外交易

场内交易,是指证券在依法设立的证券交易所内所从事的挂牌交易。场内交易的对象是上市公司股票及其证券衍生品。我国证券交易主要采用场内交易形式。场内交易中的证券一般只有一个最佳价格,与场外交易的证券存在多个价格是不同的。

场外交易,是指在证券交易所以外的法定市场所进行的交易活动。场外交易的交易对象是非上市公司股票及其他无法在证券交易所交易的证券。场外交易的方式可以是挂牌交易也可以通过协议方式进行交易。场外交易,相对于场内交易条件较为宽松,交易成本较低,能弥补场内交易的不足,保证非上市证券的流通性和变现性。

(2)按交易对象的类型的不同,证券交易分为现货交易、期货交易、期权交易和信用交易

现货交易,是交易双方成交后即办理交割手续的证券交易方式。买卖双方成交后在短时间内要完成交割,一方支付资金,另一方则要交付证券。它是早期证券交易的主要方式,随着证券业的发展完善,期货交易、期权交易等方式得以产生。

期货交易,是交易双方成交后,在此后的某一特定时间,按照合同规定的数量与价格进行交割和清算的证券交易方式。

证券期权交易,是证券当事人约定在一定期限内,以特定价格买进或卖出指定证券,或者放弃买进或卖出指定证券的交易方式。因此,它又称为证券期货选择权交易。

信用交易是投资者只向证券公司交付一定数量保证金,在买进证券时由证券公司提供贷款,在卖出时由证券公司借给证券的交易方式。

(二) 证券交易的一般规则

1. 证券交易的对象必须是依法发行的证券

我国《证券法》第35条规定:"证券交易当事人依法买卖的证券,必须是依法发行并交付的证券。非依法发行的证券,不得买卖。"

依法发行的证券,《公司法》和其他法律对其转让期限有限制性规定的,在限定的期

限内不得转让。上市公司持有5％以上股份的股东、实际控制人、董事、监事、高级管理人员，以及其他持有发行人首次公开发行前发行的股份或者上市公司向特定对象发行的股份的股东，转让其持有的本公司股份的，不得违反法律、行政法规和国务院证券监督管理机构关于持有期限、卖出时间、卖出数量、卖出方式、信息披露等规定，并应当遵守证券交易所的业务规则。

2. 证券交易的场所和交易方式要符合法律规定

公开发行的证券，应当在依法设立的证券交易所上市交易或者在国务院批准的其他全国性证券交易场所交易。非公开发行的证券，可以在证券交易所、国务院批准的其他全国性证券交易场所、按照国务院规定设立的区域性股权市场转让。

证券在证券交易所上市交易，应当采用公开的集中交易方式或者国务院证券监督管理机构批准的其他方式。证券交易当事人买卖的证券可以采用纸面形式或者国务院证券监督管理机构规定的其他形式。

3. 证券转让要符合期限限制规则

依法发行的股票、公司债券及其他证券，法律对其转让期限有限制性规定的，在限定的期限内不得买卖。该方面的规定有：

(1)发起人持有的本公司股份，自公司成立之日起1年内不得转让。公司公开发行股份前已发行的股份，自公司股票在证券交易所上市交易之日起1年内不得转让。

(2)公司董事、监事、高级管理人员应当向公司申报所持有的本公司的股份及其变动情况，在任职期间每年转让的股份不得超过其所持有本公司股份总数的25％；所持本公司股份自公司股票上市交易之日起1年内不得转让。上述人员离职后半年内，不得转让其所持有的本公司股份。公司章程可以对公司董事、监事、高级管理人员转让其所持有的本公司股份作出其他限制性规定。

(3)上市公司、股票在国务院批准的其他全国性证券交易场所交易的公司持有5％以上股份的股东、董事、监事、高级管理人员，将其持有的该公司的股票或者其他具有股权性质的证券在买入后6个月内卖出，或者在卖出后6个月内又买入，由此所得收益归该公司所有，公司董事会应当收回其所得收益。但是，证券公司因购入包销售后剩余股票而持有5％以上股份，以及有国务院证券监督管理机构规定的其他情形的除外。

4. 证券从业人员不得买卖股票规则

《证券法》第40条规定：证券交易场所、证券公司和证券登记结算机构的从业人员，证券监督管理机构的工作人员以及法律、行政法规规定禁止参与股票交易的其他人员，在任期或者法定限期内，不得直接或者以化名、借他人名义持有、买卖股票或者其他具有股权性质的证券，也不得收受他人赠送的股票或者其他具有股权性质的证券。任何人在成为前款所列人员时，其原已持有的股票或者其他具有股权性质的证券，必须依法转让。

四、上市公司收购

（一）上市公司收购的概念

上市公司收购，是指投资者通过购买上市公司的有表决权的股份达到一定数量，或者通过协议受让该上市公司股东一定比例的股份，以获得该公司控制权的行为。投资者可以采取要约收购、协议收购及其他合法方式收购上市公司。

（二）上市公司收购的原则

1. 目标公司股东待遇平等原则

这是上市公司收购制度中的核心原则。该原则强调，在对上市公司收购中，被收购的目标公司的所有股东，都要享有同等的待遇，同类别股东要无差别的同等对待。所有股东一方面要公平地享有信息，平等参与收购；另一方面股东在收购条件上也享有平等权利，即在相同情况下以相同价格出售股份，收购方不得差别对待。

2. 信息公开原则

上市公司收购中的信息公开原则，是证券法上信息披露原则在收购中的具体体现。该原则要求，应当将收购中所涉及的有关信息全面、真实、准确地披露给目标公司的股东及投资者，不得有虚假记载、误导性陈述或者重大遗漏。需要公开的信息主要有：大股东持股信息、收购协议、收购要约、已披露信息的变动情况及目标公司董事会对收购的意见，等等。

3. 目标公司控股股东不得滥用权利损害公司或其他股东利益原则

目标公司的控股股东或者实际控制人不得滥用股东权利损害目标公司或者其他股东的合法权益。被收购公司的控股股东、实际控制人及其关联方有损害被收购公司及其他股东合法权益的，上述控股股东、实际控制人在转让被收购公司控制权之前，应当主动消除损害；未能消除损害的，应当就其出让相关股份所得收入用于消除全部损害作出安排，对不足以消除损害的部分应当提供充分有效的履约担保或安排，并依照公司章程取得被收购公司股东大会的批准。

（三）上市公司收购的方式

1. 要约收购

要约收购，是指收购者公开向被收购的目标公司的全体股东发出要约，收购其所持有的股份。要约收购有专门的收购程序，且必须在证券交易所内进行。

收购要约约定的收购期限不得少于30日，并不得超过60日。在收购要约确定的承诺期限内，收购人不得撤销其收购要约。收购人需要变更收购要约的，应当及时公告，载明具体变更事项，且不得存在下列情形：①降低收购价格；②减少预定收购股份数额；③缩短收购期限；④国务院证券监督管理机构规定的其他情形。

收购要约提出的各项收购条件,适用于被收购公司的所有股东。

采取要约收购方式的,收购人在收购期限内,不得卖出被收购公司的股票,也不得采取要约规定以外的形式和超出要约的条件买入被收购公司的股票。

【知识链接】

收购报告书应载明的事项

依照规定发出收购要约的,收购人必须公告上市公司收购报告书,并载明下列事项:①收购人的名称、住所;②收购人关于收购的决定;③被收购的上市公司名称;④收购目的;⑤收购股份的详细名称和预定收购的股份数额;⑥收购期限、收购价格;⑦收购所需资金额及资金保证;⑧公告上市公司收购报告书时持有被收购公司股份数占该公司已发行的股份总数的比例。

2. 协议收购

协议收购,是指收购人与目标公司的股东私下达成协议,按协议的条件收购其所持有的股份。协议收购的股票可以是在证券交易所公开交易的股票,也可以是未上市交易的股票。我国《证券法》以强制要约收购为原则,但在某些情形下可以申请豁免要约,采用协议收购等方式。采取协议收购方式的,收购人可以依照法律、行政法规的规定同被收购公司的股东以协议方式进行股份转让。

收购行为完成后,收购人与被收购公司合并,并将该公司解散的,被解散公司的原有股票由收购人依法更换。收购行为完成后,收购人应当在 15 日内将收购情况报告国务院证券监督管理机构和证券交易所,并予公告。

第三节　证　券　市　场

一、证券市场概述

(一) 证券市场的概念和功能

1. 证券市场的概念

证券市场,是指股票、债券、基金份额等证券发行和交易的场所,是直接融资的市场,是金融市场的组成部分。证券市场是市场经济发展到一定阶段的产物。证券市场的产生解决了资本供求矛盾,实现了投资和筹资在资本领域的有机结合。同时,证券市场也充分实现和保障了资本充足的流动性,对于投资者具有很强的吸引力。可以说在现代市场经济中,证券市场已经是完整的市场体系的重要组成部分,它不仅反映和调节资金的运动,而且对整个实体经济运行也有着深远的影响。

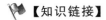【知识链接】

证券市场三个显著特征

第一,证券市场是价值直接交换的场所。有价证券是价值的直接代表,其本质上只是价值的一种直接表现形式。虽然证券交易的对象是各种各样的有价证券,但由于它们是价值的直接表现形式,所以证券市场本质上是价值的直接交换场所。

第二,证券市场是财产权利直接交换的场所。证券市场上的交易对象是作为经济权益凭证的股票、债券、投资基金券等有价证券,它们本身仅是一定量财产权利的代表,所以,代表着对一定数额财产的所有权或债权以及相关的收益权。证券市场实际上是财产权利的直接交换场所。

第三,证券市场是风险直接交换的场所。有价证券既是一定收益权利的代表,同时也是一定风险的代表。有价证券的交换在转让出一定收益权的同时,也把该有价证券所特有的风险转让出去。所以,从风险的角度分析,证券市场也是风险的直接交换场所。

资料来源:http://baike.baidu.com/view/165400.htm

2. 证券市场的基本功能

证券市场有三个基本功能,分别是:

(1)融通资金的功能

证券市场的融资功能是其首要的一项功能,一方面体现在证券市场为资金的需要者提供了一种筹资的渠道。企业或政府等资本的需求者资金短缺时,可以通过发行证券达到筹资的目的。另一方面,证券市场也为投资者提供了一种可选择的投资工具,通过买入证券实现其盈余资金的投资功能。从这个角度讲,证券市场很好地实现了筹资和投资的完美对接,从而使证券市场能够很好地发挥融通资金的功能。

(2)资本定价功能

证券市场为资本提供了合理的定价机制。证券是资本的存在形式,证券的价格反映的是其所代表的资本的价格,受证券市场上供求双方相互作用的影响。证券市场的运行形成了证券需求者竞争和证券供给者竞争的关系,这种竞争的结果是:能产生高投资回报的资本,市场的需求大,证券价格就高;反之,证券价格就低。这样,就使得证券市场发挥出为资本定价的功能。

(3)资本配置功能

证券市场的资本配置功能主要是通过证券价格引导资本的合理流动得以实现的。证券投资者趋向于投资收益率较高的企业证券,企业证券收益率的高低最终是由企业的经济效益决定的。因此,导致的结果就是投资资本自动流向经济效益好、回报率较高的企业,而效益差、回报率低的企业,投资者不愿意持有其证券,从而实现了资本的合理配置功能。

(二)证券市场结构

1. 证券市场结构的概念

证券市场结构是指证券市场的构成及各构成部分之间的量比关系。

2. 证券市场结构的分类

证券市场结构的分类有多种,较重要的有以下三类:

(1)证券市场层次结构分类

证券市场层次结构分类,是指按证券进入市场的顺序而形成的结构关系。按这种顺序关系划分,证券市场的构成可分为发行市场和交易市场。证券发行市场,也称为"一级市场"或"初级市场",是发行人为了筹集资金,依照法律规定的条件和程序,向投资者出售证券所形成的市场。证券交易市场,也被称为"二级市场""流通市场"或"次级市场",是已发行的证券通过买卖交易实现流通转让的市场。

【知识链接】

证券市场的层次性还体现为区域分布、覆盖公司类型、上市交易制度以及监管要求的多样性。根据所服务和覆盖的上市公司类型,证券市场可分为全球性市场、全国性市场、区域性市场等类型;根据上市公司规模、监管要求等差异,证券市场可分为主板市场、二板市场(创业板或高新企业板)。

资料来源:http://baike.baidu.com/view/7248739.htm

(2)证券市场交易场所结构分类

该种分类是以证券交易活动是否在固定场所进行为标准的,分为有形市场和无形市场。有形市场也被称为"场内市场",是指有固定场所的证券交易所市场,有组织、制度化了的市场。无形市场也称为"场外市场"或"柜台市场",是指没有固定交易场所的市场。

(3)证券市场品种结构分类

该种分类是根据证券的品种形成的结构关系。主要有股票市场、债券市场、基金市场和衍生产品市场等。

二、证券市场参与者

(一)证券发行人

1. 证券发行人的概念

证券发行人,是指以筹集资金为目的而进行证券发行活动的主体。

证券发行人主要是通过证券的发行来满足自身的资金需求,也为证券市场提供了原始的证券。没有证券发行人,证券交易活动就无从产生,证券市场就不复存在。证券法对证券的发行有严格规定,首先要求证券发行人必须具有主体资格才能成为发行主体,进而才能在证券发行中享有权利和承担义务。

2. 证券发行人的种类

（1）政府

政府是政府债券的发行主体，政府债券分为中央政府债券和地方政府债券。中央政府债券分为国库券、财政债券、国家重点建设债券等，由财政部代表中央政府发行，目的是弥补财政赤字或者筹措经济建设所需资金。地方政府债券则是各地方政府所发行的债券，其目的是筹集当地交通、通讯、住宅、教育、医院和污水处理系统等公共设施的建设资金。

2009 年，我国首次由财政部代理发行 2000 亿地方政府债券。2011 年 10 月 20 日财政部印发了《2011 年地方政府自行发债试点办法》。有关业内人士指出：从中央代发到试点地方自行发债，更多地强调了地方政府还本付息的主体责任，使地方政府成为地方政府债券的真正债务人，这已经是一个常态。

🏁【知识链接】

金 边 债 券

早在 17 世纪，英国政府经议会批准，开始发行了以税收保证支付本息的政府公债，该公债信誉度很高。当时发行的英国政府公债带有金黄边，因此被称为"金边债券"。在美国，经权威性资信评级机构评定为最高资信等级（AAA 级）的债券，也称"金边债券"。后来，"金边债券"一词泛指所有中央政府发行的债券，即"国债"。

资料来源 http://baike.baidu.com/view/10757.htm

（2）金融机构

我国的国有商业银行、政策性银行和非银行金融机构为筹措资金，经中国人民银行批准可以公开发行金融债券。我国《证券法》并不调整金融债券，其发行和交易由特别法规加以调整。

（3）股份有限责任公司

筹建中的股份有限责任公司，发行股票是为了达到法定注册资本而设立公司。已成立的股份有限责任公司，发行股票和债券的目的是为了扩大资金来源，满足生产经营发展的需要。

（4）非公司法人企业

非公司的企业经过批准，可在证券市场上发行企业债券筹集为经营所需的资金。

（二）证券投资者

证券投资者，是指以盈利为目的而购买股票、债券等有价证券的个人或者组织。

证券投资者是证券市场的资金供给者，众多投资者的参与才保证了证券发行和交易的连续性和证券交易的活跃性。证券投资者的目的不同，有的是为了待一定时期后取得股息和利息,并期待证券增值,因而会长期持有证券,被称为长期投资者。而有的投资者则通过买卖证券时机的选择,赚取市场价差,被称为短线投资者。证券投资者可分为机构投资者和个人投资者两大类。

1. 机构投资者

我国的机构投资者,是指在金融市场中从事证券投资的法人机构,主要是指具有证券自营业务资格的证券经营机构,符合国家有关政策法规的投资管理基金等,包括保险公司、养老基金、投资基金、证券公司和银行等。

机构投资者相对于个人投资者来讲,具有更专业的投资能力,其资金实力较为雄厚,采用组合投资的模式,具有较高的抗风险能力。另外,国家对其监管也比较严格,机构投资者的投资行为也较为规范化。

2. 个人投资者

个人投资者,是出资购买股票、债券等有价证券的自然人,也被称为散户。个人投资者是证券市场中最广泛而重要的投资者。但相对于机构投资者,它在资金、专业知识、信息、心理等方面都不如机构投资者,容易投资失误。

另外,我国《证券法》规定:证券交易场所、证券公司和证券登记结算机构的从业人员,证券监督管理机构的工作人员以及法律、行政法规规定禁止参与股票交易的其他人员,在任期或者法定限期内,不得直接或者以化名、借他人名义持有、买卖股票或者其他具有股权性质的证券,也不得收受他人赠送的股票或者其他具有股权性质的证券。

(三) 证券交易所

1. 证券交易所的概念

依照我国《证券法》第96条规定,证券交易所、国务院批准的其他全国性证券交易场所为证券集中交易提供场所和设施,组织和监督证券交易,实行自律管理,依法登记,取得法人资格。

2. 证券交易所的设立

根据我国《证券交易所管理办法》规定,设立证券交易所,应当向中国证监会提交申请书、章程和主要业务规则草案、拟加入会员名单、理事会候选人员名单及简历、场地设备及资金情况说明和拟任用管理人员的情况说明等文件。由证券监督管理机构审核,符合规定的,报国务院批准。

3. 证券交易所的组织形式和组织机构

证券交易所的组织形式分为会员制和公司制。会员制证券交易所是由会员共同出资设立的非营利性法人。公司制证券交易所则是由股东出资以股份有限公司或有限责任公司方式设立的证券交易所,是营利性法人。

【知识链接】

传统的证券交易所普遍采用会员制,公司制相对较少。但20世纪90年代后,一些会员制交易所纷纷向公司制转变。目前,纽约证券交易所、法兰克福证券交易所、巴黎证券交易所等采用会员制,而纳斯达克股票市场、多伦多证券交易所、泛欧证券交易所、韩国证券交易所、新加坡证券交易所、中国香港地区证券交易所、中国台湾地区证券交易所等均采用公司制。

资料来源:邢海宝:《证券法学原理与案例教程》:145页,北京,中国人民大学出版社,2010

会员制证券交易所设有会员大会、理事会、经理机构及监察委员会。会员大会是证券交易所的最高权力机构,每年至少召开一次会议。理事会对会员大会负责,是证券交易所的决策机构,每届任期3年。监察委员会是内部监督机构。监察委员会由9名委员组成,每届任期3年。公司制证券交易所的组织机构与一般的公司相似,设有股东大会、董事会、监事会和经理机构等。

(四) 证券公司

1. 证券公司的概念

证券公司,是指依照《公司法》和《证券法》的规定设立的经营证券业务的有限责任公司或者股份有限责任公司,也被称为"证券商"或"券商"。

2. 证券公司的分类

(1)证券经纪商

证券经纪商,是指接受投资人委托代理买卖证券的服务机构。其盈利模式是收取一定的手续费作为代理佣金。

(2)证券自营商

证券自营商,是指除经营证券经纪公司业务外,还可以自行买卖证券的综合型证券机构。证券自营商资金雄厚,可以直接进入证券交易所为自己买卖股票。

(3)证券承销商

证券承销商是以包销或者代销形式帮助发行人发售证券的机构。

3. 证券公司的设立

(1)设立条件

我国《证券法》第118条规定,设立证券公司,应当具备下列条件,并经国务院证券监督管理机构批准:①有符合法律、行政法规规定的公司章程;②主要股东及公司的实际控制人具有良好的财务状况和诚信记录,最近3年无重大违法违规记录;③有符合本法规定的公司注册资本;④董事、监事、高级管理人员、从业人员符合本法规定的条件;⑤有完善的风险管理与内部控制制度;⑥有合格的经营场所、业务设施和信息技术系统;⑦法律、行政法规和经国务院批准的国务院证券监督管理机构规定的其他条件。未经国务院证券监督管理机构批准,任何单位和个人不得以证券公司名义开展证券业务活动。

（2）设立程序

我国对证券公司的设立采取审批登记制,必须经国务院证券监督管理机构审查批准方可设立。未经国务院证券监督管理机构批准,任何单位和个人不得经营证券业务。

证券公司的设立需要首先向中国证监会提交申请,国务院证券监督管理机构应当自受理证券公司设立申请之日起6个月内,依照法定条件和法定程序并根据审慎监管原则进行审查,作出批准或者不予批准的决定,并通知申请人;不予批准的,应当说明理由。证券公司设立申请获得批准的,申请人应当在规定的期限内向公司登记机关申请设立登记,领取营业执照。证券公司应当自领取营业执照之日起15日内,向国务院证券监督管理机构申请经营证券业务许可证。未取得经营证券业务许可证,证券公司不得经营证券业务。

🚩【知识链接】

证券公司可以经营的业务

《证券法》第120条规定,经国务院证券监督管理机构核准,取得经营证券业务许可证,证券公司可以经营下列部分或者全部证券业务:①证券经纪;②证券投资咨询;③与证券交易、证券投资活动有关的财务顾问;④证券承销与保荐;⑤证券融资融券;⑥证券做市交易;⑦证券自营;⑧其他证券业务。

除证券公司外,任何单位和个人不得从事证券承销、证券保荐、证券经纪和证券融资融券业务。证券公司从事证券融资融券业务,应当采取措施,严格防范和控制风险,不得违反规定向客户出借资金或者证券。

（五）证券登记结算机构

1. 证券登记结算机构的概念

证券登记结算机构为证券交易提供集中登记、存管与结算服务,不以营利为目的,依法登记,取得法人资格。设立证券登记结算机构必须经国务院证券监督管理机构批准。

我国于1990年成立了深圳证券登记有限公司,后来又成立了上海证券交易所中央登记结算公司,但两家公司规则和工作流程不同,影响了证券交易和结算的效率。2001年3月30日,中国证券登记结算有限责任公司成立,设有上海、深圳两家分公司,建立了全国集中统一的登记结算系统。同年10月,上海证券交易所中央登记结算公司和深圳证券登记有限公司依法注销。

2. 证券登记结算机构的设立条件

设立证券登记结算机构,应当具备下列条件:①自有资金不少于人民币2亿元;②具有证券登记、存管和结算服务所必须的场所和设施;③国务院证券监督管理机构规定的其他条件。证券登记结算机构的名称中应当标明证券登记结算字样。

3. 证券登记结算机构的职能

证券登记结算机构履行下列职能:①证券账户、结算账户的设立;②证券的存管和过户;③证券持有人名册登记;④证券交易的清算和交收;⑤受发行人的委托派发证券权益;⑥办理与上述业务有关的查询、信息服务;⑦国务院证券监督管理机构批准的其他业务。

(六)证券交易服务机构

1. 证券交易服务机构的概念

证券交易服务机构是指依法设立的,为证券的发行、交易及其他活动提供服务业务的中介机构。证券交易服务机构的出现是证券市场专业化的结果,通过证券交易服务机构为证券的发行人和投资者提供各种专业化程度更高的中介服务,使得证券市场的发展更为理性和规范。

2. 证券交易服务机构的种类

证券交易服务机构主要包括:会计师事务所、律师事务所以及从事证券投资咨询、资产评估、资信评级、财务顾问、信息技术系统服务的证券服务机构。

3. 对证券交易服务机构的管理

我国《证券法》规定,从事证券投资咨询服务业务,应当经国务院证券监督管理机构核准;未经核准,不得为证券的交易及相关活动提供服务。从事其他证券服务业务,应当报国务院证券监督管理机构和国务院有关主管部门备案。

证券投资咨询机构及其从业人员从事证券服务业务不得有下列行为:①代理委托人从事证券投资;②与委托人约定分享证券投资收益或者分担证券投资损失;③买卖本证券投资咨询机构提供服务的证券;④法律、行政法规禁止的其他行为。有以上所列行为之一,给投资者造成损失的,应当依法承担赔偿责任。

第四节　证　券　监　管

一、证券监管概述

(一)证券监管的概念

证券监管,也称证券市场监管,是指为了维护证券市场秩序,保障其合法运行而由证券监督管理机构对证券市场参与者及其行为进行的监督与管理。

(二)证券监管的目标和原则

1. 证券监管的目标

证券市场监管的首要目标是保护投资者合法权益。其次是通过证券监管,监督证券机构依法经营,保障合法的证券交易活动,防止人为操纵、欺诈等不法行为,防范市场风险,维持证券市场的正常秩序。国际证监会公布了证券监管的三个目标:一是保护投资者;二是保证证券市场的公平、效率和透明;三是降低系统性风险。

2. 证券监管的原则

证券监管的原则就是指证券监督管理活动中需要遵守的准则。《证券法》中规定的证券监管的基本原则:公开、公平、公正原则、保护投资者合法权益原则、分业经营与分业管理原则以及政府监管为主、自律监管为辅的原则。

二、证券监管机构

(一)国务院证券监管机构

国务院证券监管机构,是依法对中国证券市场实行统一监管的机构。我国《证券法》第168条规定:"国务院证券监督管理机构依法对证券市场实行监督管理,维护证券市场公开、公平、公正,防范系统性风险,维护投资者合法权益,促进证券市场健康发展。"1992年,国务院设立国务院证券委员会和中国证券监督管理委员会。1998年国务院办公厅发布《中国证券监督管理委员会职能配置、内设机构和人员编制规定》,规定中国证券监督管理委员会为国务院直属事业单位,是全国证券、期货市场的主管部门。原国务院证券委员会的职能和中国人民银行履行的证券业监管职能划归中国证监会。

(二)国务院证券监督管理机构对证券市场实施监督管理的职责

(1)依法制定有关证券市场监督管理的规章、规则,并依法进行审批、核准、注册,办理备案。

(2)依法对证券的发行、上市、交易、登记、存管、结算等行为,进行监督管理。

(3)依法对证券发行人、证券公司、证券服务机构、证券交易场所、证券登记结算机构的证券业务活动,进行监督管理。

(4)依法制定从事证券业务人员的行为准则,并监督实施。

(5)依法监督检查证券发行、上市、交易的信息披露。

(6)依法对证券业协会的自律管理活动进行指导和监督。

(7)依法监测并防范、处置证券市场风险。

(8)依法开展投资者教育。

(9)依法对证券违法行为进行查处。

(10)法律、行政法规规定的其他职责。

(三)国务院证券监督管理机构有权采取的措施

《证券法》第170条规定,国务院证券监督管理机构依法履行职责,有权采取下列措施:

(1)对证券发行人、证券公司、证券服务机构、证券交易场所、证券登记结算机构进行现场检查。

（2）进入涉嫌违法行为发生场所调查取证。

（3）询问当事人和与被调查事件有关的单位和个人，要求其对与被调查事件有关的事项作出说明；或者要求其按照指定的方式报送与被调查事件有关的文件和资料。

（4）查阅、复制与被调查事件有关的财产权登记、通讯记录等文件和资料。

（5）查阅、复制当事人和与被调查事件有关的单位和个人的证券交易记录、登记过户记录、财务会计资料及其他相关文件和资料；对可能被转移、隐匿或者毁损的文件和资料，可以予以封存、扣押。

（6）查询当事人和与被调查事件有关的单位和个人的资金账户、证券账户、银行账户以及其他具有支付、托管、结算等功能的账户信息，可以对有关文件和资料进行复制；对有证据证明已经或者可能转移或者隐匿违法资金、证券等涉案财产或者隐匿、伪造、毁损重要证据的，经国务院证券监督管理机构主要负责人或者其授权的其他负责人批准，可以冻结或者查封，期限为 6 个月；因特殊原因需要延长的，每次延长期限不得超过 3 个月，冻结、查封期限最长不得超过 2 年。

（7）在调查操纵证券市场、内幕交易等重大证券违法行为时，经国务院证券监督管理机构主要负责人或者其授权的其他负责人批准，可以限制被调查的当事人的证券买卖，但限制的期限不得超过 3 个月；案情复杂的，可以延长 3 个月。

（8）通知出境入境管理机关依法阻止涉嫌违法人员、涉嫌违法单位的主管人员和其他直接责任人员出境。

为防范证券市场风险，维护市场秩序，国务院证券监督管理机构可以采取责令改正、监管谈话、出具警示函等措施。

（四）中国证监会对证券市场实施监督管理的职责

依据中国证券监督管理委员会职能配置、内设机构和人员编制规定，中国证监会在对证券市场实施监督管理中履行下列职责：

（1）研究和拟订证券期货市场的方针政策、发展规划；起草证券期货市场的有关法律、法规，提出制定和修改的建议；制定有关证券期货市场监管的规章、规则和办法。

（2）垂直领导全国证券期货监管机构，对证券期货市场实行集中统一监管；管理有关证券公司的领导班子和领导成员。

（3）监管股票、可转换债券、证券公司债券和国务院确定由证监会负责的债券及其他证券的发行、上市、交易、托管和结算；监管证券投资基金活动；批准企业债券的上市；监管上市国债和企业债券的交易活动。

（4）监管上市公司及其按法律法规必须履行有关义务的股东的证券市场行为。

（5）监管境内期货合约的上市、交易和结算；按规定监管境内机构从事境外期货业务。

（6）管理证券期货交易所；按规定管理证券期货交易所的高级管理人员；归口管理证

券业、期货业协会。

(7)监管证券期货经营机构、证券投资基金管理公司、证券登记结算公司、期货结算机构、证券期货投资咨询机构、证券资信评级机构;审批基金托管机构的资格并监管其基金托管业务;制定有关机构高级管理人员任职资格的管理办法并组织实施;指导中国证券业、期货业协会开展证券期货从业人员资格管理工作。

(8)监管境内企业直接或间接到境外发行股票、上市以及在境外上市的公司到境外发行可转换债券;监管境内证券、期货经营机构到境外设立证券、期货机构;监管境外机构到境内设立证券、期货机构、从事证券、期货业务。

(9)监管证券期货信息传播活动,负责证券期货市场的统计与信息资源管理。

(10)会同有关部门审批会计师事务所、资产评估机构及其成员从事证券期货中介业务的资格,并监管律师事务所、律师及有资格的会计师事务所、资产评估机构及其成员从事证券期货相关业务的活动。

(11)依法对证券期货违法违规行为进行调查、处罚。

(12)归口管理证券期货行业的对外交往和国际合作事务。

(13)承办国务院交办的其他事项。

(五) 自律性管理机构

1. 证券交易所

依照我国《证券法》的规定,证券交易所、国务院批准的其他全国性证券交易场所为证券集中交易提供场所和设施,组织和监督证券交易,实行自律管理,依法登记,取得法人资格。证券交易所、国务院批准的其他全国性证券交易场所的设立、变更和解散由国务院决定。

证券交易所履行自律管理职能,应当遵守社会公共利益优先原则,维护市场的公平、有序、透明。

证券交易所应当为组织公平的集中交易提供保障,实时公布证券交易即时行情,并按交易日制作证券市场行情表,予以公布。证券交易即时行情的权益由证券交易所依法享有。未经证券交易所许可,任何单位和个人不得发布证券交易即时行情。

证券交易所可以按照业务规则的规定,决定上市交易股票的停牌或者复牌。

因不可抗力、意外事件、重大技术故障、重大人为差错等突发性事件而影响证券交易正常进行时,为维护证券交易正常秩序和市场公平,证券交易所可以按照业务规则采取技术性停牌、临时停市等处置措施,并应当及时向国务院证券监督管理机构报告。

证券交易所对证券交易实行实时监控,并按照国务院证券监督管理机构的要求,对异常的交易情况提出报告。

证券交易所根据需要,可以按照业务规则对出现重大异常交易情况的证券账户的投资者限制交易,并及时报告国务院证券监督管理机构。

证券交易所应当加强对证券交易的风险监测,出现重大异常波动的,证券交易所可以按照业务规则采取限制交易、强制停牌等处置措施,并向国务院证券监督管理机构报告;严重影响证券市场稳定的,证券交易所可以按照业务规则采取临时停市等处置措施并公告。

证券交易所依照法律、行政法规和国务院证券监督管理机构的规定,制定上市规则、交易规则、会员管理规则和其他有关业务规则,并报国务院证券监督管理机构批准。

2. 证券业协会

(1)证券业协会的概念

证券业协会,是依法成立的证券业自律组织,属非营利性社会团体法人。《证券法》第164条规定:"证券业协会是证券业的自律性组织,是社会团体法人。证券公司应当加入证券业协会。"

(2)证券业协会的内部组织机构

《证券法》第164条规定,证券业协会的权力机构为全体会员组成的会员大会。第165条规定,证券业协会章程由会员大会制定,并报国务院证券监督管理机构备案。

证券业协会履行下列职责:①教育和组织会员及其从业人员遵守证券法律、行政法规,组织开展证券行业诚信建设,督促证券行业履行社会责任;②依法维护会员的合法权益,向证券监督管理机构反映会员的建议和要求;③督促会员开展投资者教育和保护活动,维护投资者合法权益;④制定和实施证券行业自律规则,监督、检查会员及其从业人员行为,对违反法律、行政法规、自律规则或者协会章程的,按照规定给予纪律处分或者实施其他自律管理措施;⑤制定证券行业业务规范,组织从业人员的业务培训;⑥组织会员就证券行业的发展、运作及有关内容进行研究,收集整理、发布证券相关信息,提供会员服务,组织行业交流,引导行业创新发展;⑦对会员之间、会员与客户之间发生的证券业务纠纷进行调解;⑧证券业协会章程规定的其他职责。

三、证券监管内容

(一) 对证券发行及上市的监管

(1)证券发行核准制

我国对证券发行实行的是核准制,发行人申请发行证券,须符合《公司法》和《证券法》所规定的条件,公开披露与发行证券有关的信息,而且发行人须将发行申请报请证券监管部门进行审核。

(2)信息披露制度

证券交易信息披露制度是证券发行人及《证券法》规定的负有信息披露义务的主体,依照法定方式和要求,将与证券交易有关的可能影响证券投资者投资判断的信息予以公开的证券法律制度。

证券信息披露制度的目的是通过充分公开、公正的制度来防止信息滥用,有利于监督经营管理,保护公众投资者,使其免受欺诈和不法操纵行为的损害。该制度主要包括:证券发行与上市的信息公开制度、持续信息公开制度、信息披露的虚假或重大遗漏的法律责任等。证券交易信息披露的内容如下:

①中期报告。上市公司和公司债券上市交易的公司,应当在每一会计年度的上半年结束之日起 2 个月内,向国务院证券监督管理机构和证券交易所报送中期报告,并予公告。

②年度报告。上市公司和公司债券上市交易的公司,应当在每一会计年度结束之日起 4 个月内,向国务院证券监督管理机构和证券交易所报送年度报告,并予公告。

③临时报告。发生可能对上市公司股票交易价格产生较大影响的重大事件,投资者尚未得知时,上市公司应当立即将有关该重大事件的情况向国务院证券监督管理机构和证券交易所报送临时报告,并予公告,说明事件的起因、目前的状态和可能产生的法律后果。

(3)证券发行上市保荐制度

企业首次公开发行和上市公司再次公开发行证券都需要保荐机构和保荐代表人保荐。对保荐人和保荐代表人的违法违规行为,除进行行政处罚和依法追究法律责任外,证券监管机构还将引进持续信用监管和"冷淡对待"的监管措施。

(二) 对证券交易市场的监管

(1)证券交易所的信息公开制度

证券交易所应当为组织公平的集中交易提供保障,实时公布证券交易即时行情,并按交易日制作证券市场行情表,予以公布。未经证券交易所许可,任何单位和个人不得发布证券交易即时行情。证券交易所对证券交易实行实时监控,并按照国务院证券监督管理机构的要求,对异常的交易情况提出报告。证券交易所应当对上市公司及相关信息披露义务人披露信息进行监督,督促其依法及时、准确地披露信息。证券交易所根据需要,可以对出现重大异常交易情况的证券账户限制交易,并报国务院证券监督管理机构备案。

(2)对操纵市场行为的监管

操纵市场是指某一组织或个人以获取利益或者减少损失为目的,利用其资金、信息等优势,或者滥用职权,影响证券市场价格,制造证券市场假象,诱导或者致使投资者在不了解事实真相的情况下作出证券投资决定,扰乱证券市场秩序的行为。

《证券法》规定,禁止任何人以下列手段操纵证券市场,影响或者意图影响证券交易价格或者证券交易量:①单独或者通过合谋,集中资金优势、持股优势或者利用信息优势联合或者连续买卖;②与他人串通,以事先约定的时间、价格和方式相互进行证券交易;③在自己实际控制的账户之间进行证券交易;④不以成交为目的,频繁或者大量申报并撤销申报;⑤利用虚假或者不确定的重大信息,诱导投资者进行证券交易;⑥对证券、发行人公开作出评价、预测或者投资建议,并进行反向证券交易;⑦利用在其他相关市场的活动操纵证券市场;⑧操纵证券市场的其他手段。

操纵证券市场行为给投资者造成损失的,应当依法承担赔偿责任。

(3)对欺诈客户行为的监管

欺诈客户是指以获取非法利益为目的,违反证券管理法律法规,在证券发行、交易及相关活动中从事欺诈客户、虚假陈述等行为。《证券法》规定,禁止任何单位和个人编造、传播虚假信息或者误导性信息,扰乱证券市场。

禁止证券交易场所、证券公司、证券登记结算机构、证券服务机构及其从业人员,证券业协会、证券监督管理机构及其工作人员,在证券交易活动中作出虚假陈述或者信息误导。

各种传播媒介传播证券市场信息必须真实、客观,禁止误导。传播媒介及其从事证券市场信息报道的工作人员不得从事与其工作职责发生利益冲突的证券买卖。

编造、传播虚假信息或者误导性信息,扰乱证券市场,给投资者造成损失的,应当依法承担赔偿责任。

(4)对内幕交易行为的监管

禁止证券交易内幕信息的知情人和非法获取内幕信息的人利用内幕信息从事证券交易活动。内幕交易,又称知内情者交易,是指公司董事、监事、经理、职员、主要股东、证券市场内部人员或市场管理人员,以获取利益或减少经济损失为目的,利用地位、职务等便利,获取发行人未公开的、可以影响证券价格的重要信息,进行有价证券交易,或泄露该信息的行为。

证券交易内幕信息的知情人和非法获取内幕信息的人,在内幕信息公开前,不得买卖该公司的证券,或者泄露该信息,或者建议他人买卖该证券。内幕交易行为给投资者造成损失的,应当依法承担赔偿责任。

【案例5-2】

杨某是漳泽电力的独立董事。2011年3月30日,山西省政府同意漳泽电力与大同煤矿集团有限责任公司(以下简称同煤集团)就煤电联营事宜进行会商,以有效解决漳泽电力火电煤炭成本过高的经营困难。杨某作为漳泽电力独立董事,参与了同煤集团与漳泽电力资产重组的论证过程,为法定的内幕信息知情人。

2011年4月15日,杨某指使李某在上海某营业部开立证券账户,4月19日、4月28日,杨某借用李某账户共计买入"漳泽电力"股票268.25万股,买入金额约1500万元,在知悉证监会开始调查后,杨某在漳泽电力股票复牌前夜即2011年10月28日0:01以跌停板价格倾仓申报卖出所有股票,当天开盘后4分钟内全部成交,亏损82.8万元,意图减轻法律制裁。

【评析】

杨某的行为构成《证券法》第53条所述的"内幕交易"行为,同时涉嫌构成《刑法》第180条"证券、期货交易内幕信息的知情人员或者非法获取证券、期货交易内幕信息的人员,在涉及证券的发行,证券、期货交易或者其他对证券、期货交易价格有重大影响的信息尚未公开前,买入或者卖出该证券⋯⋯"规定的情形。

根据《刑法》第180条、最高人民检察院、公安部《关于公安机关管辖的刑事案件立案追诉标准的规定(二)》第35条以及《行政执法机关移送涉嫌犯罪案件的规定》的有关规定,证监会将杨某涉嫌内幕交易犯罪的情况移送公安机关查处。

资料来源:http://kuaixun.stcn.com

(5)其他禁止行为

其他禁止行为是操纵市场、欺诈投资者、内幕交易以外可能影响证券市场正常秩序或者损害投资者利益的行为,包括挪用公款买卖证券、法人非法利用他人账户从事证券交易、出借自己或者他人证券账户以及资金违规入市等。

(三)对上市公司的监管

对上市公司的监管主要体现为信息披露制度的规定。上市公司要依照真实、准确、完整、及时原则进行信息披露。公开发行股票并上市的发行人应当依法编制招股说明书和上市公告书。上市公司应当依法编制并披露定期报告和临时报告。定期报告包括年度报告、中期报告等。

(四)对证券经营机构的监管

(1)对证券经营机构准入的监管。设立证券公司必须经国务院证券监督管理机构审查批准,任何单位和个人未经国务院证券监督管理机构的审查批准,均不得经营证券业务。

(2)对证券从业人员的监管。证券从业人员需要具备证券从业资格,监管部门对证券公司董事、监事和高级管理人员的任职资格实行核准制,对从事保荐业务的保荐代表人实行注册制,对一般从业人员,授权中国证券业协会管理。

(3)对证券公司业务的核准。我国《证券法》规定了按照业务类型对证券公司进行管理,对证券公司从事的创新业务,监管部门依据审慎监管的原则予以核准。

(4)对证券公司的日常监管。除现场检查外,监管部门对证券公司的监管以净资本为核心,加强对证券公司流动性的监管;通过加强年报审计及披露的管理,增强外部的约束。

第五节　证券法律责任

一、证券法律责任概述

(一)证券法律责任的概念

证券法律责任,是指证券法主体在证券发行和交易过程中因违反证券法的规定所应承担的法律后果。

（二）证券法律责任的种类

1. 证券民事责任

证券民事责任，是指证券法主体违反《证券法》规定而应当承担的民事法律后果。证券民事责任按性质不同可以分为侵权责任和违约责任及缔约过失责任等。承担证券民事责任的方式主要有赔偿损失、停止侵害、恢复原状、支付违约金等。

2. 证券行政责任

证券行政责任，是指行为人实施《证券法》禁止的行为而应当承担的行政法律后果。

承担证券行政责任的方式主要有行政处罚和行政处分两种。行政处罚，是由对证券市场负有监管职责的行政机关对违反《证券法》规定的单位和个人给与的制裁措施。行政处分，是行政机关对内部工作人员或者行政监察机关对国家工作人员违法行为的处罚形式。

💬 【案例 5－3】

唐某某未按规定超比例持股信息案

根据深圳证券交易所监控发现的线索，2011 年 9 月，证监会对"唐某某"等 9 个关联账户集中交易广州海鸥卫浴用品股份有限公司（以下简称海鸥卫浴）股票，合计持股比例超过 5％未按规定披露的行为立案调查。经查，唐某某通过其控制的"唐某某""袁某某""蒙某某""杜某""杜某某""陈某""袁某""黄某某""王某某"等 9 个账户于 2010 年 4 月至5 月间连续交易了海鸥卫浴股票，并于 2010 年 4 月 14 日、4 月 15 日，持股比例分别达到6.58％、5.07％，此后未按规定在该事实发生之日起 3 日内向国务院证券监督管理机构、证券交易所作出书面报告，也未通知上市公司，同时继续买卖该股票。证监会决定，对唐某某给予警告，并处以 30 万元罚款。

【评析】

证监会认定唐某某的行为违反了《证券法》第 86 条第 1 款"通过证券交易所的证券交易，投资者持有或者通过协议、其他安排与他人共同持有一个上市公司已发行的股份达到 5％时，应当在该事实发生之日起 3 日内，向国务院证券监督管理机构、证券交易所作出书面报告，通知该上市公司，并予公告；在上述期限内，不得再行买卖该上市公司的股票"的规定。按照《证券法》第 193 条"发行人、上市公司或者其他信息披露义务人未按照规定披露信息，或者所披露的信息有虚假记载、误导性陈述或者重大遗漏的，责令改正，给予警告，并处以 30 万元以上 60 万元以下的罚款。对直接负责的主管人员和其他直接责任人员给予警告，并处以 3 万元以上 30 万元以下的罚款"的规定。证监会决定，对唐某某给予警告，并处以 30 万元罚款。

3. 证券刑事责任

证券刑事责任,是指证券法主体实施了《证券法》《公司法》和《刑法》禁止的行为,构成证券犯罪而应当承担的刑事法律后果。承担证券刑事责任的方式有管制、拘役、有期徒刑、无期徒刑和死刑等。

二、证券法律责任的具体规定

(一)违法发行证券的法律责任

1. 擅自公开发行证券的法律责任

《证券法》第 180 条规定:擅自公开或者变相公开发行证券的,责令停止发行,退还所募资金并加算银行同期存款利息,处以非法所募资金金额 5%以上 50%以下的罚款;对擅自公开或者变相公开发行证券设立的公司,由依法履行监督管理职责的机构或者部门会同县级以上地方人民政府予以取缔。对直接负责的主管人员和其他直接责任人员给予警告,并处以 50 万元以上 500 万元以下的罚款。

2. 骗取证券发行核准的法律责任

《证券法》第 181 条规定:发行人在其公告的证券发行文件中隐瞒重要事实或者编造重大虚假内容,尚未发行证券的,处以 200 万元以上 2000 万元以下的罚款;已经发行证券的,处以非法所募资金金额 10%以上 1 倍以下的罚款。对直接负责的主管人员和其他直接责任人员,处以 100 万元以上 1000 万元以下的罚款。

3. 证券公司违反承销业务的法律责任

证券公司承销或者销售擅自公开发行或者变相公开发行的证券的,责令停止承销或者销售,没收违法所得,并处以违法所得 1 倍以上 10 倍以下的罚款;没有违法所得或者违法所得不足 100 万元的,处以 100 万元以上 1000 万元以下的罚款;情节严重的,并处暂停或者撤销相关业务许可。给投资者造成损失的,应当与发行人承担连带赔偿责任。对直接负责的主管人员和其他直接责任人员给予警告,并处以 50 万元以上 500 万元以下的罚款。证券公司承销证券违反《证券法》第 29 条规定的,责令改正,给予警告,没收违法所得,可以并处罚款;情节严重的,暂停或者撤销相关业务许可。直接负责的主管人员和其他直接责任人员也应承担相应的法律责任。

4. 其他法律责任

保荐人出具有虚假记载、误导性陈述或者重大遗漏的保荐书,或者不履行其他法定职责的,责令改正,给予警告,没收业务收入,并处以业务收入 1 倍以上 10 倍以下的罚款;情节严重的,并处暂停或者撤销相关业务许可。

(二)违法进行证券交易的法律责任

1. 证券欺诈的法律责任

编造、传播虚假信息或者误导性信息,扰乱证券市场的,没收违法所得,并处以违法所得 1 倍以上 10 倍以下的罚款;没有违法所得或者违法所得不足 20 万元的,处以 20 万元以上 200 万元以下的罚款。

2. 违反内幕交易规则的法律责任

证券交易内幕信息的知情人或者非法获取内幕信息的人违反《证券法》第 53 条的规定从事内幕交易的,责令依法处理非法持有的证券,没收违法所得,并处以违法所得 1 倍以上 10 倍以下的罚款;没有违法所得或者违法所得不足 50 万元的,处以 50 万元以上 500 万元以下的罚款。单位从事内幕交易的,还应当对直接负责的主管人员和其他直接责任人员给予警告,并处以 20 万元以上 200 万元以下的罚款。国务院证券监督管理机构工作人员从事内幕交易的,从重处罚。

3. 操纵证券市场的法律责任

操纵证券市场的,责令依法处理其非法持有的证券,没收违法所得,并处以违法所得 1 倍以上 10 倍以下的罚款;没有违法所得或者违法所得不足 100 万元的,处以 100 万元以上 1000 万元以下的罚款。单位操纵证券市场的,还应当对直接负责的主管人员和其他直接责任人员给予警告,并处以 50 万元以上 500 万元以下的罚款。

4. 其他法律责任

违反法律规定,在限制转让期限内买卖证券的,责令改正,给予警告,并处以罚款。对直接负责的主管人员和其他直接责任人员给予警告,并处以罚款。

扰乱证券市场的,由证券监督管理机构责令改正,没收违法所得,并处以罚款;没有违法所得的,处以罚款。

(三) 有关证券机构及其人员的法律责任

1. 证券公司及从业人员的法律责任

证券公司是证券市场的重要主体,《证券法》对证券公司及其人员的法律责任有多项规定。证券公司及其从业人员的违法行为主要有:假借他人名义或者以个人名义从事证券自营业务的;违背客户的委托买卖证券、办理交易事项;挪用客户的资金或者证券,或者未经客户的委托,擅自为客户买卖证券的;证券公司及其从业人员违反《证券法》规定,私下接受客户委托买卖证券的;未经批准经营非上市证券的交易的超出业务许可范围经营证券业务的;等等。

证券公司及其人员承担法律责任的主要方式有:责令改正,没收违法所得;罚款;情节严重的,责令关闭或者撤销相关业务许可;对直接责任的主管人员和其他直接责任人员给予警告,撤销任职资格或者证券从业资格,并处罚款;造成损失的依法承担民事赔偿法律责任。

2. 证券服务机构违法行为的法律责任

会计师事务所律师事务所以及从事资产评估、资信评级、财务顾问、信息技术系统服务的机构未经批准,擅自从事证券服务业务的,责令改正,没收违法所得,可以处 20 万元以下的罚款。

证券登记结算机构、证券服务机构违反《证券法》规定或者依法制定的业务规则的，由证券监督管理机构责令改正，没收违法所得，并处以罚款；没有违法所得的，处以罚款；情节严重的，责令关闭或者撤销证券服务业务许可。

证券服务机构未勤勉尽责，所制作、出具的文件有虚假记载、误导性陈述或者重大遗漏的，责令改正，没收业务收入，并处以业务收入 1 倍以上 10 倍以下的罚款，没有业务收入或者业务收入不足 50 万元的，处以 50 万元以上 500 万元以下的罚款；情节严重的，并处以暂停或者禁止从事证券服务业务。对直接负责的主管人员和其他直接责任人员给予警告，并处以 20 万元以上 200 万元以下的罚款。

3. 其他法律责任

证券监督管理机构的工作人员和发行审核委员会的组成人员，不履行法律规定的职责，滥用职权、玩忽职守，利用职务便利牟取不正当利益，或者泄露所知悉的有关单位和个人的商业秘密的，依法追究法律责任。

违反法律、行政法规或者国务院证券监督管理机构的有关规定，情节严重的，国务院证券监督管理机构可以对有关责任人员采取证券市场禁入的措施。

【思考题】

1. 什么是证券？其法律特征有哪些？
2. 证券法的基本原则有哪些？
3. 什么是证券发行承销？承销方式有几种？
4. 证券交易的规则有哪些？
5. 证券市场的参与者有哪些？
6. 证券监管机构有哪些？

第六章 票 据 法

【学习要点及目标】

1.掌握票据关系、票据行为、票据权利、票据抗辩、票据的伪造与变造。

2.掌握汇票的出票、背书、承兑、保证、付款及汇票的追索权。

3.掌握本票的出票和见票付款。

4.掌握支票的出票和付款。

5.熟悉汇票的概念、本票的概念、支票的概念。

第一节 票据法概述

一、票据和票据法

（一）票据概述

1.票据的概念

票据是按照一定形式制成、写明付出一定货币金额义务的证件,是出纳或运送货物的凭证。广义的票据,泛指各种有价证券,如债券、股票、提单,等等。狭义的票据,仅指以支付金钱为目的的有价证券,即出票人根据《票据法》签发的,由自己无条件支付确定金额或委托他人无条件支付确定金额给收款人或持票人的有价证券。我国《票据法》规定的票据,是狭义的票据,包括汇票、本票和支票,不包括信用证。[1]

2.票据的特征

票据是有价证券的一种,具有有价证券的一般特征,但它又是有别于其他有价证券的一类独立的有价证券。与其他有价证券相比,票据主要有以下特征:

(1)票据是完全有价证券。票据权利的产生、行使及处分都以票据的存在为条件,即票据权利不能离开票据而存在,如果票据丧失,持票人一般难以行使票据权利。

(2)票据是设权证券。所谓设权证券是指票据权利的发生必须首先做成证券。票据做成前,票据权利不存在,没有票据,就没有票据上的权利。票据不证明已存在的权利,

---

[1] 有关票据法上的票据,各国立法不同,如德国、法国、瑞士等国家称的票据仅指汇票和本票,不包括支票;英国立法没有"票据"概念,而是以《汇票法》的形式在规定汇票同时,也规定本票和支票;美国是把汇票、本票和支票以及存款单统称为"商业证券"。

而是创设票据权利。

（3）票据是金钱证券。票据是以一定金额的金钱给付为目的而创设的证券，以非金钱的其他财物为给付标的证券不属于票据。

（4）票据是债权证券。票据关系实质是一种债权债务关系，票据持票人可以就票据上所记载金额向特定票据债务人行使请求权。

（5）票据是文义证券。票据上的权利义务必须依票据上所记载的文义而定，不得以文义之外的任何事项主张票据权利。

（6）票据是要式证券。制作票据必须严格依照《票据法》所规定的形式要件，如不符合法律规定的款式，例如没有签章，票据就不产生票据法上的效力。

（7）票据是无因证券。票据权利人主张其权利，以提示票据为必要，而不必证明其取得票据的原因，票据关系一般不受原因关系的影响。

（8）票据是流通证券。票据上的权利可依背书或交付的方式自由流通转让，不须经债务人同意。

（9）票据是提示证券。票据权利人向票据债务人行使权利时必须提示票据，否则，债务人有权拒绝履行其义务。

（10）票据是返还证券。票据权利人的债权满足后，必须将票据交还给债务人，当事人之间的票据关系才告消灭。

3. 票据的功能

（1）汇兑功能

汇兑是票据最初的功能，作为异地输送现金和兑换货币的工具，票据可以解决现金支付在空间上的障碍。随着商品经济的发展和市场范围的扩大，在异地贸易中携带现金不方便、不安全，不同种类货币之间的兑换困难，因此产生了如下的汇兑业务：商品交易当事人通过货币经营者（现为银行）的汇款业务和货币兑换业务，在本地将现金交付货币经营者，取得票据作为汇款和货币兑付凭证，并凭该票据在异地向货币经营者兑换现金，从而克服了现金支付的空间困难。

（2）支付功能

票据最基本的功能是作为支付手段代替现金的使用。票据代替现金作为支付工具，具有便携、快捷、安全等优点。由于票据有汇兑功能，可异地兑换现金，是一种金钱给付的债权凭证，因而它逐渐发展为具有支付功能。在现代经济中，票据支付在货币支付中占有越来越大的比重。

（3）结算功能

票据结算功能是指票据作为货币支付的手段，可以在同城或异地的经济往来中抵销不同当事人之间相互的收款、欠款或相互的支付关系。票据结算方式比使用现金更便捷、安全、经济，成为现代经济中银行结算的主要方式。

（4）信用功能

票据可作为信用工具在商业和金融中发挥融资等作用。在商品交易中，票据可作为预付货款或延期付款的工具发挥商业信用功能；在金融活动中，企业可以通过将尚未到期的票据向银行进行贴现，取得货币资金，以解决企业的资金周转困难。

票据的以上功能，使票据制度成为现代市场经济的一项基本制度。商业信用、银行信用的票据化和结算手段的票据化，是市场经济高度发展的重要标志之一。

（二）票据法概述

1. 票据法的概念

票据法是指调整涉及票据关系的各种法律规范，包括专门的票据法律法规，以及其他法律法规中有关票据的规范。一般意义上的票据法是指狭义的票据法，即专门的票据法规范，它是规定票据的种类、形式和内容，明确票据当事人之间的权利义务，调整因票据而发生的各种社会关系的法律规范。

2. 我国的票据立法

我国现行的票据法律制度主要包括：1995 年 5 月 10 日第八届全国人民代表大会常务委员会第十三次会议通过，1996 年 1 月 1 日起施行，2004 年 8 月 28 日第十届全国人民代表大会常务委员会第十一次会议修订，自修订之日起施行的《中华人民共和国票据法》（以下简称《票据法》）；1997 年 6 月 23 日经国务院批准、中国人民银行于 1997 年 8 月 21 日发布的《票据管理实施办法》；1997 年 9 月 19 日中国人民银行发布的《支付结算办法》；2000 年 2 月 24 日最高人民法院通过的《关于审理票据纠纷案件若干问题的规定》等。

二、票据上的法律关系和票据基础关系

（一）票据上的法律关系

票据上的法律关系，是指因票据的签发而发生的当事人之间的法律关系以及因与票据行为有关的行为而产生的票据当事人之间的法律关系。票据上的法律关系可分为：票据关系和票据法上的非票据关系。

1. 票据关系

票据关系是票据法律关系的简称，是指票据当事人在票据的签发和流通转让等过程中根据相应的票据法律规范所形成的权利、义务关系。票据的持有人（持票人）享有票据权利，对于在票据上签名的票据债务人可以主张行使《票据法》规定的相关权利。票据上签名的票据债务人负担票据责任（即票据义务），依自己在票据上的签名按照票据上记载的文义承担相应的义务。

🏳【知识链接】

票据关系当事人

票据关系当事人一般包括出票人、收款人、付款人、持票人、承兑人、背书人、被背书人、保证人等。

出票人,也称发票人,是指依法定方式做成票据并在票据上签名盖章,并将票据交付给收款人的人。

收款人,是指票据到期并经提示后收取票款的人(收款人有时又是持票人)。

付款人,是指根据出票人的命令支付票款的人。

持票人,是指持有票据的人。

承兑人,是指接受汇票出票人的付款委托,同意承担支付票款义务的人。

背书人,是指在转让票据时,在票据背面签字或盖章,并将该票据交付给受让人的票据收款人或持有人。

被背书人,是指被记名受让票据或接受票据转让的人。

保证人,是指为票据债务提供担保的人。

基于不同的票据行为,当事人间票据关系不同。如因出票行为而产生出票人与收款人间的关系、收款人与付款人间的关系;因汇票的承兑行为而产生持票人与承兑人间的关系;因背书行为而产生背书人与被背书人间的关系;因保证行为而产生保证人与持票人间的关系以及保证人与被保证人及其前手的关系等。其中,出票人、持票人、付款人三者之间的关系是票据的基本关系。

2. 票据法上的非票据关系

票据法上的非票据关系,是指票据当事人之间由票据法直接规定的,不基于票据行为而发生的与票据有关的法律关系。如票据上正当权利人对法律规定不得享有票据权利的人行使票据返还请求权而发生的关系,因时效届满或手续欠缺而丧失票据上权利的持票人对出票人或承兑人行使利益偿还请求权而发生的关系,票据付款人付款后请求持票人交还票据而发生的关系等。

(二) 票据基础关系

票据基础关系,是指作为产生票据关系的事实和前提存在于票据关系之外而由民法规定的非基于票据行为产生的法律关系。票据的基础关系是票据的实质关系,但与票据关系相分离。票据基础关系主要有三种:票据原因关系、票据资金关系和票据预约关系。

1. 票据原因关系

票据原因关系是指票据当事人之间因授受票据的原因而产生的关系,如出票人与收款人之间签发和接受票据的理由等。原因关系只存在于授受票据的直接当事人之间,票据一经转让,其原因关系对票据效力的影响力即被切断。

2. 票据资金关系

票据资金关系是指存在于汇票的发票人和付款人之间、支票的发票人和付款银行之间的约定付款人为出票人付款的票据基础关系。票据资金关系不以金钱为限，债权、信用等也可以构成资金关系。

3. 票据预约关系

票据预约关系是指票据当事人在授受票据之前，就票据的种类、金额、到期日、付款地等事项达成协议而产生的法律关系，即当事人之间授受票据的合同所产生的法律关系。它是沟通票据原因和票据行为的桥梁。该合同仅为民事合同，当事人不履行票据预约合同所产生的权利义务仅构成民法上的债务不履行，不属于票据法规范的对象。

三、票据行为

(一) 票据行为的概念

票据行为是以票据权利义务的设立及变更为目的的法律行为。广义的票据行为是指票据权利义务的创设、转让和解除等行为，包括票据的签发、背书、承兑、保证、参加承兑付款、参加付款、追索等。狭义的票据行为专指以设立票据债务为目的的行为，包括票据签发、背书、承兑、保证、参加承兑等。《票据法》规定的是狭义票据行为，汇票包括出票、背书、承兑、保证，本票包括出票、背书、保证，支票包括出票和背书。

(1)出票是指出票人签发票据并将其交付给收款人的票据行为，是最基本的票据行为，其他票据行为必须在出票行为的基础上进行。

(2)背书是持票人将票据权利转让给他人或者将一定的票据权利授予他人行使的票据行为。持票人依背书连续证明自己的合法持票人身份。

(3)承兑是指汇票付款人承诺在汇票到期日支付汇票金额的票据行为。汇票上的付款人一经承兑，就必须承担无条件的绝对的付款责任。

(4)保证是指行为人对特定票据债务人的票据债务承担连带责任的票据行为。

《票据法》规定的票据行为还包括更改、涂消、禁止背书、付款、划线(仅限于支票)、见票(仅限于本票)等。

(二) 票据行为的特征

1. 要式性

票据行为采用严格的形式主义，当事人为票据行为必须采取书面形式、签章并符合一定的格式，不允许当事人自由变更和取舍，否则，据不能生效或者不产生票据法上的效力。

2. 文义性

票据行为的内容完全以票据上记载的文义为准，即使文字记载与实际情况不一致，仍以文字记载为准，不允许当事人以票据上文字记载以外的证据对文字记载作变更。

3. 抽象性

票据行为只要具备抽象的形式即可生效,而不问其实质如何。票据行为一旦成立,票据的原因有效与否,存在与否都不会影响票据行为的效力。

4. 独立性

同一票面上如有数个票据行为,每一票据行为各自独立发生效力,不因其他票据行为的无效而受影响。

(三)票据行为成立的要件

票据行为属于民事法律行为,必须符合一般民事法律行为成立的要件。同时,票据行为又是特殊的要式民事法律行为,必须具备《票据法》规定的特别要件。

1. 票据行为的实质要件

票据行为的实质要件,包括行为人的票据能力和意思表示。

(1)行为人必须具有从事票据行为的能力

票据能力是从事票据行为的能力,包括票据权利能力和票据行为能力。

票据权利能力,是指行为人可以享有票据上的权利和承担票据上的义务的资格。只要具备民事主体资格,自然人、法人和非法人组织,都具有票据权利能力。

票据行为能力,是指行为人可以通过自己的票据行为取得票据上的权利和承担票据上的义务的资格。《票据法》规定,无民事行为能力人或者限制民事行为能力人在票据上签章的,其签章无效。只有具备完全民事行为能力的自然人、法人和非法人组织才具有票据行为能力。

(2)票据行为人的意思表示必须合法、真实

票据的签发、取得和转让应当遵循诚实信用的原则,具有真实的交易关系和债权债务关系。票据的取得必须给付对价,即应当给付票据双方当事人认可的相对应的代价。以欺诈、偷盗或者胁迫等手段取得票据的,或者明知有前述情形,出于恶意取得票据的,不得享有票据权利。

2. 票据行为的形式要件

票据行为是一种要式行为。票据行为的形式要件包括书面、签章、记载事项和交付。

(1)票据行为必须采用书面形式

票据为文义证券,各种票据行为都必须以书面形式做成才能生效。票据当事人应当使用中国人民银行规定的统一格式的票据。

(2)票据签章

票据签章是票据的绝对必要记载事项。因票据行为不同,票据上的签章人也不相同。票据签发时,由出票人签章;票据转让时,由背书人签章;票据承兑时,由承兑人签章;票据保证时,由保证人签章;票据代理时,由代理人签章;持票人行使票据权利时,由持票人签章;等等。票据上的签章,为签名、盖章或者签名加盖章。

个人在票据上的签章,应为该个人的签名或者盖章;个人在票据上的签名应当为其本名,即符合法律、行政法规以及国家有关规定的身份证件上的姓名。法人和其他在票据上的签章,为该法人或者该单位的盖章加其法定代表人或者其授权的代理人的签章。

出票人在票据上的签章不符合规定的,票据无效;承兑人、保证人在票据上的签章不符合规定的,或者无民事行为能力人、限制民事行为能力人在票据上签章的,其签章无效,但不影响其他符合规定签章的效力;背书人在票据上的签章不符合规定的,其签章无效,但不影响其前手符合规定的签章的效力。

银行汇票、银行本票的出票人以及银行承兑汇票的承兑人在票据上未加盖规定的专用章而加盖该银行的公章,支票的出票人在票据上未加盖与该单位在银行预留签章一致的财务专用章而加盖该出票人公章的,签章人应当承担票据责任。

(3)票据记载事项

根据记载事项的效力,票据记载事项可以分为必要记载事项、任意记载事项、不得记载事项等。

必要记载事项,是指根据《票据法》的规定必须记载的事项。根据效力不同又可分为绝对必要记载事项和相对必要记载事项。绝对必要记载事项是指《票据法》明文规定必须记载,如无记载,票据即为无效的事项。相对必要记载事项,是指某些应该记载而未记载,适用法律的有关规定而不使票据失效的事项。如《票据法》规定行为人没有记载付款地,则付款人的营业场所、住所或者经常居住地视为付款地。

任意记载事项,是指《票据法》规定由当事人选择记载的事项,该事项一经记载,即发生票据法上的效力;行为人不作记载,对票据效力不发生影响。如出票人或背书人在汇票上记载"不得转让"。

不得记载事项,是指《票据法》禁止行为人在票据上记载的事项,包括记载无效的事项和使票据无效的事项。记载无效的事项是指行为人虽作记载,但票据法上视作未记载,只是此项记载本身无效,票据的效力并不因此受到影响。如支票上记载付款日期。使票据无效的事项是指行为人记载了此类事项,不仅记载本身无效,而且使整个票据无效。如在汇票上记载附条件支付委托的。

(4)票据交付

票据交付是指票据行为人将票据实际交付给对方持有。不同的票据行为,其接受交付的相对人也不一样。出票人须将票据交付给收款人,背书人须将票据交付给被背书人,承兑人及保证人须将票据交付给持票人等。

四、票据权利

(一) 票据权利概述

票据权利是指持票人向票据债务人请求支付票据金额的权利,包括付款请求权和追索权。付款请求权又称第一次请求权,是指持票人对票据主债务人(如汇票的承兑人、本票的发票人、支票的保付人等)行使请求其支付票据金额的权利。追索权,是指因持票人在第一次请求权没有或者无法实现的情况下,对票据的其他付款义务人(如汇票、支票的发票人,汇票、本票的保证人,票据的背书人等)行使请求偿还票款的权利。

⚑ 【知识链接】

票据权利与一般的金钱债权不同

《票据法》规定,票据权利为付款请求权和追索权。票据权利是以获得一定金钱为目的的债权,体现为二次请求权。第一次请求权是付款请求权,是票据上的主权利;第二次请求权为追索权是一种附条件的权利,即有赖于第一次请求权不能实现才得以行使的权利,通常情况下,持票人只有在首先向付款人行使付款请求权得不到付款时,才可以行使追索权。

债权是一种请求权,即为请求他人为一定行为或不为一定行为的权利。一般的金钱债权是一种简单的一次性的请求权。

(二) 票据权利的取得

1. 票据权利取得的情形

票据权利与票据同时存在。票据权利以持有票据为依据,行为人合法取得票据,即取得了票据权利。当事人取得票据的情形主要有:①出票取得。出票是创设票据权利的票据行为,从出票人处取得票据即取得票据权利。②转让取得。票据通过背书或交付等方式可以转让给他人,以此取得票据即获得票据权利。③通过税收、继承、赠与、企业合并等方式取得票据。

2. 票据权利取得的限制

票据的取得必须给付对价,即应当给付票据双方当事人认可的相对应的代价。无对价或无相当对价取得票据的,如果属于善意取得,仍然享有票据权利,但票据持有人必须承受其前手的权利瑕疵,即该票据权利不得优于其前手。如果前手的权利因违法或有瑕疵而受影响或丧失,该持票人的权利也因此而受影响或丧失。因税收、继承、赠与等依法无偿取得票据的不受给付对价的限制。但是,所享有的票据权利不得优于其前手的权利。因欺诈、偷盗、胁迫、恶意取得票据或因重大过失取得不符合法律规定的票据的,不得享有票据权利。

💬 【案例6-1】

甲、乙之间签订100万元的买卖合同,乙发货后,甲向乙签发一张100万元的支票,乙又将此支票无偿赠与丙,持票人丙能够享有票据权利吗?

【评析】

丙因接受赠与,合法地无偿取得票据,能享有票据权利,所以,丙能够享有票据权利。

但是,如果乙发给甲的货物存在严重的质量问题,则出票人甲就可以以对抗乙的理由来对抗持票人丙,因为持票人丙所享有的票据权利不得优于其前手乙。

(三) 票据丧失与权利补救

票据丧失是指持票人非出于本意而丧失对票据的占有。票据丧失分为绝对丧失与相对丧失。票据的绝对丧失又称票据灭失,指票据在物质形态上的丧失,如被火烧毁、被洗化或被撕成碎片等。票据相对丧失又称票据的遗失,是指票据在物质形态上没有发生变化,只是脱离了原持票人的占有,如持票人不慎丢失票据,或票据被人盗窃或抢夺。

《票据法》规定了票据丧失后的三种补救措施:

1. 挂失止付

挂失止付是失票人将丧失票据的情况通知付款人,并由接收通知的付款人暂停支付的一种方式。《票据法》规定,失票人可以及时通知票据的付款人挂失止付,但是,未记载付款人的票据或者无法确定付款人及其代理付款人的票据不能挂失止付。失票人在通知票据的付款人或者代理付款人挂失止付时,应当填写挂失止付通知书并签章。收到挂失止付通知的付款人,应当暂停支付。

🚩**【知识链接】**

挂失止付通知书应当记载的事项

①票据丧失的时间、地点、原因;②票据种类、号码、金额、出票日期、付款日期、付款人名称、收款人名称;③挂失止付人的姓名(名称)、营业场所或者住所及联系方法。

欠缺上述记载事项之一的,银行不予受理。

2. 公示催告

公示催告,是失票人在失票后向法院申请宣告票据无效,是票据权利与票据相分离的一种制度。《票据法》规定,失票人应当在通知挂失止付后 3 日内,也可以在票据丧失后,依法向人民法院申请公示催告。《民事诉讼法》规定,按照规定可以背书转让的票据持有人,因票据被盗、遗失或者灭失,可以向票据支付地的基层人民法院申请公示催告。

公示催告的申请人应是票据的最后持有人。申请人必须向票据支付地基层人民法院提出申请,应递交申请书,写明票面金额、出票人、持票人、背书等票据主要内容和申请的主要理由、事实。人民法院收到公示催告的申请后,应当立即审查,并决定是否受理。人民法院决定受理申请,应当同时通知支付人停止支付,至公示催告程序终结。受理法院应在 3 日内发出公告,公告期间不少于 60 日,催促利害关系人申报权利。利害关系人申报权利应向法院出示票据,所出示的票据与申请人的票据不一致的,法院裁定驳回利害关系人的申报;所出示的票据如果是申请人寻找的票据,法院应当裁定终结公示催告程序,由法院按普通程序以票据纠纷案件审理。

在申报权利期间没有人申报的,或者申报被驳回的,申请人应自申报权利期间届满的次日起1个月内向法院申请除权判决。逾期不申请判决的,终结公示催告程序。除权判决作出后,法院予以公告,并通知支付人,自判决公告之日起,申请人有权向支付人请示支付,即申请人有权依据判决向付款人请示付款。

公示催告期间转让票据的行为无效,受让人的权利不予保护。由此可见,公示催告是失票人必须采取的,而且是需要迅速采取的补救措施。

📌【知识链接】

票据丧失后的公示催告程序

(1)失票人向票据支付地的基层人民法院提出公示催告的申请。银行汇票以出票人所在地为支付地;商业汇票以承兑人或付款人所在地为支付地;银行本票以出票人所在地为支付地;支票以出票人开户银行所在地为支付地。

(2)人民法院决定受理申请后,应当同时向付款人及其代理付款人发出止付通知,并自立案之日起3日内发出公告。公示催告期间不得少于60日,涉外票据可根据情况适当延长,但最长不得超过90日。付款人接到停止付款通知后,应当停止支付,直至公示催告程序终结。如果付款人拒不止付,由此给失票人造成损失的,应承担相应的责任。公告是由人民法院在受理公示催告申请后,以公开文字形式向社会发出的旨在敦促利害关系人限期申报权利的一种告示。

(3)人民法院收到利害关系人的申报后,应当裁定终结公示催告程序。人民法院在收到利害关系人提出的票据权利主张后,应通知公示催告申请人在指定的期间查看票据。如果公示催告的票据与利害关系人出示的票据不一致,法院应裁定予以驳回利害关系人的申报。

(4)公示催告期间届满以及在判决作出前,没有利害关系人申报权利的,公示催告申请人应当自申报权利期间届满的次日起1个月内申请法院作出除权判决,判决丧失的票据无效。判决应当公告,并通知付款人。判决生效后,公示催告申请人有权依据该判决向付款人请求付款或向其他票据债务人行使追索权。

3. 提起诉讼

提起诉讼是指丧失票据的失票人向人民法院提起民事诉讼,要求法院判定付款人向其支付票据金额的活动。

📌【知识链接】

失票人向人民法院提起诉讼的主要内容及程序

(1)被告一般是付款人,但在找不到付款人或付款人不能付款时,也可将其他票据债务人(出票人、背书人、保证人等)作为被告。

(2)诉讼请求的内容是要求付款人或其他票据债务人在票据到期日或判决生效后支付或清偿票据金额。

（3）失票人在向法院起诉时，应提供所丧失票据的有关书面证明。

（4）失票人向法院起诉时，应当提供担保，以防由于付款人支付已丧失票据票款后可能出现的损失。担保的数额相当于票据载明的金额。

（5）在判决前，丧失的票据出现时，付款人应以该票据正处于诉讼阶段为由暂不付款，而将情况迅速通知失票人和人民法院。法院应终结诉讼程序。失票人与票据提示人对票据债权人没有争议的，应由真正的票据债权人持有票据并向付款人行使票据权利；如失票人与提示人对票据债权人有争议的，任何一方均可向法院起诉，由法院确认。

在法院判决生效后，丧失的票据出现时，付款人不为付款，应将情况通知失票人。如果失票人与提示人对票据权利没有争议的，由真正的票据权利人向付款人行使票据权利；如有争议，任何一方可向法院起诉，请求确认权利人。

（四）票据权利的消灭

1. 票据权利消灭的概念

票据权利的消灭是指因发生一定的法律事实而使票据权利不复存在。票据权利消灭之后，票据上的债权债务关系随之消灭。

2. 票据权利消灭的事由

（1）付款

付款人依法足额付款后，全体票据债务人的责任解除。

（2）票据时效期间届满

《票据法》规定，票据权利在下列期限内不行使而消灭：①持票人对票据的出票人和承兑人的权利，自票据到期日起 2 年。见票即付的汇票、本票，自出票日起 2 年。②持票人对支票出票人的权利，自出票日起 6 个月。③持票人对前手的追索权，在被拒绝承兑或者被拒绝付款之日起 6 个月。④持票人对前手的再追索权，自清偿日或者被提起诉讼之日起 3 个月。除此之外，票据权利可因民事债权的消灭事由如免除、抵销等事由的发生而消灭。

（3）追索义务人清偿票据债务及追索费用

根据我国《票据法》第 72 条的规定，被追索人因持票人行使追索权而进行相应金额的清偿后，其责任解除。这时，并不是所有的票据债务都归于消灭，而是依被追索人在票据关系中的地位不同有所不同。汇票的承兑人或其他票据的出票人履行完追索义务，票据权利完全消灭；被追索人为尚有前手的背书人或保证人的，在履行完追索义务后，还可以行使再追索权，这时的票据权利仍未彻底消灭，只是"相对消灭"。

【案例6-2】

持票人甲因超过票据权利时效或者因票据记载事项欠缺而丧失票据权利，仍享有民事权利，甲可以请求出票人或者承兑人返还其与未支付的票据金额相当的利益。这一表述是否正确？

【评析】

正确。票据权利丧失，不影响行使相关民事权利。

五、票据抗辩

（一）票据抗辩概述

票据抗辩，是指票据债务人依照《票据法》的规定，对票据债权人拒绝履行义务的行为。根据抗辩原因及抗辩效力的不同，票据抗辩可分为对物抗辩和对人抗辩。

1. 对物抗辩

对物抗辩是指基于票据本身的内容有瑕疵而进行的抗辩。例如债务人认为票据本身欠缺某些基本内容而应该无效或消灭，从而拒绝进行付款，这种抗辩就属于对物的抗辩。属于对物的抗辩包括：①票据欠缺应记载的内容；②票据到期日未到；③票据已经依法付款；④票据经判决为无效；⑤票款已依法提存；⑥欠缺票据行为能力；⑦票据系伪造及变造；⑧票据因时效而消灭；⑨与票据记载不符的抗辩等。对于前五项，任何票据债务人都有权拒绝支付票款。对于后四项，只限于特定债务人可以对所有债权人进行抗辩。例如被伪造者并未在伪造票据上签字，因而被伪造者可以对任何债权人进行抗辩。

2. 对人抗辩

对人抗辩是指基于人的事由发生的抗辩。特定债务人对特定债权人的抗辩多与票据基础关系有关。票据债务人只能对基础关系中的直接相对人不履行约定义务的行为进行抗辩，该基础关系必须是该票据赖以产生的民事法律关系。如果该票据已被不履行约定义务的持票人转让给善意、已支付对价的第三人，则票据债务人不能对其进行抗辩。

属于对人的抗辩包括：①票据原因关系不合法，如为支付赌债而签发的支票；②原因关系不存在或消灭，如为购货而签发票据但对方没有发货；③欠缺对价，如持票人未按约提供与票款相当的商品或劳务等；④票据债务已经清偿、抵销或免除而未载于票据上，可对直接当事人抗辩；⑤票据交付前被盗或遗失，可对盗窃人或拾得人抗辩等。

（二）票据抗辩的限制

《票据法》规定，票据债务人不得以自己与出票人或者与持票人的前手之间的抗辩事由，对抗持票人。但是，持票人明知存在抗辩事由而取得票据的除外。

《票据法》中对票据抗辩的限制主要表现在以下几方面：

（1）票据债务人不得以自己与出票人之间的抗辩事由对抗持票人。如果票据债务人（如承兑人、付款人）与出票人之间存在抗辩事由（如出票人与票据债务人存在合同纠纷、出票人存入票据债务人的资金不够等），该票据债务人不得以此对抗善意持票人。

（2）票据债务人不得以自己与持票人的前手之间的抗辩事由对抗持票人。如票据债务人与持票人的前手(如背书人、保证人等)存在抵销关系,而持票人的前手将票据转让给了持票人,票据债务人不能以其与持票人的前手存在抗辩事由而拒绝向持票人付款。

(3)凡是善意的、已付对价的正当持票人可以向票据上的一切债务人请求付款,不受前手权利瑕疵和前手相互间抗辩的影响。如持票人不知道其前手取得票据存在欺诈、偷盗、胁迫、重大过失等情形,并已为取得票据支付了相应的代价,那么票据债务人不能以持票人的前手存在权利瑕疵而对抗持票人。

(4)持票人取得的票据是无对价或不相当对价的,由于其享有的权利不能优于其前手的权利,故票据债务人可以对抗持票人前手的抗辩事由对抗该持票人。

六、票据的伪造和变造

《票据法》规定,票据上的记载事项应当真实,不得伪造、变造。伪造、变造票据上的签章和其他记载事项的,应当承担法律责任。票据上有伪造、变造的签章的,不影响票据上其他真实签章的效力。

(一) 票据的伪造

1. 票据伪造的概念

票据伪造是无权限的当事人假冒他人名义进行的票据行为。票据伪造有两种情况:一是票据本身的伪造,也称狭义上的票据伪造;二是票据签名的伪造,也称广义上的票据伪造。票据本身的伪造,如伪造发票人的签名或盗盖印章而进行的发票行为,是假冒他人名义进行的发票行为。票据签名的伪造是假借他人名义而为发票以外的票据行为,如背书签名的伪造、承兑签名的伪造等。票据的伪造必须是无权限之人假冒本人签名。如果在票据上表明为本人代理之旨而将本人的姓名载在票据上的属无权代理而不是伪造。法人代表人为自己利益而以法人名称在票据上签名的也不是票据的伪造。伪造的票据,没有法律上的效力,即使持票人是善意取得,也不能享有票据上的权利。

2. 票据伪造的效力

票据的伪造行为是一种扰乱社会经济秩序、损害他人利益的行为,在法律上不具有任何票据行为的效力。由于其自始无效,持票人即使善意取得,对被伪造人也不能行使票据权利。对伪造人而言,由于票据上没有以自己名义所作的签章,因此也不应承担票据责任。但是,如果伪造人的行为给他人造成损害的,必须承担民事责任;构成犯罪的,应承担刑事责任。同时,票据上有伪造签章的,不影响票据上其他真实签章的效力。在票据上真正签章的人,应对被伪造票据的债权人承担票据责任,票据债权人依法提示承兑、提示付款或行使追索权时,在票据上真正签章的人不能以票据伪造为由进行抗辩。

(二) 票据的变造

1. 票据变造的概念

票据变造,是指无票据记载事项变更权的人,以实施票据行为为目的,对票据上除签章以外的记载事项进行变更,从而使票据权利义务关系内容发生改变的行为。如变更票据上的到期日、付款日、付款地、金额等。构成票据的变造须符合以下条件:(1)变造的票据是合法成立的有效票据;(2)变造的内容是票据上所记载的除签章以外的事项;(3)变造人未变更票据的内容。

2. 票据变造的效力

票据的变造应依照签章是在变造之前或之后来承担不同的责任。如果当事人签章在变造之前,应按原记载的内容负责;如果当事人签章在变造之后,则应按变造后的记载内容负责;如果无法辨别是在票据被变造之前或之后签章的,视同在变造之前签章。

实践中,变造人可能签章也可能不签章,无论是否签章,都应就其行为承担法律责任。变造人的变造行为给他人造成经济损失的,应承担赔偿责任,构成犯罪的,应承担刑事责任。

【案例 6-3】

甲签发一张本票交受款人乙,金额为 2 万元,乙背书转让给丙,丙取得本票后将金额改为 5 万元然后转让给丁,丁又背书转让给戊。因甲乙签章在变造之前,故应就 2 万元负责;丙为变造人,应对其所变造的文义负责,即对 5 万元负责;丁签章在变造之后,应对 5 万元负责。如果戊向甲请求付款,甲只负责付给 2 万元。戊已付给丁 5 万元,其所受损失 3 万元应向丁和丙请求赔偿。上述有关甲乙丙丁承担责任的表述是否正确?

【评析】

正确。《票据法》规定,票据上其他记载事项被变造的,在变造之前签章的人,对原记载事项负责;在变造之后签章的人,对变造之后的记载事项负责。

第二节 汇 票

一、汇票概述

(一) 汇票的概念

汇票是出票人签发的,委托付款人在见票时或者在指定日期无条件支付确定的金额给收款人或者持票人的票据。

汇票具有以下特征:

(1)汇票属于委付证券,而不是自付证券。汇票是由出票人委托他人进行支付的票据,汇票的出票人只是签发票据的人,不是票据的付款人,出票人必须另行委托付款人支付票据金额。

(2)汇票的到期日具有多样性。汇票的到期日是指汇票的付款日期,包括见票即付、定日付款、出票后定期付款、见票后定期付款等四种方式。

（3）汇票是付款人无条件支付票据金额给持票人的票据。持票人包括收款人、被背书人或受让人。

（二）汇票当事人

汇票关系中有三个基本当事人，即出票人、付款人和收款人。出票人是指依照法定方式签发汇票委托他人付款的人。付款人是指按照出票人的付款委托无条件支付汇票金额的人。收款人是指汇票上记载的收取票款的人。出票人和付款人为票据义务人，收款人为票据权利人。

（三）汇票的种类

（1）根据汇票出票人的不同，汇票分为银行汇票和商业汇票

银行汇票是指由银行签发的汇票，商业汇票是指由银行以外的其他主体签发的汇票。

【知识链接】

我国《票据法》将汇票分为银行汇票和商业汇票

银行汇票是出票银行签发的，由其在见票时按照实际结算金额无条件支付给收款人或者持票人的票据。银行汇票的出票银行为银行汇票的付款人。银行汇票一般由汇款人将款项交存当地银行，由银行签发给汇款人持往异地办理转账结算或支取现金。

单位、个体经济户和个人需要使用各种款项，均可使用银行汇票。银行汇票可以用于转账，填明"现金"字样的银行汇票也可以用于支取现金。银行汇票的提示付款期限自出票日起1个月。

商业汇票是出票人签发的，委托付款人在指定日期无条件支付确定的金额给收款人或者持票人的票据。商业汇票按承兑人的不同，分为商业承兑汇票和银行承兑汇票，商业承兑汇票由银行以外的付款人承兑，银行承兑汇票由银行承兑，商业汇票的付款人为承兑人。商业汇票的付款期限，最长不得超过6个月；商业汇票的提示付款期限，自汇票到期日起10日。

（2）根据付款期限的长短不同，汇票可分为即期汇票和远期汇票

即期汇票是指见票即行付款的汇票，包括见票即付的汇票、到期日与出票日相同的汇票以及未记载到期日的汇票（以提示日为到期日）。远期汇票是指约定一定的到期日付款的汇票，包括定期付款汇票、出票日后定期付款汇票（也叫计期汇票）和见票后定期付款汇票。

（3）根据承兑人的不同，汇票分为商业承兑汇票、银行承兑汇票

商业承兑汇票是以银行以外的任何商号或个人为承兑人的远期汇票。银行承兑汇票承兑人是银行的远期汇票。

（4）根据有无附属单据，汇票分为光票汇票、跟单汇票

光票汇票本身不附带货运单据，银行汇票多为光票。跟单汇票又称信用汇票、押汇汇票，是需要附带提单、仓单、保险单、装箱单、商业发票等单据才能进行付款的汇票，商业汇票多为跟单汇票，在国际贸易中经常使用。

二、汇票的出票

（一）出票的概念

汇票的出票又称汇票的发票、汇票的签发、汇票的发行。出票是指出票人签发票据并将其交付给收款人的票据行为。出票包括两个行为：一是出票人依照票据法的规定做成票据，即在原始票据上记载法定事项并签章；二是交付票据，即将做成的票据交付给他人占有。

【知识链接】

汇票的出票人在为出票行为时必须与付款人具有真实的委托付款关系，并且具有支付汇票金额的可靠资金来源；汇票的出票人不得签发无对价的汇票用以骗取银行或者其他票据当事人的资金。由于汇票是出票人委托付款人向持票人支付票据金额的一种委付证券，故出票人与付款人之间必须存在真实的支付委托关系，即出票人与付款人之间必须存在事实上的资金关系或者其他的债权债务关系。

与此同时，出票人在出票时，必须确保在汇票不承兑或不获付款时，具有足够的清偿能力。汇票的签发，必须给付对价。出票人不得与其他当事人相互串通，利用签发没有对价的承兑汇票，通过转让、贴现来骗取银行或其他票据当事人的资金。

（二）出票的记载事项

汇票是要式证券，出票是要式行为。汇票出票，必须依据《票据法》的规定记载一定的事项，符合法定的格式。根据不同记载事项对汇票效力的不同影响，出票的记载事项分为绝对必要记载事项、相对必要记载事项和任意记载事项等。

1. 绝对必要记载事项

汇票的绝对必要记载事项，是指《票据法》规定必须在汇票上记载的事项，否则，汇票无效。汇票的绝对必要记载事项包括7个方面的内容：

（1）表明"汇票"的字样。票据上必须记载足以表明该票据是汇票的文字。如果没有这些文字，"汇票"无效。根据我国现行汇票的用法，汇票可有"银行汇票""银行承兑汇票""商业承兑汇票"等称谓，因此，只要能够有表明"汇票"字样的记载即可。

（2）无条件支付的委托。这是汇票的支付文句，即须表明出票人委托付款人支付汇票金额是不附带任何条件的。如果汇票附有条件（如收货后付款），则汇票无效。

（3）确定的金额。汇票上记载的金额必须是固定的数额。如果汇票上记载的金额是

不确定的,如 10 万元以下、5 万元以上等,汇票将无效。在实践中,银行汇票记载的金额有汇票金额和实际结算金额。汇票金额,是指出票时汇票上应该记载的确定金额;实际结算金额,是指不超过汇票金额,而另外记载的具体结算的金额。汇票上记载有实际结算金额的,以实际结算金额为汇票金额。如果银行汇票记载汇票金额而未记载实际结算金额,并不影响该汇票的效力,而以汇票金额为实际结算金额。

实际结算金额只能小于或等于汇票金额,如果实际结算金额大于汇票金额的,实际结算金额无效,以汇票金额为付款金额。根据《支付结算办法》第 61 条的规定,收款人受理申请人交付的银行汇票时,应在出票金额以内,根据实际需要的款项办理结算,并将实际结算金额和多余金额准确、清晰地填入银行汇票内解讫通知的有关栏内。未填明实际结算金额和多余金额或实际结算金额超过出票金额的,银行不予受理。

(4)付款人名称。付款人是指出票人在汇票上的委托支付汇票金额的人。付款人是汇票的主债务人。如果汇票上未记载付款人的名称,收款人或者持票人将不知道向谁提示承兑或提示付款。因此,汇票上未记载付款人的,汇票无效。

(5)收款人名称。收款人是指出票人在汇票上记载的受领汇票金额的最初票据权利人。在英美法系国家,法律允许签发无记名式汇票,没有将收款人名称规定为应记载事项。我国《票据法》不允许签发无记名汇票,故汇票上应将收款人名称作为应记载的绝对必要事项,这有利于汇票的转让和流通,减少发生纠纷。

(6)出票日期。出票人应在汇票上记载签发汇票的日期。出票日期在法律上具有重要的作用,即可以确定出票后定期付款汇票的付款日期、确定见票即付汇票的付款提示期限、确定见票后定期付款汇票的承兑提示期限、确定利息起算日、确定某些票据权利的时效期限、确定保证成立之日期、判定出票人于出票时的行为能力状态以及代理人的代理权限状态等,因此,如果汇票上不记载出票日期,不利于保护持票人的票据权利。

(7)出票人签章。出票人应在票据上亲自书写自己的姓名或盖章。

2. 相对必要记载事项

相对必要记载事项,是指在出票时应当予以记载,但如果未作记载,可以通过法律的直接规定来补充确定的事项。未记载该事项不影响汇票本身的效力,汇票仍然有效。

《票据法》规定,汇票上记载付款日期、付款地、出票地等事项的,应当清楚、明确。汇票上未记载付款日期的,为见票即付。汇票上未记载付款地的,付款人的营业场所、住所或者经常居住地为付款地。汇票上未记载出票地的,出票人的营业场所、住所或者经常居住地为出票地。

3. 任意记载事项

任意记载事项是指出票人可以选择是否记载的事项,但该事项一经记载即发生票据法上的效力。如出票人在汇票上记载"不得转让"字样的,汇票不得转让。

4. 不发生票据法上效力的记载事项

汇票上可以记载《票据法》规定事项以外的其他出票事项,但是该记载事项不具有汇票上的效力。这里所说的法律规定以外的事项主要是指与汇票的基础关系有关的事项,如签发票据的原因或用途、该票据项下交易的合同号码;等等。

(三) 出票的效力

出票是以创设票据权利为目的的票据行为,出票人依照票据法的规定完成出票行为之后,即对汇票当事人产生票据法上的效力。

1. 对出票人的效力

出票人签发汇票后,即承担保证该汇票承兑和付款的责任。出票人在汇票得不到承兑或者付款时,应当向持票人清偿法律规定的金额和费用。担保汇票的承兑是指汇票到期日前不获承兑时,收款人或持票人可以请求出票人偿还票据金额、利息和有关费用。担保汇票的付款是指汇票到期时,付款人虽已承兑但拒绝付款的,出票人必须承担清偿责任。

2. 对付款人的效力

出票行为是单方行为,付款人并不因此而有付款义务。只是基于出票人的付款委托而使其具有承兑人的地位,付款人只有在其对汇票进行承兑后才成为汇票上的主债务人。

3. 对收款人的效力

收款人取得出票人发出的汇票后即取得票据权利,就票据金额享有付款请求权;在付款请求权不能满足时享有追索权。收款人还享有依法转让票据的权利。

三、汇票的背书

(一) 汇票背书的概念

背书,是指持票人以转让汇票权利或授予他人一定的汇票权利为目的,按法定的事项和方式在汇票背面或者粘单上记载有关事项并签章的票据行为。背书是转让票据权利的一种方式,也是票据得以流通的基础。

《票据法》规定,持票人可以将汇票权利转让给他人或者将一定的汇票权利授予他人行使。持票人行使此项权利时,应当背书并交付汇票。如果出票人在汇票上记载"不得转让"字样,则该汇票不得转让。对于记载"不得转让"字样的票据,其后手以此票据进行贴现、质押的,通过贴现、质押取得票据的持票人主张票据权利的,人民法院不予支持。该转让不发生票据法上的效力,出票人和承兑人对受让人不承担票据责任。

(二) 背书的形式

背书是一种要式行为,即必须做成背书并交付,才能有效成立。从背书的记载事项而言,根据《票据法》的有关规定,背书应符合有关出票时应记载的事项。

1. 背书签章和背书日期的记载

背书由背书人签章并记载背书日期。背书未记载日期的,视为在汇票到期日前背书。

2. 被背书人名称的记载

汇票以背书转让或者以背书将一定的汇票权利授予他人行使时,必须记载被背书人名称。如果背书人未记载被背书人名称而将票据交付他人的,持票人在票据被背书人栏内记载自己的名称与背书人记载具有同等法律效力。

3. 禁止背书的记载

背书人在汇票上记载"不得转让"字样,其后手再背书转让的,原背书人对后手的被背书人不承担保证责任。背书人的禁止背书是背书行为的任意记载事项,如果背书人不愿意对其后手以后的当事人承担票据责任,即可在背书时记载禁止背书。

4. 粘单的使用

票据凭证不能满足背书人记载事项的需要,可以加附粘单,粘附于票据凭证上。粘单上的第一记载人,应当在汇票和粘单的粘接处签章。

5. 背书不得记载的内容

背书不得记载的内容有两项:附有条件的背书、部分背书。附有条件的背书是指背书人在背书时记载一定的条件,以限制或者影响背书效力。背书时附有条件的,所附条件不具有汇票上的效力,不影响背书行为本身的效力。部分背书是指背书人在背书时,将汇票金额的一部分或者将汇票金额分别转让给二人以上的背书。部分背书无效。

(三)背书连续

背书连续,是指在票据转让中,转让汇票的背书人与受让汇票的被背书人在汇票上的签章依次前后衔接。即票据上记载的多次背书,从第一次到最后一次在形式上相连续而无间断。如果背书不连续,付款人可以拒绝向持票人付款,否则付款人自行承担责任。

背书连续主要是指背书在形式上连续,如果背书在实质上不连续,如有伪造签章等,付款人仍应对持票人付款。但是,如果付款人明知持票人不是真正票据权利人,则不得向持票人付款,否则应自行承担责任。

(四)委托收款背书和质押背书

委托收款背书和质押背书属非转让背书,具有自己的特殊性。

1. 委托收款背书

委托收款背书是指持票人以行使票据上的权利为目的,而授予被背书人以代理权的背书。委托收款背书方式不以转让票据权利为目的,而是以授予他人一定的代理权为目的,其确立的法律关系不属于票据上的权利转让与被转让关系,而是背书人(原持票人)与被背书人(代理人)之间的代理关系,该关系形成后,被背书人可以代理行使票据上的一切权利。被背书人只是代理人,而未取得票据权利,背书人仍是票据权利人。

《票据法》规定,背书记载"委托收款"字样的,被背书人有权代背书人行使被委托的汇票权利。但是,被背书人不得再以背书转让汇票权利。被背书人因委托收款背书而取得代理权后,可以代为行使付款请求权和追索权,在具体行使这些权利的过程中,还可以请求做成拒绝证明、发出拒绝事由通知、行使利益偿还请求权等,但不能行使转让票据等处分权利,否则,原背书人对后手的被背书人不承担票据责任,但不影响出票人、承兑人以及原背书人的前手的票据责任。

委托收款背书与其他背书一样,持票人依据法律规定的记载事项做成背书并交付,才能生效。

2. 质押背书

质押背书,是指持票人以票据权利设定质权为目的而在票据上做成的背书。背书人是原持票人,也是出质人,被背书人则是质权人。

质押背书确立的是一种担保关系,即在背书人(原持票人)与被背书人之间产生一种质押关系,而不是一种票据权利的转让与被转让关系。因此质押背书成立后,即背书人做成背书并交付,背书人仍然是票据权利人,被背书人并不因此而取得票据权利。但是,被背书人取得质权人地位后,在背书人不履行其债务的情况下,可以行使票据权利,并从票据金额中按担保债权的数额优先得到偿还。如果背书人履行了所担保的债务,被背书人则必须将票据返还背书人。

质押背书与其他背书一样,也必须依照法定的形式做成背书并交付。《票据法》规定,质押时应当以背书记载"质押"字样。

🏳 **【知识链接】**

如果在票据上记载质押文句表明了质押意思的,如"为担保""为设质"等,也应视为有效。如果记载"质押"文句的,其后手再背书转让或者质押的,原背书人对后手的被背书人不承担票据责任,但不影响出票人、承兑人以及原背书人的前手的票据责任。被背书人依法实现其质权时,可以行使汇票权利。这里所指的汇票权利包括付款请求权和追索权以及为实现这些权利而进行的一切行为,如提示票据、请求付款、受领票款、请求做成拒绝证明、进行诉讼等。

以汇票设定质押时,出质人在汇票上只记载了"质押"字样而未在票据上签章的,或者出质人未在汇票、粘单上记载"质押"字样而另行签订质押合同、质押条款的,不构成票据质押。此外,贷款人恶意或者有重大过失从事票据质押贷款的,质押行为无效。

(五) 法定禁止背书

法定禁止背书是指根据法律的规定禁止背书转让的情形。《票据法》规定,汇票被拒绝承兑、被拒绝付款或者超过付款提示期限的,不得背书转让;背书转让的,背书人应当承担汇票责任。

法定禁止背书的情形有三种：

1. 被拒绝承兑的汇票

被拒绝承兑的汇票是持票人在汇票到期日前，向付款人提示承兑而遭拒绝的汇票。

汇票上的付款人只有在汇票承兑后，才是汇票上的主债务人。如果付款人对汇票拒绝承兑的，就不具有汇票上债务人的地位，不承担支付票据金额的责任，因此，收款人或持票人虽然在汇票成立时即已取得付款请求权，但因付款人拒绝承兑，该付款请求权也就无法确定，当然也就不能将这种付款请求权再背书转让。

在付款人拒绝承兑的情况下，收款人或持票人只能向其前手行使追索权，取得票据金额；如果其将这种票据转让的，受让人取得该汇票时，也只能通过向其前手行使追索权，取得票据金额。

2. 被拒绝付款的汇票

被拒绝付款的汇票，是指对不需承兑的汇票或者已经付款人承兑的汇票，持票人于汇票到期日向付款人提示付款而被拒绝的汇票。

付款人对汇票已经承兑，负有于汇票到期日无条件付款的责任，但是，如果付款人在汇票到期日拒绝付款的，收款人或者持票人的付款请求权也不能得到实现。如果持票人将该种汇票再行转让，受让人尽管也可以取得付款请求权，但实现的可能性极小。因此，票据法禁止将该种票据再行背书转让，如果背书转让的，背书人应承担汇票责任，受让人有权向其前手行使追索权。

3. 超过付款提示期限的汇票

超过付款提示期限的汇票，是指持票人未在法定付款提示期间内向付款人提示付款的汇票。

法定付款提示期间是法律规定的由收款人或者持票人行使付款请求权的期限。收款人或者持票人应当在汇票到期日起至法定提示期间届满前行使付款请求权，如果收款人或持票人未在此期间内行使付款请求权的，即丧失对其前手的追索权。《票据法》规定不允许将该种汇票再行转让。背书人以背书将该种票据进行转让的，应该承担汇票责任。

四、汇票的承兑

（一）承兑的概念

承兑，是指汇票付款人承诺在汇票到期日支付汇票金额的票据行为。承兑是汇票特有的制度，本票和支票都没有承兑。

（二）承兑的程序

1. 承兑的记载事项

承兑的记载事项，是指付款人办理承兑手续时需要在汇票上记载的事项。付款人承兑汇票的,应当在汇票正面记载"承兑"字样和承兑日期并签章;见票后定期付款的汇票,应当在承兑时记载付款日期。汇票上未记载承兑日期的,以持票人提示承兑之日起的第3日,即付款人3天承兑期的最后一日为承兑日期。

汇票承兑的应记载事项必须记载于汇票的正面,而不能记载于汇票的背面或粘单上。在实务中,承兑的应记载事项一般已全部印在正式的标准格式上,只需付款人填写即可。

2. 提示承兑

提示承兑,是指持票人向付款人出示汇票,并要求付款人承诺付款的行为。因汇票付款日期不同,提示承兑的期限也不一样。

(1)定日付款和出票后定期付款汇票的提示承兑期限。定日付款或者出票后定期付款的汇票,持票人应当在汇票到期日前向付款人提示承兑。

🚩 **【知识链接】**

定日付款汇票、出票后定期付款的汇票

在票据法理论上,定日付款汇票和出票后定期付款的汇票,属于可以提示承兑汇票。持票人既可以在到期日前提示承兑,待付款人承兑后于到期日行使付款请求权,也可以不提示承兑,而于到期日直接向付款人请求付款。我国目前使用的银行承兑汇票和商业承兑汇票都必须提示承兑。上述两类汇票的提示承兑期限是从出票人出票日起至汇票到期日止。在此期间,持票人应当向付款人提示承兑,否则,丧失对其前手的追索权。

(2)见票后定期付款汇票的提示承兑期限。见票后定期付款的汇票,持票人应当自出票日起1个月内向付款人提示承兑。汇票未按照规定期限提示承兑的,持票人丧失对其前手的追索权。

见票后定期付款汇票的付款日期,是以见票日为起算日期来确定的,汇票不经提示承兑,就无法确定见票日,也就无法确定付款日期,持票人便无法行使票据权利,因此,该种汇票属于必须提示承兑的汇票。

(3)无需提示承兑汇票。见票即付的汇票无需提示承兑。这种汇票主要包括两种:一是汇票上明确记载有"见票即付"的汇票;二是汇票上没有记载付款日期,根据法律规定视为见票即付的汇票。我国的银行汇票中未记载付款日期,属于见票即付的汇票,该汇票无需提示承兑。

3. 承兑成立

(1)承兑时间。持票人向付款人提示承兑后,付款人应决定是否承兑。《票据法》规定,付款人对向其提示承兑的汇票,应当自收到提示承兑的汇票之日起3日内承兑或者拒绝承兑。如果付款人在3日内不作承兑与否表示的,应视为拒绝承兑,持票人可以请求其作出拒绝承兑证明,向其前手行使追索权。

（2）接收承兑。付款人收到持票人提示承兑的汇票时，应当向持票人签发收到汇票的回单。回单是持票人收到付款人向其出具的已收到请求承兑汇票的证明。回单上应当记明汇票提示承兑日期并签章。

（3）退回已承兑的汇票。付款人依承兑格式填写完毕应记载事项后，并不意味着承兑生效，只有在其将已承兑的汇票退回持票人时才产生承兑的效力。付款人承兑汇票不得附有条件；承兑附有条件的，视为拒绝承兑。

（三）承兑的效力

付款人承兑汇票后，应当承担到期付款的责任。到期付款的责任是一种绝对责任，具体表现在以下几方面。

（1）承兑人于汇票到期日必须向持票人无条件地支付汇票上的金额，否则其必须承担迟延付款责任。

（2）承兑人必须对汇票上的一切权利人承担责任，这些权利人包括付款请求权人和追索权人。

（3）承兑人不得以其与出票人之间的资金关系来对抗持票人，拒绝支付汇票金额。

（4）承兑人的票据责任不因持票人未在法定期限提示付款而解除。

五、汇票的保证

（一）保证的概念

汇票的保证，是指汇票债务人以外的第三人，以担保特定汇票债务人履行票据债务为目的，而在票据上所为的一种附属票据行为。保证的作用在于加强持票人票据权利的实现，确保票据付款义务的履行，促进票据流通。

（二）保证的当事人

保证的当事人为保证人和被保证人。

1. 保证人

保证人，是指票据债务人以外的，为票据债务的履行提供担保而参与票据关系的第三人。汇票保证人由汇票债务人以外的他人担当。

保证人应是具有代为清偿票据债务能力的法人、其他组织或者个人。国家机关、以公益为目的的事业单位、社会团体、企业法人的分支机构和职能部门不得为保证人；但是经国务院批准为使用外国政府或者国际经济组织贷款进行转贷，国家机关提供票据保证的，以及企业法人的分支机构在法人书面授权范围内提供票据保证的除外。

2. 被保证人

被保证人是指票据关系中已有的债务人，包括出票人、背书人、承兑人等。票据债务人一旦由他人为其提供保证，其在保证关系中就被称为被保证人。保证人在汇票或者粘单上未记载被保证人名称的,已承兑的汇票,承兑人为被保证人;未承兑的汇票,出票人为被保证人。

(三) 保证事项的记载

1. 保证的记载事项

保证人必须在汇票或粘单上记载下列事项:①表明"保证"的字样;②保证人名称和住所;③被保证人的名称;④保证日期;⑤保证人签章。其中,保证文句和保证人签章属于绝对必要记载事项。被保证人的名称、保证日期和保证人住所属于相对必要记载事项。保证人在汇票或者粘单上未记载保证日期的,出票日期为保证日期。同时,保证不得附有条件;附有条件的,不影响对汇票的保证责任。

2. 保证事项的记载方法

如果保证人是为出票人、承兑人保证的,则应记载于汇票的正面;如果保证人是为背书人保证的,则应记载于汇票的背面或者粘单上。

(四) 保证的效力

保证一旦成立,即在保证人与被保证人之间产生法律效力,保证人必须对保证行为承担相应的责任。

1. 保证人的责任

保证人对合法取得汇票的持票人所享有的汇票权利,承担保证责任。但是,被保证人的债务因汇票记载事项欠缺而无效的除外。被保证的汇票,保证人应当与被保证人对持票人承担连带责任。汇票到期后得不到付款的,持票人有权向保证人请求付款,保证人应当足额付款。

2. 共同保证人的责任

共同保证是指保证人为二人以上的保证。保证人为二人以上的,保证人之间承担连带责任。

3. 保证人的追索权

保证人清偿汇票债务后,可以行使持票人对被保证人及其前手的追索权。

六、汇票的付款

(一) 付款的概念

付款,是指付款人依据票据文义支付票据金额,以消灭票据关系的行为。

(二) 付款的程序

付款的程序包括付款提示与支付票款。

1. 付款提示

付款提示,是指持票人向付款人出示票据,请求付款的行为。

《票据法》规定,持票人应当按照下列期限提示付款:①见票即付的汇票,自出票日起1个月内向付款人提示付款;②定日付款、出票后定期付款或者见票后定期付款的汇票,自到期日起10日内向承兑人提示付款。持票人未按照上述规定期限提示付款的,在作出说明后,承兑人或者付款人仍应当继续对持票人承担付款责任。通过委托收款银行或者通过票据交换系统向付款人提示付款的,视同持票人提示付款。

付款提示的当事人包括提示人和受提示人。提示人一般是持票人,但也可以是持票人的代理人和质权人。受提示人通常是付款人,在汇票中受提示人包括已进行承兑的承兑人及未承兑的付款人。在实践中,银行汇票属见票即付汇票,银行为受提示人;因银行之间建立联行结算制度建立了代理关系,银行汇票的代理付款银行也可为受提示人。银行承兑汇票的受提示人是承兑银行,因银行之间建立联行结算代理关系的,该代理付款银行也是受提示人。

2. 支付票款

持票人向付款人进行付款提示后,付款人无条件地在当日按票据金额足额支付给持票人。在支付票款的过程中,持票人必须向付款人履行一定的手续,持票人获得付款的,应当在汇票上签收,即在票据的正面签章,表明持票人已经获得付款并将汇票交给付款人。

付款人或者代理付款人在付款时应当履行审查义务。付款人及其代理付款人付款时,应当审查汇票背书的连续,并审查提示付款人的合法身份证明或者有效证件。如果付款人及其代理付款人以恶意或者有重大过失付款的,应当自行承担责任。

此外,如果付款人对定日付款、出票后定期付款或者见票后定期付款的汇票在到期日前付款,应由付款人自行承担所产生的责任。在持票人不是票据权利人时,对于真正的票据权利人并不能免除其票据责任,而对由此造成损失的,付款人只能向非正当持票人请求赔偿。

(三) 付款的效力

付款人依法足额付款后,全体汇票债务人的责任解除。付款人依照票据记载的文义,及时足额支付汇票金额后,票据关系随之消灭,汇票上全体债务人的票据责任予以解除。

七、汇票的追索权

(一) 追索权概述

1. 追索权的概念

汇票追索权,也称为第二次请求权,是指付款人拒绝付款,或者拒绝承兑,或者由于其他法定原因预计在票据到期时得不到付款的,由持票人向其前手请求偿还票据金额、利息以及有关费用的一种票据权利。它是为补充汇票上的第一次权利即付款请求权而设立的,持票人只有在行使第一次权利未获实现时才能行使第二次权利。

2. 追索权的种类

(1)根据持票人行使追索权的时间的不同,追索权分为期前追索权和到期追索权。期前追索权是指在汇票上所载到期日到来之前持票人所行使的追索权;到期追索权是指在汇票到期时持票人因不获付款而行使的追索权。

(2)根据行使追索权的人的不同,追索权分为最初追索权和再追索权。最初追索权是指最后持票人在承兑或提示付款遭拒绝或有其他法定原因时所行使的追索权;再追索权是指向追索人清偿了最初追索金额后所获得并行使的追索权。

3. 追索权的主体

追索权的主体包括追索权人和被追索人。追索权人包括最后持票人和已为清偿的汇票债务人。最后持票人是汇票上的唯一债权人,也是最初追索权人;其他汇票债务人被持票人追索而清偿债务后,享有与持票人同一权利,可以向自己的前手行使再追索权。被追索人是指追索权人行使追索权所针对的义务人,包括出票人、背书人和其他债务人。

4. 追索权的客体

追索权的客体,是指追索权人有权取得的、被追索人应当支付的金额和费用,包括汇票金额、法定利息和行使追索权的费用。追索权的客体包括以下两种。

(1)最初追索权的客体

《票据法》规定,持票人行使追索权,可以请求被追索人支付下列金额和费用:被拒绝付款的汇票金额;汇票金额自到期日或者提示付款日起至清偿日止,按照中国人民银行规定的流动资金贷款利率计算的利息;取得有关拒绝证明和发出通知书的费用。

(2)再追索权的客体

被追索人清偿债务后,即可从持票人处取得票据、有关拒绝证明和利息、费用的收据,并可据此向其他票据债务人行使再追索权。《票据法》规定,被追索人行使再追索权,可以请求其他汇票债务人支付下列金额和费用:已清偿的全部金额及其自清偿日起至再追索清偿日止,按照中国人民银行规定的流动资金贷款利率计算的利息;发出通知书的费用。

(二) 追索权的要件

行使追索权必须具备一定的要件,包括实质要件和形式要件两个方面。

1. 实质要件

行使追索权的实质要件,是指持票人行使追索权的法定原因。根据《票据法》的规定,追索权发生的实质要件包括:①汇票到期被拒绝付款;②汇票在到期日前被拒绝承兑;③在汇票到期日前,承兑人或付款人死亡、逃匿的;④在汇票到期日前,承兑人或付款人被依法宣告破产或因违法被责令终止业务活动。

发生上述情形之一的,持票人可以对背书人、出票人以及汇票的其他债务人行使追索权。

2. 形式要件

行使追索权的形式要件,是指行使追索权必须遵循一定的程序、履行法定的保全追索权的手续、具备相应的条件。

(1)提供被拒绝承兑或者被拒绝付款的有关证明

《票据法》规定,持票人行使追索权时,应当提供被拒绝承兑或者被拒绝付款的有关证明。持票人提示承兑或者提示付款被拒绝的,承兑人或者付款人必须出具拒绝证明,或者出具退票理由书。未出具拒绝证明或者退票理由书的,应当承担由此产生的民事责任。

🚩【知识链接】

"拒绝证明"与"退票理由书"应当包括的事项

"拒绝证明"应当包括的事项:被拒绝承兑、付款的票据的种类及其主要记载事项;拒绝承兑、付款的事实依据和法律依据;拒绝承兑、付款的时间;拒绝承兑人、拒绝付款人的签章。

"退票理由书"应当包括下列事项:所退票据的种类;退票的事实依据和法律依据;退票时间;退票人签章。

(2)不能提供拒绝证明的处理

《票据法》规定,持票人因承兑人或者付款人死亡、逃匿或者其他原因,不能取得拒绝证明的,可以依法取得其他有关证明。"其他有关证明"主要包括:医院或者有关单位出具的承兑人、付款人死亡的证明;司法机关出具的承兑人、付款人逃匿的证明;公证机关出具的具有拒绝证明效力的文书。

承兑人或者付款人被人民法院依法宣告破产的,人民法院的有关司法文书具有拒绝证明的效力。承兑人或者付款人因违法被责令终止业务活动的,有关行政主管部门的处罚决定具有拒绝证明的效力。

持票人不能出示拒绝证明、退票理由书或者未按照规定期限提供其他合法证明的,丧失对其前手的追索权。但是,承兑人或者付款人仍应当对持票人承担责任。

(三) 追索权的行使

行使追索权一般包括:由持票人发出追索通知、确定追索对象、请求偿还、受领清偿金额等。

1. 发出追索通知

(1)追索通知的当事人

追索通知的当事人包括通知人和被通知人。通知人,是指持票人以及收到通知后再为通知的背书人及其保证人。持票人是最初的通知人,但收到持票人发来追索通知的债务人,如果在其前手还存在债务人,必须向其前手发出该追索通知,因此收到追索通知的债务人也可以成为通知人,这些债务人一般包括背书人及其保证人。被通知人,是指向持票人承担担保承兑和付款的票据上的次债务人;他们都是被追索的当事人,因此被通知人可泛指持票人的一切前手,包括出票人、背书人、保证人等。

(2)通知的期限

通知的期限,是指法律规定的持票人向其前手或者收到通知的被通知人向其前手发出追索通知的期间。

《票据法》规定,持票人应当自收到被拒绝承兑或者被拒绝付款的有关证明之日起 3 日内,将被拒绝事由书面通知其前手;其前手应当自收到通知之日起 3 日内书面通知其再前手。持票人也可以同时向各汇票债务人发出书面通知。无论是持票人,还是收到追索通知的背书人及其保证人,发出追索通知的期限都是 3 天。持票人发出追索通知的起算日为其收到拒绝证明之日,收到追索通知的背书人及其保证人发出追索通知的起算日为其收到追索通知之日。

(3)通知的方式和通知应记载的内容

通知应当以书面形式发出。书面形式包括书信、电报、电传等。在规定期限内将通知按照法定地址或约定的地址邮寄的,视为已发出通知。

书面通知应记明汇票的主要记载事项,并说明该汇票已被退票。主要记载事项包括出票人、背书人、保证人以及付款人的名称和地址、汇票金额、出票日期、付款日期等。汇票退票的情况主要是指汇票不获承兑或者不获付款的原因。

(4)未在规定期限内发出追索通知的后果

如果持票人未按规定期限发出追索通知,或其前手收到通知未按规定期限再通知其前手,持票人仍可以行使追索权,因延期通知给其前手或者出票人造成损失的,由没有按照规定期限通知的汇票当事人,承担对该损失的赔偿责任,但是所赔偿的金额以汇票金额为限。

2. 确定追索对象

(1)确定追索对象

被追索人包括出票人、背书人、承兑人和保证人。持票人可以不按照汇票债务人的先后顺序,对其中任何一人、数人或者全体行使追索权。持票人对票据债务人中的一人或者数人已经进行追索的,对其他票据债务人仍可以行使追索权。但是,持票人为出票人的,对其前手无追索权。持票人为背书人的,对其后手无追索权。

(2)被追索人的责任承担

出票人、背书人、承兑人和保证人均为被追索人。被追索人对持票人承担连带责任。持票人对汇票债务人中的一人或者数人已经进行追索的,对其他汇票债务人仍可以行使追索权。被追索人清偿债务后,与持票人享有同一权利。

3. 追索人的义务

持票人或行使再追索权的被追索人在接受清偿金额时,应当履行相应的义务,交出汇票和有关拒绝证明,并出具所收到利息和费用的收据。如果持票人或行使再追索权的被追索人拒绝履行该义务的,被追索人即可拒绝清偿有关金额和费用。

4. 被追索人清偿债务后的效力

被追索人清偿债务后,其票据责任解除。同时,被追索人清偿债务后,与持票人享有同一追索权利,可以向其他汇票债务人行使再追索权,请求其他汇票债务人支付相应的金额和费用。

第三节 本 票

一、本票概述

(一) 本票的概念和特征

本票是出票人签发的,承诺自己在见票时无条件支付确定的金额给收款人或者持票人的票据。我国《票据法》所称的本票,是指银行本票。

与汇票相比,本票具有下列特征:

(1)本票是自付证券。本票是由出票人约定自己付款的一种自付证券,其基本当事人有两个,即出票人和收款人,在出票人之外不存在独立的付款人。

(2)本票无须承兑。在出票人完成出票行为之后,即承担了到期日无条件支付票据金额的责任,不需要在到期日前进行承兑。

(二) 本票的种类

本票可以分为记名式本票、指定式本票和不记名本票;远期本票和即期本票;银行本票和商业本票等。在我国,本票仅限于银行本票,且为记名式本票和即期本票即见票即付本票。

银行本票是银行签发的,承诺自己在见票时无条件支付确定的金额给收款人或者持票人的票据。单位和个人在同一票据交换区域需要支付各种款项,均可以使用银行本票。银行本票可以用于转账,注明"现金"字样的银行本票可以用于支取现金。银行本票分为定额本票和不定额本票两种。定额银行本票面额为 1000 元、5000 元、1 万元和 5 万元。

(三) 本票适用汇票的有关规定

本票作为票据的一种,具有与其他票据相同的一般性质和特征,《票据法》只是对本票与其他票据不同的方面加以规定,即对其个性方面的问题作了特别规定,而有关其一般性的问题,则适用《票据法》总则有关的规定和汇票中的相关规定。除特别规定外,本票的背书、保证、付款行为和追索权的行使,适用汇票的有关规定。

二、本票的出票

本票的出票与汇票一样,包括做成票据和交付票据。本票的出票行为是以自己负担支付本票金额的债务为目的的票据行为。

(一)本票的出票人

本票的出票人必须具有支付本票金额的可靠资金来源,并保证支付。银行本票的出票人,为经中国人民银行当地分支行批准办理银行本票业务的银行机构。

(二)本票的记载事项

本票出票人出票,必须按一定的格式记载相关内容。与汇票一样,本票的记载事项也包括绝对必要记载事项和相对必要记载事项。

1. 本票的绝对必要记载事项

本票的绝对必要记载事项包括以下六个方面的内容。

①表明"本票"的字样。这是本票文句记载事项。

②无条件支付的承诺。这是有关支付文句,表明出票人无条件支付票据金额,而不附加任何条件。

③确定的金额。

④收款人名称。

⑤出票日期。

⑥出票人签章。本票上未记载上述绝对必要记载事项之一的,本票无效。

2. 本票的相对必要记载事项

本票的相对必要记载事项包括两项内容:①付款地。本票上未记载付款地的,出票人的营业场所为付款地。②出票地。本票上未记载出票地的,出票人的营业场所为出票地。

此外,本票上可以记载《票据法》规定事项以外的其他出票事项,但是这些事项并不发生本票上的效力。

三、见票付款

根据《票据法》的规定,银行本票是见票付款的票据,收款人或持票人在取得银行本票后,随时可以向出票人请求付款。本票自出票日起,付款期限最长不得超过 2 个月。

【知识链接】

持票人在规定的期限提示本票的,出票人必须承担付款的责任。持票人超过付款期限提示付款的,代理付款人不予受理。银行本票的代理付款人是代理出票银行审核支付银行本票款项的银行。如果持票人超过提示付款期限不获付款的,在票据权利时效内向出票银行作出说明,并提供本人身份证或单位证明,可持银行本票向出票银行请求付款。

如果本票的持票人未按照规定期限提示见票的,则丧失对出票人以外的背书人及其保证人等前手的追索权。由于本票的出票人是票据上的主债务人,对持票人负有绝对付款责任,除票据时效届满而使票据权利消灭或者要件欠缺而使票据无效外,并不因持票人未在规定期限内向其行使付款请求权而使其责任得以解除。因此,持票人仍对出票人享有付款请求权和追索权,只是丧失对背书人及其保证人等前手的追索权。

【案例 6 – 4】

甲出具一张银行本票给乙,乙将该本票背书转让给丙,丁作为乙的保证人在票据上签章。丙又将该本票背书转让给戊,戊作为持票人未按规定期限向出票人提示本票。根据《票据法》的有关规定,下列选项中,戊不得对谁行使追索权?

【评析】

戊不得对乙丙丁行使追索权。《票据法》规定,本票的持票人未按照规定期限提示见票的,丧失对出票人以外的前手的追索权。

第四节 支 票

一、支票概述

(一) 支票的概念

支票,是出票人签发的,委托办理支票存款业务的银行或者其他金融机构在见票时无条件支付确定的金额给收款人或者持票人的票据。

支票的基本当事人有三个:出票人、付款人和收款人。支票的出票人为在经中国人民银行批准办理支票存款业务的银行、城市信用合作社和农村信用合作社开立支票存款账户的企业、其他组织和个人。单位和个人在同一票据交换区域的各种款项结算,均可以使用支票。

支票与汇票和本票相比,有两个显著特征:

(1)支票的付款人仅限于银行或者其他金融机构。支票与汇票都属于委付证券,但《票据法》对支票付款人的资格有限制,我国支票的付款人仅限于经中国人民银行当地分支行批准办理支票业务的银行机构(包括银行、城市信用合作社和农村信用合作社)。

(2)支票是见票即付的票据。汇票、本票是信用证券,而支票是支付证券,其主要功能是代替现金进行支付。

(二) 支票的种类

《票据法》按照支付票款方式,将支票分为现金支票、转账支票和普通支票。

(1)现金支票。支票上印有"现金"字样的为现金支票,现金支票只能用于支取现金。

(2)转账支票。支票上印有"转账"字样的为转账支票,转账支票只能用于转账,不得支取现金。

(3)普通支票。支票上未印有"现金"或"转账"字样的为普通支票,普通支票可以用于支取现金,也可以用于转账。在普通支票左上角划两条平行线的,为划线支票,划线支票只能用于转账,不得支取现金。

(三) 支票适用汇票的有关规定

与本票一样,《票据法》只是对支票的个性方面的问题作了特别规定,而有关其一般性的问题,则适用《票据法》总则中的有关规定和汇票中的相关规定。除特别规定外,支票的背书、付款行为和追索权的行使,适用汇票的有关规定。

二、支票的出票

(一) 支票出票的概念

支票的出票,是指出票人委托银行或者其他金融机构无条件向持票人支付一定金额的票据行为。

支票出票人为在经中国人民银行当地分支行批准办理支票业务的银行机构开立可以使用支票的存款账户的单位和个人,其签发支票必须具备一定的条件:

(1)开立账户。开立支票存款账户,申请人必须使用其本名,并提交证明其身份的合法证件。

(2)存入足够支付的款项。开立支票存款账户和领用支票,应当有可靠的资信,并存入一定的资金。

(3)预留印鉴。开立支票存款账户,申请人应当预留其本名的签名式样和印鉴。

(二) 支票的记载事项

支票出票人做成有效的支票,必须按法定要求记载有关事项。记载事项分为绝对必要记载事项和相对必要记载事项。

1. 绝对必要记载事项

①表明"支票"的字样。这是支票文句的记载事项。

②无条件支付的委托。这是支票有关支付文句的记载事项。我国现行使用的支票记载支付的文句,一般在支票上已印好"上列款项请从我账户内支付"的字样。

③确定的金额。

④付款人名称。支票的付款人为支票上记载的出票人开户银行。

⑤出票日期。

⑥出票人签章。

支票上未记载绝对必要记载事项之一的,支票无效。

为了发挥支票灵活便利的特点,《票据法》规定了可以通过授权补记的方式记载的两项事项。

①支票上的金额可以由出票人授权补记,未补记前的支票,不得使用。出票人可以授权收款人就支票金额补记,收款人以外的其他人不得补记;在支票金额未补记之前,收款人不得背书转让,提示付款。

②支票上未记载收款人名称的,经出票人授权,可以补记。未补记前,支票不得背书转让和提示付款。此外,出票人可以在支票上记载自己为收款人。

除中国人民银行另有规定外,签发支票应使用碳素墨水或墨汁填写。同时,签发现金支票和用于支取现金的普通支票,必须符合国家现金管理的规定。

2. 相对必要记载事项

相对必要记载事项包括两项内容。

①付款地。支票上未记载付款地的,付款人的营业场所为付款地。

②出票地。支票上未记载出票地的,出票人的营业场所、住所或者经常居住地为出票地。此外,支票上可以记载非法定记载事项,但这些事项并不发生支票上的效力。

(三) 出票的其他法定条件

支票的出票行为取得法律上的效力,必须依法进行,除须按法定格式签发票据外,还须符合其他法定条件。这些法定条件包括:

(1)禁止签发空头支票。支票的出票人签发支票的金额不得超过付款时其在付款人处实有的存款金额。出票人签发的支票金额超过其付款时在付款人处实有的存款金额的,为空头支票。

(2)支票的出票人不得签发与其预留本名的签名式样或者印鉴不符的支票,使用支付密码的,出票人不得签发支付密码错误的支票。

支票的出票人委托付款人支付票款给收款人或持票人,作为支票付款人的银行并不是支票上的债务人,只是受出票人的委托从其账户支付票款。由于出票人开立支票存款账户时必须预留其本名的签名式样和印鉴或使用了支付密码,为了保障银行支付的票款确系出票人签发的票款,故出票人签发支票时,必须使用与其本名的签名式样和印鉴相一致的签章或使用相应的支付密码,否则,该支票即为无效。

(3)签发现金支票和用于支取现金的普通支票,必须符合国家现金管理的规定。

(四) 支票出票的效力

支票出票的效力,是指出票人签发支票后,出票人、付款人和收款人所承担的责任或享有的权利。

1. 出票人承担担保支票付款的责任

出票人必须按照签发的支票金额承担保证向该持票人付款的责任。出票人必须在付款人处存有足够可处分的资金,以保证支票票款的支付;当付款人对支票拒绝付款或者超过支票付款提示期限的,出票人应向持票人承担付款责任。

2. 付款人在一定条件下负有向持票人付款的义务

出票人在付款人处的存款足以支付支票金额时,付款人应当在见票当日足额付款。

3. 收款人取得向付款人请求付款的权利及一定条件下行使追索权

出票人一经签发支票,支票收款人取得向付款人请求付款的权利。收款人也可以在一定条件下行使追索权。如果收款人遭付款拒绝,在法定期限内履行了保全手续后,即可向其前手行使追索权。

三、支票的付款

支票的付款,是指付款人根据持票人的请求向其支付支票金额,以消灭支票关系的行为。支票限于见票即付,不得另行记载付款日期。另行记载付款日期的,该记载无效。

(一)支票的提示付款期限

持票人在请求付款时,必须为付款提示。支票的持票人应当自出票日起 10 日内提示付款;异地使用的支票,其提示付款的期限由中国人民银行另行规定。除中国人民银行另有规定外,支票的提示付款期限自出票日起 10 日。

持票人超过提示付款期限提示付款的,持票人开户银行不予受理,付款人不予付款;付款人不予付款的,出票人仍应当对持票人承担票据责任。持票人超过提示付款期限的,并不丧失对出票人的追索权,出票人仍应当对持票人承担支付票款的责任。

(二)付款

出票人在付款人处的存款足以支付支票金额时,付款人应当在当日足额付款。持票人在提示期间内向付款人提示票据,付款人在对支票进行审查之后,如未发现有不符规定之处,即应向持票人付款。

(三)付款责任的解除

付款人依法支付支票金额的,对出票人不再承担受委托付款的责任,对持票人不再承担付款的责任。但是,付款人因恶意或者有重大过失付款的除外。这里所指的恶意或者有重大过失付款是指付款人在收到持票人提示的支票时,明知持票人不是真正的票据权利人,支票的背书以及其他签章系属伪造,或者付款人不按照正常的操作程序审查票据等情形。在此情况下,付款人不能解除付款责任,由此造成损失的,由付款人承担赔偿责任。

第五节 违反票据法的法律责任

一、票据欺诈行为的法律责任

票据欺诈行为,是指以票据为载体,以非法占有为目的,采用伪造、变造,或者故意使用伪造、变造的票据等欺骗手段,骗取他人财物的行为。

票据欺诈行为包括以下几种行为:

①伪造、变造票据。

②故意使用伪造、变造的票据。

③签发空头支票或者故意签发与其预留的本名签名式样或者印鉴不符的支票,骗取财物。

④签发无可靠资金来源的汇票、本票,骗取资金。

⑤汇票、本票的出票人在出票时作虚假记载,骗取财物。

⑥冒用他人的票据,或者故意使用过期或者作废的票据,骗取财物。

⑦付款人同出票人、持票人恶意串通,实施前六项所列行为之一的。

行为人实施上述票据欺诈行为之一,构成犯罪的,应根据《刑法》有关破坏金融管理秩序罪和金融诈骗罪的有关规定依法承担刑事法律责任。

行为人实施上述票据欺诈行为之一,情节轻微,不构成犯罪的,由公安机关依照国家有关规定给予警告、罚款、没收非法所得、停止办理某项业务、停业整顿、吊销营业执照或经营许可证、拘留等行政处罚。签发空头支票或者签发与其预留的签章不符的支票,不以骗取财物为目的的,出票人应当承担票据法律责任,由中国人民银行对于票据欺诈行为的处罚处以票面金额5%但不低于1000元的罚款;持票人有权要求出票人赔偿支票金额2%的赔偿金。行为人实施票据欺诈行为,给他人造成损失的,应当承担民事赔偿责任。

二、金融机构及其工作人员的法律责任

金融机构对违反法律规定的票据,不得承兑、贴现、付款或者保证。金融机构对违反法律规定的票据,予以承兑、贴现、付款或者保证的,给予警告,没收违法所得,并处违法所得1倍以上3倍以下的罚款,没有违法所得的,处5万元以上30万元以下的罚款;对该金融机构直接负责的高级管理人员、其他直接负责的主管人员和直接责任人员,给予记大过直至开除的纪律处分;造成资金损失的,对该金融机构直接负责的高级管理人员,给予撤职直至开除的纪律处分;构成对违法票据承兑、付款、保证罪或者其他罪的,依法追究刑事责任。

金融机构不得出具与事实不符的票据等金融票证。金融机构弄虚作假,出具与事实不符的票据等金融票证的,给予警告,没收违法所得,并处违法所得 1 倍以上 5 倍以下的罚款,没有违法所得的,处 10 万元以上 50 万元以下的罚款;对该金融机构直接负责的高级管理人员、其他直接负责的主管人员和直接责任人员,给予开除的纪律处分;构成非法出具金融票证罪或者其他罪的,依法追究刑事责任。

金融机构工作人员在票据业务中玩忽职守,对违反法律规定的票据予以承兑、付款、保证或者贴现的,对直接负责的主管人员和其他直接责任人员给予警告、记过、撤职或者开除的处分;给当事人造成损失的,由该金融机构与直接责任人员依法承担连带赔偿责任;造成重大损失,构成犯罪的,根据《刑法》渎职罪的有关规定依法追究刑事责任。

三、付款人故意压票,拖延支付的法律责任

票据的付款人对见票即付或者到期的票据,故意压票、拖延支付的,由中国人民银行处以压票、拖延支付期间内每日票据金额 0.7‰的罚款;对直接负责的主管人员和其他直接责任人员给予警告、记过、撤职或者开除的处分。

票据的付款人故意压票、拖延支付,给持票人造成损失的,依法承担赔偿责任。

四、擅自印制票据的法律责任

违反中国人民银行的规定,擅自印制票据的,由中国人民银行责令改正,处以 1 万元以上 20 万元以下的罚款;情节严重的,中国人民银行有权提请有关部门吊销其营业执照。

【思考题】

1. 我国《票据法》规定的汇票、本票、支票的基本分类有哪些?
2. 票据基础关系与票据关系的联系和区别有哪些?
3. 我国《票据法》对票据行为形式要件有何规定?
4. 付款请求权和追索权有何联系和区别?
5. 伪造、变造票据的法律后果是什么?
6. 我国法律对票据丧失与权利补救有何规定?
7. 票据出票对汇票、本票、支票出票人的效力有何异同?
8. 票据背书的效力有哪些?
9. 票据承兑具有哪些效力?
10. 票据保证人的责任和权利有哪些?

第七章 保 险 法

【学习要点及目标】

1. 了解关于保险公司的主要规定,掌握保险以及保险法的概念和特征。

2. 了解关于保险经营的基本规定,掌握保险法规定的经营原则。

3. 了解财产保险合同、人身保险合同、保险合同中理赔与索赔的基本规定。

4. 理解保险合同的基本特征、内容,保险合同当事人以及保险权利义务等基本规定。

5. 了解保险代理人、保险经营人的法律规制,了解保险业监督管理的主要内容。

第一节 保险法概述

一、保险与保险法

(一) 保险

保险是投保人根据合同约定,向保险人支付保险费,保险人对于合同约定的可能发生的事故因其发生所造成的财产损失承担赔偿保险金责任,或者当被保险人死亡、伤残、疾病或者达到合同约定的年龄、期限等条件时承担给付保险金责任的行为。依据《中华人民共和国保险法》(以下简称《保险法》)的规定,保险是一种商事行为。

商业保险主要分为财产保险和人身保险。财产保险是以各种物质财产为保险标的的保险,保险人对物质财产或者物质财产利益的损失负赔偿责任。人身保险是以人的身体或者生命作为保险标的的保险,保险人承担被保险人保险期间遭受到人身伤亡,或者保险期满被保险人伤亡或者生存时,给付保险金的责任。人身保险除了包括人寿保险外,还包括健康保险和人身意外伤害险。

商业保险有如下特征:

(1)商业保险所反映的保险关系是通过保险合同体现的。

(2)商业保险是双方当事人协商一致的自愿行为。

(3)商业保险的经营主体是商业保险公司。

(4)商业保险的对象可以是人和物(包括有形的和无形的),具体标的包括人的生命和身体、财产以及与财产有关的利益、责任、信用等。

(5)商业保险的基本形式是缴费和赔付。

(6)商业保险的保险基金由保险费构成。

(7)商业保险的经营要以营利为目的。

(二) 保险法

保险法是调整一定范围内保险关系的法律规范的总称。保险法分为狭义的保险法和广义的保险法。狭义的保险法是指保险公司法和保险合同法等法律法规。广义的保险法是以保险关系为调整对象的各种法律规范的总和,除了包括狭义的保险法外,还包括国家对保险事业的监督管理等规定。本书所讲的保险法是广义的保险法。

从法律形态上看,保险法可以分为形式意义上的保险法与实质意义上的保险法。形式意义上的保险法,仅指以"保险法"命名的法典式法律,如我国的《保险法》。实质意义上的保险法,则指一切调整保险关系及保险业的组织、活动的法律规范、司法解释、规章等规范性文件。

二、我国的保险法

1995 年 6 月 30 日第八届全国人民代表大会常务委员会第十四次会议通过《中华人民共和国保险法》;2002 年 10 月 28 日,第九届全国人民代表大会常务委员会第三十次会议作出《关于修改〈中华人民共和国保险法〉的决定》第一次修正。2009 年 2 月 28 日,第十一届全国人民代表大会常务委员会第七次会议对《保险法》作了修订,修订后的《保险法》自 2009 年 10 月 1 日起施行。2014 年 8 月 31 日,第十二届全国人民代表大会常务委员会第十次会议第二次修正;2015 年 4 月 24 日,第十二届全国人民代表大会常务委员会第十四次会议第三次修正。现行的《保险法》,共有八章,185 条,包括总则、保险合同、一般规定、人身保险合同、财产保险合同、保险公司、保险经营规则、保险代理人和保险经纪人、保险业监督管理、法律责任、附则。

《保险法》在第 1 条规定了立法目的:为了规范保险活动,保护保险活动当事人的合法权益,加强对保险业的监督管理,维护社会经济秩序和社会公共利益,促进保险事业的健康发展。《保险法》适用于在中华人民共和国境内从事的保险活动。

三、保险法的主要内容

保险法具体可分为以下四种。

(一) 保险合同法

保险合同法是调整保险合同双方当事人关系的法律规范。保险方及投保方的保险关系是通过保险合同确定的,有关保险合同的签订、变更、终止以及当事人权利义务的法律法规,均属保险合同法。

（二）保险业法

保险业法又称保险业监督法，是调整国家和保险机构的关系的法律规范。凡是规范保险机构设立、经营、管理和解散等的有关法律法规均属于保险业法。

（三）保险特别法

保险特别法是专门规范特定的保险种类的保险关系的法律规范。对某些有特别要求或对国计民生具有特别意义的保险，国家专门为之制定法律。如英国的海上保险法、日本的人身保险法。在这种保险特别法中，往往既调整该险种的保险合同关系，也调整国家对该险种的管理监督关系。

（四）社会保险法

社会保险法是国家就社会保障所颁发的法律法规的总称。本书所讲的保险法主要是商业保险。

四、保险法的经营原则

根据我国《保险法》的规定，我国保险法的立法目的是规范保险活动，保护保险活动当事人的合法权益，加强对保险业的监督管理，维护社会经济秩序和社会公共利益，促进保险事业的健康发展。保险法的经营原则主要有以下几种：

（一）保险合法原则

《保险法》规定，从事保险活动必须遵守法律、行政法规，尊重社会公德，不得损害社会公共利益。《民法典》第8条规定，"民事主体从事民事活动，不得违反法律，不得违背公序良俗。"

（二）保险自愿原则

在从事保险活动时，保险法律关系的主体有权根据自己的意愿设立、变更和终止保险关系。尤其是投保人有自愿投保的意愿，保险人才能与其确立保险法律关系。《保险法》规定了保险自愿原则，《保险法》第11条第2款还规定："除法律、行政法规规定必须保险的外，保险合同自愿订立。"《民法典》第5条规定："民事主体从事民事活动，应当遵循自愿原则，按照自己的意思设立、变更、终止民事法律关系。"

（三）保险诚实信用原则

诚实信用是世界各国民事、商事活动都应遵循的基本原则，也是保险活动应当遵循的基本原则。保险诚信原则是保险最重要的原则之一。保险活动当事人行使权利、履行义务应当遵循诚实信用原则。所谓诚实信用，是指任何一方当事人对另一方当事人不得隐瞒、欺骗，做到诚实；任何一方当事人都应善意地、全面地履行自己的义务，做到守信用。由于保险经营活动的特殊性,保险活动中对诚信原则的要求更为严格,要求作到最大诚信。

🏴【知识链接】

最大诚信原则的基本内容

最大诚信原则的基本内容包括告知、保证、弃权与禁止反言。其中,告知与保证主要是对投保人、被保险人与保险人的约束,弃权与禁止反言则主要是约束保险人的。

我国《保险法》第16条规定:"订立保险合同,保险人就保险标的或者被保险人的有关情况提出询问的,投保人应当如实告知。"

所谓告知义务,是指在保险合同订立过程中,当事人依法应将与合同订立有关的事实如实向对方陈述或说明的义务。投保人告知的内容仅限于与保险标的或被保险人有关的一切重要事实。保险人告知的内容主要包括保险合同的条款内容以及与保险合同的订立有关的事项。[1]

所谓保证是投保人或被保险人对某一事项的作为或不作为,某种事态的存在或不存在作出的许诺。保证是保险人签发保险单或承担保险责任所需投保人或被保险人履行某种义务的条件,其目的在于控制风险,确保保险标的及其周围环境处于良好的状态中。

弃权是指保险人放弃其在保险合同中可以主张的某种权利。

禁止反言是指保险人既已放弃某种权利,日后不得再向被保险人主张这种权利。

《保险法》将诚实信用原则单独予以规定,《保险法》第5条规定:"保险活动当事人行使权利、履行义务应当遵循诚实信用原则。"《民法典》第7条规定:"民事主体从事民事活动,应当遵循诚信原则,秉持诚实,恪守承诺。"

💬【案例7-1】

某保险公司承保了某公司企业财产险,保险公司在承保时曾询问该公司是否安装消防自动喷淋设备,该公司告知"已安装"。后来,该公司告知保险公司其存放成品的仓库未安装消防自动喷淋设备,但是已经采取了其他有效的消防措施,足以保证仓库安全,请求保险人按原保险条件承保。保险公司同意按原保单条件继续承保。不久,该公司发生火灾,其存放成品的仓库损失严重。公司向保险公司提出索赔请求。

保险公司经调查发现:该公司现有条件根本不具备保证成品仓库安全的条件。根据行业惯例,此类企业如果没有消防自动喷淋设施,就不予承保或提高保险费率。经火灾专家鉴定,如果安装了消防自动喷淋设施就足以及时扑灭大火。因此,保险公司认为,该公司在签订合同时未履行如实告知义务。在保险合同期间内,该公司虽然作了补充告

---

〔1〕 告知的形式有:询问回答式的告知和无限告知,多数国家采取询问回答式的告知,保险人询问的问题即是重要事实,投保人没有义务告知保险人询问以外的问题。

知,但仍未尽到如实告知义务,保险公司有权解除保险合同、不承担赔偿责任。

【评析】

最大诚信原则是保险法的基本原则之一,它要求投保人在投保时履行如实告知义务。即使是在保险合同订立之后,投保人补充告知有关情况,也应该保证这些情况的真实可靠。法院经审理后依法作出判决,保险公司不承担保险责任。

(四) 分业经营原则

保险业和银行业、证券业、信托业实行分业经营、分业管理,保险公司与银行、证券、信托业务机构分别设立。国家另有规定的除外。

(五) 保险专营原则

1. 保险业务专营

保险业务由依照《保险法》设立的保险公司以及法律、行政法规规定的其他保险组织经营,其他单位和个人不得经营保险业务。

2. 保险公司专营

在中华人民共和国境内的法人和其他组织需要办理境内保险的,应当向中华人民共和国境内的保险公司投保。

五、保险公司

(一) 保险公司的设立

我国《保险法》规定,设立保险公司应当经国务院保险监督管理机构批准。

设立保险公司应当具备下列条件:①主要股东具有持续盈利能力,信誉良好,最近 3 年内无重大违法违规记录,净资产不低于人民币 2 亿元;②有符合《保险法》和《公司法》规定的章程;③有符合《保险法》规定的注册资本;④有具备任职专业知识和业务工作经验的董事、监事和高级管理人员;⑤有健全的组织机构和管理制度;⑥有符合要求的营业场所和与经营业务有关的其他设施;⑦法律、行政法规和国务院保险监督管理机构规定的其他条件。

同时,《保险法》第 69 条规定,设立保险公司,其注册资本的最低限额为人民币 2 亿元。

【知识链接】

《公司法》有关公司章程的规定

设立公司必须依法制定公司章程。公司章程对公司、股东、董事、监事、高级管理人员具有约束力。

有限责任公司章程应当载明下列事项:①公司名称和住所;②公司经营范围;③公司

注册资本;④股东的姓名或者名称;⑤股东的出资方式、出资额和出资时间;⑥公司的机构及其产生办法、职权、议事规则;⑦公司法定代表人;⑧股东会会议认为需要规定的其他事项。股东应当在公司章程上签名、盖章。

股份有限公司章程应当载明下列事项:①公司名称和住所;②公司经营范围;③公司设立方式;④公司股份总数、每股金额和注册资本;⑤发起人的姓名或者名称、认购的股份数、出资方式和出资时间;⑥董事会的组成、职权和议事规则;⑦公司法定代表人;⑧监事会的组成、职权和议事规则;⑨公司利润分配办法;⑩公司的解散事由与清算办法;⑪公司的通知和公告办法;⑫股东大会会议认为需要规定的其他事项。

国务院保险监督管理机构根据保险公司的业务范围、经营规模,可以调整其注册资本的最低限额,但不得低于第(1)项规定的限额。保险公司的注册资本必须为实缴货币资本。

(二) 保险公司的申请和审批

1. 保险公司的申请

申请设立保险公司,应当向国务院保险监督管理机构提出书面申请,并提交下列材料:①设立申请书,申请书应当载明拟设立的保险公司的名称、注册资本、业务范围等;②可行性研究报告;③筹建方案;④投资人的营业执照或者其他背景资料,经会计师事务所审计的上一年度财务会计报告;⑤投资人认可的筹备组负责人和拟任董事长、经理名单及本人认可证明;⑥国务院保险监督管理机构规定的其他材料。

2. 保险公司的审批

国务院保险监督管理机构应当对设立保险公司的申请进行审查,自受理之日起6个月内作出批准或者不批准筹建的决定,并书面通知申请人。决定不批准的,应当书面说明理由。

国务院保险监督管理机构应当自受理开业申请之日起60日内,作出批准或者不批准开业的决定。决定批准的,颁发经营保险业务许可证;决定不批准的,应当书面通知申请人并说明理由。

3. 保险公司的变更

经保险监督管理机构批准设立的保险公司,为了保护保险活动当事人的合法权益,一般不得随意变更。

保险公司有下列情形之一的,应当经保险监督管理机构批准:①变更名称;②变更注册资本;③变更公司或者分支机构的营业场所;④撤销分支机构;⑤公司分立或者合并;⑥修改公司章程;⑦变更出资额占有限责任公司资本总额5%以上的股东,或者变更持有股份有限公司股份5%以上的股东;⑧国务院保险监督管理机构规定的其他情形。

4. 保险公司的终止

(1)保险公司终止的条件

我国《保险法》第89条规定,保险公司因分立、合并需要解散,或者股东会、股东大会决议解散,或者公司章程规定的解散事由出现,经国务院保险监督管理机构批准后解散。

(2)人寿保险业务终止的特殊规定

经营有人寿保险业务的保险公司,除因分立、合并或者被依法撤销外,不得解散。经营有人寿保险业务的保险公司被依法撤销或者被依法宣告破产的,其持有的人寿保险合同及责任准备金,必须转让给其他经营有人寿保险业务的保险公司;不能同其他保险公司达成转让协议的,由国务院保险监督管理机构指定经营有人寿保险业务的保险公司接受转让。

(3)保险清算的顺序

保险公司解散,应当依法成立清算组进行清算。保险公司有《破产法》第2条规定情形的,经国务院保险监督管理机构同意,保险公司或者其债权人可以依法向人民法院申请重整、和解或者破产清算;国务院保险监督管理机构也可以依法向人民法院申请对该保险公司进行重整或者破产清算。

破产财产在优先清偿破产费用和共益债务后,按照下列顺序清偿:①所欠职工工资和医疗、伤残补助、抚恤费用,所欠应当划入职工个人账户的基本养老保险、基本医疗保险费用,以及法律、行政法规规定应当支付给职工的补偿金;②赔偿或者给付保险金;③保险公司欠缴的除第①项规定以外的社会保险费用和所欠税款;④普通破产债权。

破产财产不足以清偿同一顺序的清偿要求的,按照比例分配。破产保险公司的董事、监事和高级管理人员的工资,按照该公司职工的平均工资计算。

保险公司依法终止其业务活动,应当注销其经营保险业务许可证。

第二节 保 险 合 同

一、保险合同的概念

保险合同作为合同的一种,是投保人与保险人约定保险权利义务关系的协议。

二、保险合同的特征

(一) 保险合同是最大诚信合同

由于保险经营的特殊性,即保险标的掌握在被保险人手中,而保险条款由保险人事先拟定,双方信息完全不对等,这就要求在保险合同订立过程中,当事人依法应将与合同订立有关的事实如实向对方陈述或说明,所以保险合同是最大诚信合同。

(二) 保险合同是附合合同

附合合同又称为格式合同、标准合同。格式合同是由一方当事人事先拟定好,对方当事人附和、同意该合同条款而订立的合同。格式条款是当事人为了重复使用而预先拟定，并在订立合同时未与对方协商的条款。

保险条款是格式条款，是由保险人事先拟定好的，在订立保险合同时，投保人只表示接受与否，所以保险合同是附合合同。

（三）保险合同是双务合同

依据合同双方当事人是否互享权利、互负义务，可以将合同划分为双务合同和单务合同。单务合同，是指合同一方当事人只享有权利不承担义务，而另一方当事人只承担义务不享有权利，如赠与合同等。

我国《保险法》第14条规定："保险合同成立后，投保人按照约定交付保险费，保险人按照约定的时间开始承担保险责任。"由此可见，保险合同属于双务合同。

（四）保险合同是射幸合同

对于单个保险合同而言，如果在保险期限内没有发生保险事故，投保人、被保险人只交纳了保险费，却没有获得实际的保险金赔偿或者给付；但如果在保险期限内发生保险事故，被保险人或受益人获得的保险金赔偿或者给付数额可能远远大于所缴纳的保险费。

因此，对于单个保险合同而言，投保人所缴纳的保险费与获得的保险金是不相等的，所以保险合同具有射幸性特征。但就全部保险合同而言，投保人交纳的纯保险费总额与保险人支付的保险金总额是相等的。

【知识链接】

射 幸 合 同

"射幸"是传统民法术语，意思是侥幸、碰运气。射幸合同是指合同双方在订立合同时不能确定各自的利益或结果的协议。

（五）保险合同是诺成性合同

所谓诺成性合同，是指合同在双方当事人的意思表示达成一致时即告成立，即"一诺即成"，无需交付标的物。

我国《保险法》第13条规定："投保人提出保险要求，经保险人同意承保，保险合同成立。"保险合同成立后，投保人按照约定交付保险费；保险人按照约定的时间开始承担保险责任。由此可以看出，法律并未规定投保人交纳保险费为合同成立要件，保险合同为"一诺即成"，所以保险合同属于诺成性合同。

（六）保险合同是非要式合同

非要式合同，是指法律对合同的成立形式没有特别的要求，只要当事人就合同的主要条款达成一致，合同就成立。我国《保险法》规定，投保人提出保险要求，经保险人同意承保,保险合同成立。所以,保险合同无需特别的形式要求。

三、保险合同的种类

(一)财产保险合同与人身保险合同

根据保险标的的不同,可以将保险合同分为财产保险合同和人身保险合同。财产保险合同是以财产及其有关利益为保险标的的保险合同。人身保险合同是以人的寿命和身体为保险标的的保险合同。

(二)定额保险合同和补偿性保险合同

根据保险合同的性质不同,可以将保险合同分为定额保险合同和补偿性保险合同。

定额保险合同,是指当发生保险事故或约定的给付期限到来时,保险人按照合同约定的金额给付保险金的保险合同。大多数人身保险合同属于定额保险合同。

补偿性保险合同,是指当发生保险事故时,保险人在保险金额内补偿被保险人的实际损失。财产保险合同是典型的补偿性保险合同。另外,部分人身保险合同,如住院医疗费用保险合同、意外伤害医疗费用保险合同也属于补偿性保险合同。

(三)定值保险合同与不定值保险合同

在财产保险合同中,以保险标的的保险价值是否由投保人和保险人事先约定并在保险合同中载明为划分标准,可将财产保险合同分为定值保险合同与不定值保险合同。

定值保险合同,是指保险标的的保险价值由投保人和保险人事先约定并在保险合同中载明,然后根据保险价值确定保险金额。

不定值保险合同,是指投保人和保险人并不事先约定保险标的的保险价值,也并不在保险合同中载明该价值,而是按照保险事故发生时保险标的的实际价值确定,投保人和保险人只约定并在保险合同中载明保险金额。

(四)足额保险合同、不足额保险合同与超额保险合同

根据保险金额与保险价值的关系,又可将保险公司分为足额保险合同、不足额保险合同和超额保险合同。

足额保险合同,指保险金额等于保险价值的合同,发生损失时足额赔偿。

不足额保险合同,指保险金额小于保险价值的合同,发生损失时的赔偿数据小于保险费。

超额保险合同,指保险金额大于保险价值的合同,这类合同发生损失时足额赔偿,并不退还超额部分的保险费。

(五)单一保险合同、共同保险合同和重复保险合同

以投保人是否就同一保险标的、同一保险利益、同一保险事故与数个保险人订立保

险合同为划分标准,可以将保险合同分为单一保险合同、共同保险合同和重复保险合同。

单一保险合同,是指投保人就同一保险标的、同一保险利益、同一保险事故与同一个保险人订立的保险合同。

共同保险合同是指投保人就同一保险标的、同一保险利益、同一保险事故与数个保险人订立保险合同,保险金额总和未超过保险价值。

重复保险合同是指投保人就同一保险标的、同一保险利益、同一保险事故与数个保险人订立保险合同,保险金额总和超过保险价值。

(六) 原保险合同和再保险合同

以保险合同的当事人、保险标的是否相同为划分标准,可以将保险合同分为原保险合同和再保险合同。

原保险合同,是指投保人与保险人订立的以财产及其有关利益或人的寿命和身体为保险标的的保险合同。

再保险合同,是指原保险人与再保险人订立的以原保险人承担的保险责任为保险标的的保险合同。

四、保险合同的主体

保险合同的主体,是指保险合同的参加者或当事人,是保险合同不可或缺的要素之一。它一般包括保险合同的当事人和保险合同的关系人。此外,还有一种人虽不是保险合同的主体,但其是保险当事人之间的媒介,或者说为保险合同的订立与履行起辅助作用,习惯上称之为保险合同的辅助人。

因此,保险合同的主体包括保险合同的当事人、关系人和辅助人。

(一) 保险合同的当事人

保险合同的当事人是指参与订立保险合同的主体。保险合同的当事人包括以下几种。

1. 保险人

保险人又称承保人,是指依法成立的,收取保险费并按合同规定负责赔偿损失或履行给付义务的人。通常指经营保险事业的各项组织。我国《保险法》第 10 条第 3 款将保险人定义为:"保险人是指与投保人订立保险合同,并按照合同约定承担赔偿或者给付保险金责任的保险公司。"保险人必须在核准的经营范围内经营保险业务,如果超出经营范围,则其进行的保险活动无效。

2. 投保人

投保人又称要保人,是指对保险标的具有保险利益,向保险人申请订立保险合同,并负有交付保险费义务的人。我国《保险法》第 10 条第 2 款将投保人定义为:"投保人是指与保险人订立保险合同,并按照合同约定负有支付保险费义务的人。"投保人可以是自然人,也可以是法人。

3. 被保险人

被保险人,是指以其财产、生命或者身体作为保险标的,受到保险合同保障,在保险事故发生时,享有保险金请求权的人。我国《保险法》第12条第5款将被保险人定义为:"被保险人是指其财产或者人身受保险合同保障,享有保险金请求权的人。"

无论财产保险合同,还是人身保险合同,投保人与被保险人既可为同一人,也可为不同的人,区别在于投保人是为自己的利益还是为他人的利益订立保险合同。

(二) 保险合同的关系人

保险合同的关系人是指与保险合同有经济利益关系,但不直接参与保险合同的订立的主体。保险合同的关系人,主要指受益人,又称保险金受领人,是指人身保险合同中由被保险人或者投保人指定的享有保险金请求权的人。

根据《保险法》第18条第三款规定:"受益人是指人身保险合同中由被保险人或者投保人指定的享有保险金请求权的人。投保人、被保险人可以为受益人。"投保人在填写投保单时需要指定受益人。在投保单受益人栏内指定的受益人仅指身故受益人,即被保险人身故后享有保险金请求权的人。

在保险实务中,保险条款一般规定生存保险金、疾病保险金和伤残保险金的受益人只能是被保险人本人,保险公司不受理其他受益人的指定。保险条款这样规定的目的主要是保护被保险人的合法权益,当被保险人生存、疾病或伤残时能获得保险保障,从而实现保险的目的和功能。

(三) 保险合同的辅助人

保险合同的辅助人是指协助保险合同的当事人签署保险合同或履行保险合同,并办理有关保险事项的人。保险合同的辅助人主要是指保险代理人、经纪人、公估人和体检医师。他们虽然不是保险合同的主体,但对保险合同的订立和履行往往起到重要作用。

1. 保险代理人

保险代理人即保险人的代理人,也称保险代理商,是指根据保险人的委托,向保险人收取代理手续费,并在保险人授权的范围内代办理保险业务的机构或者个人。《保险法》第117条规定:"保险代理人是根据保险人的委托,向保险人收取佣金,并在保险人授权的范围内代为办理保险业务的机构或者个人。保险代理机构包括专门从事保险代理业务的保险专业代理机构和兼营保险代理业务的保险兼业代理机构。"

保险代理人一般具有以下几个特征。

(1)保险代理人必须以保险人名义进行保险活动。

(2)保险代理人必须在代理权限内进行保险活动。

(3)保险代理人代理活动的法律后果由保险人承担。

我国保险代理人分为专业代理人、兼业代理人和个人代理人三种。专业代理人是指专门从事保险代理业务的保险代理机构。兼业代理人,是指受保险人委托,在从事自身业务的同时,指定专人为保险人代办保险业务的单位。个人代理人,是指根据保险人委托,向保险人收取代理手续费,并在保险人授权的范围内代为办理保险业务的人。

2. 保险经纪人

保险经纪人是指基于投保人的利益,代理保险人洽谈、订立保险合同,而向承保的保险人收取佣金的人。我国《保险法》第118条规定:"保险经纪人是基于投保人的利益,为投保人与保险人订立保险合同提供中介服务,并依法收取佣金的机构。"中国保险监督管理委员会于2018年1月17日审议通过《保险经纪人监管规定》(该规定2018年5月1日起实施)。根据《保险经纪人监管规定》,"保险经纪人是指基于投保人的利益,为投保人与保险公司订立保险合同提供中介服务,并依法收取佣金的机构,包括保险经纪公司及其分支机构"。保险经纪公司在中华人民共和国境内经营保险经纪业务,应当符合中国保险监督管理委员会(以下简称中国保监会)规定的条件,取得经营保险经纪业务许可证。

根据《保险经纪人监管规定》,除中国保监会另有规定外,保险经纪人应当采取下列组织形式:①有限责任公司;②股份有限公司。保险经纪公司经营保险经纪业务,应当具备下列条件:①股东符合本规定要求,且出资资金自有、真实、合法,不得用银行贷款及各种形式的非自有资金投资。②注册资本符合本规定第10条要求。保险经纪公司的注册资本必须为实缴货币资本。经营区域不限于工商注册登记地所在省、自治区、直辖市、计划单列市的保险经纪公司的注册资本最低限额为5000万元。经营区域为工商注册登记地所在省、自治区、直辖市、计划单列市的保险经纪公司的注册资本最低限额为1000万元。并且按照中国保监会的有关规定托管。③营业执照记载的经营范围符合中国保监会的有关规定。④公司章程符合有关规定。⑤公司名称符合本规定要求。⑥高级管理人员符合本规定的任职资格条件。⑦有符合中国保监会规定的治理结构和内控制度,商业模式科学合理可行。⑧有与业务规模相适应的固定住所。⑨有符合中国保监会规定的业务、财务信息管理系统。⑩法律、行政法规和中国保监会规定的其他条件。

《保险经纪人监管规定》规定,保险经纪人可以经营下列全部或者部分业务:①为投保人拟订投保方案、选择保险公司以及办理投保手续;②协助被保险人或者受益人进行索赔;③再保险经纪业务;④为委托人提供防灾、防损或者风险评估、风险管理咨询服务;⑤中国保监会规定的与保险经纪有关的其他业务。保险经纪人从事保险经纪业务不得超出承保公司的业务范围和经营区域;从事保险经纪业务涉及异地共保、异地承保和统括保单,中国保监会另有规定的,从其规定。保险经纪人及其从业人员不得销售非保险金融产品,经相关金融监管部门审批的非保险金融产品除外。

保险经纪人及其从业人员销售符合条件的非保险金融产品前,应当具备相应的资质要求。保险经纪人应当根据法律、行政法规和中国保监会的有关规定,依照职责明晰、强化制衡、加强风险管理的原则,建立完善的公司治理结构和制度;明确管控责任,构建合规体系,注重自我约束,加强内部追责,确保稳健运营。保险经纪从业人员应当在所属保险经纪人的授权范围内从事业务活动。保险经纪人通过互联网经营保险经纪业务,应当符合中国保监会的规定。

【知识链接】
保险经纪人办理保险业务活动中不得进行的行为

《保险经纪人监管规定》明确规定保险经纪人及其从业人员在办理保险业务活动中不得有下列行为:①欺骗保险人、投保人、被保险人或者受益人;②隐瞒与保险合同有关的重要情况;③阻碍投保人履行如实告知义务,或者诱导其不履行如实告知义务;④给予或者承诺给予投保人、被保险人或者受益人保险合同约定以外的利益;⑤利用行政权力、职务或者职业便利以及其他不正当手段强迫、引诱或者限制投保人订立保险合同;⑥伪造、擅自变更保险合同,或者为保险合同当事人提供虚假证明材料;⑦挪用、截留、侵占保险费或者保险金;⑧利用业务便利为其他机构或者个人牟取不正当利益;⑨串通投保人、被保险人或者受益人,骗取保险金;⑩泄露在业务活动中知悉的保险人、投保人、被保险人的商业秘密。

保险经纪人应当按照中国保监会的规定开展再保险经纪业务。保险经纪人从事再保险经纪业务,应当设立专门部门,在业务流程、财务管理与风险管控等方面与其他保险经纪业务实行隔离。

保险经纪人及其从业人员在开展保险经纪业务过程中,不得索取、收受保险公司或者其工作人员给予的合同约定之外的酬金、其他财物,或者利用执行保险经纪业务之便牟取其他非法利益。保险经纪人不得以捏造、散布虚假事实等方式损害竞争对手的商业信誉,不得以虚假广告、虚假宣传或者其他不正当竞争行为扰乱保险市场秩序;不得与非法从事保险业务或者保险中介业务的机构或者个人发生保险经纪业务往来。保险经纪人不得以缴纳费用或者购买保险产品作为招聘从业人员的条件,不得承诺不合理的高额回报,不得以直接或者间接发展人员的数量或者销售业绩作为从业人员计酬的主要依据。

《保险经纪人监管规定》要求,保险经纪公司退出保险经纪市场,应当遵守法律、行政法规及其他相关规定。保险经纪公司有下列情形之一的,中国保监会派出机构依法注销许可证,并予以公告:①许可证有效期届满未延续的;②许可证依法被撤回、撤销或者吊销的;③因解散或者被依法宣告破产等原因依法终止的;④法律、行政法规规定的其他情形。被注销许可证的保险经纪公司应当及时交回许可证原件;许可证无法交回的,中国保监会派出机构在公告中予以说明。被注销许可证的保险经纪公司应当终止其保险经纪业务活动,并自许可证注销之日起 15 日内书面报告工商注册登记所在地的工商行政管理部门。公司继续存续的,不得从事保险经纪业务,并应当依法办理名称、营业范围和公司章程等事项的工商变更登记,确保其名称中无"保险经纪"字样。

3. 保险公估人

保险公估人,是指向保险人或被保险人收取费用,为其办理保险标的评估、勘验、鉴定、估损、理算等业务给予证明的人。一般来说,保险公估人是一种法人组织,它既是直接服务于保险的辅助机构,又是独立于保险业之外的营利性实体。

2001 年 11 月 16 日,中国保险监督管理委员会颁布了《保险公估机构管理规定》。该规定明确了我国保险公估人必须是经中国保险监督管理委员会批准设立的,专门从事保险标的评估、勘验、鉴定、估损、理算等业务的单位。2009 年 9 月 25 日,中国保险监督管理委员会发布《保险公估机构监管规定》。此后,该规定进行修订。2018 年 1 月 17 日,《保险公估人监管规定》由中国保险监督管理委员会第 6 次主席办公会审议通过,自 2018 年 5 月 1 日起实施。中国保险监督管理委员会 2009 年 9 月 25 日发布的《保险公估机构监管规定》同时废止。

《保险公估人监管规定》所称的保险公估,是指评估机构及其评估专业人员接受委托,对保险标的或者保险事故进行评估、勘验、鉴定、估损理算以及相关的风险评估。保险公估人是专门从事上述业务的评估机构,包括保险公估机构及其分支机构。保险公估机构包括保险公估公司和保险公估合伙企业。

保险人和被保险人可以聘请依法设立的独立的评估机构或者具有法定资格的专家,对保险事故进行评估和鉴定。依法受聘对保险事故进行评估和鉴定的评估机构和专家,应当依法公正地执行业务。因故意或者过失给保险人或者被保险人造成损害的,依法承担赔偿责任。

公司形式的保险公估人,应当有 8 名以上公估师和 2 名以上股东,其中 2/3 以上股东应当是具有 3 年以上从业经历且最近 3 年内未受停止从业处罚的公估师。合伙形式的保险公估人,应当有 2 名以上公估师;其合伙人 2/3 以上应当是具有 3 年以上从业经历且最近 3 年内未受停止从业处罚的公估师。保险公估人的合伙人或者股东为 2 名的,2 名合伙人或者股东都应当是具有 3 年以上从业经历且最近 3 年内未受停止从业处罚的公估师。

单位或者个人有下列情形之一的,不得成为保险公估人的股东或者合伙人:①最近 5 年内受到刑罚或者重大行政处罚;②因涉嫌重大违法犯罪正接受有关部门调查;③因严重失信行为被国家有关单位确定为失信联合惩戒对象且应当在保险领域受到相应惩戒,或者最近 5 年内具有其他严重失信不良记录;④依据法律、行政法规不能投资企业;⑤中国保监会根据审慎监管原则认定的其他不适合成为保险公估人股东或者合伙人的情形。保险公估人应当聘用品行良好的保险公估从业人员。

保险公估机构经营保险公估业务,应当具备下列条件:①股东或者合伙人符合本规定要求,且出资资金自有、真实、合法,不得用银行贷款及各种形式的非自有资金投资;②根据业务发展规划,具备日常经营和风险承担所必需的营运资金,全国性机构营运资金为 200 万元以上,区域性机构营运资金为 100 万元以上;③营运资金的托管符合中国保监会的有关规定;④营业执照记载的经营范围不超出《保险公估人监管规定》规定的范围;⑤公司章程或者合伙协议符合有关规定;⑥企业名称符合《保险公估人监管规定》的要求;⑦董事长、执行董事和高级管理人员符合《保险公估人监管规定》的条件;⑧有符合中国保监会规定的治理结构和内控制度,商业模式科学合理可行;⑨有与业务规模相适应的固定住所;⑩有符合中国保监会规定的业务、财务信息管理系统;⑪法律、行政法规和中国保监会规定的其他条件。

保险公估机构因严重失信行为被国家有关单位确定为失信联合惩戒对象且应当在保险领域受到相应惩戒的,或者最近 5 年内具有其他严重失信不良记录的,不得新设分支机构经营保险公估业务。

保险公估人在开展公估业务过程中,不得有下列行为:①利用开展业务之便,谋取不正当利益;②允许其他机构以本机构名义开展业务,或者冒用其他机构名义开展业务;③以恶性压价、支付回扣、虚假宣传,或者贬损、诋毁其他公估机构等不正当手段招揽业务;④受理与自身有利害关系的业务;⑤分别接受利益冲突双方的委托,对同一评估对象进行评估;⑥出具虚假公估报告或者有重大遗漏的公估报告;⑦聘用或者指定不符合规定的人员从事公估业务;⑧违反法律、行政法规的其他行为。

五、保险合同的内容

保险合同的内容,即保险合同双方当事人的权利和义务。由于保险合同一般都依照保险人预先拟定的保险条款订立的,因而在保险合同成立后,双方当事人的权利和义务就主要体现在这些条款上,即保险合同的内容通常以条文形式表现,即保险条款。

(一)保险条款的类型

1. 基本条款

基本条款又称法定条款,是根据法律规定的由保险人制定的保险合同必须具备的条款,是保险人在事先准备或印就的保险单上,根据不同险种而规定的有关保险合同当事人双方权利义务的基本事项。它往往构成保险合同的基本内容,是投保人与保险人签订保险合同的依据。

2. 特约条款

特约条款是指在基本条款外,由投保人与保险人根据实际需要而协商制定的其他条款。特约条款又包括以下内容。

(1)保证条款

保证条款是指投保人、被保险人就特定事项担保某种行为或事实的真实性的条款。

(2)附加条款

附加条款,又称单项条款,是指保险合同当事人双方在基本条款的基础上所附加的、用以扩大或限制原基本条款中所规定的权利和义务的补充条款。

3. 法定条款和任意条款

法定条款是根据法律必须明确规定的条款。任意条款是由保险合同当事人自由选择的条款。我国《保险法》第18条列举了保险合同应当包括的事项,同时也允许"投保人和保险人可以约定与保险有关的其他事项"。

(二) 保险合同基本条款的内容

根据《保险法》规定,以下对保险合同应包括的事项作必要说明。

①保险人的名称和住所。

②投保人、被保险人的姓名或者名称、住所,以及人身保险的受益人的姓名或者名称、住所。

③保险标的。保险标的是指作为保险对象的财产及其有关利益或者人的寿命和身体,它是保险利益的物质载体。在财产保险中,保险标的是各种财产本身或其有关的利益和责任;在人身保险中,保险标的则是人的生命或身体。明确记载保险标的,其目的在于判断投保人对保险标的有无保险利益,确定保险金额及保险人应承担保险责任的范围。

④保险责任和责任免除。保险责任是指保险单上载明的危险发生造成保险标的损失或约定的人身保险事件出现(或约定的期限届满)时,保险人所承担的赔偿或给付责任,通常包括保险人承担的基本责任和特约责任两部分。责任免除是指在合同中列明的保险人不予承担的保险赔付责任。

⑤保险期间和保险责任开始时间。保险期间是指保险人为被保险人提供保障的期间,即保险责任开始至终止的时间,又称保险期间、承保期间,是指保险合同的有效期限,也即保险人依约承担保险责任的期限,所以也叫保险责任的起讫期限。

⑥保险金额。保险金额是指保险人承担赔偿或者给付保险金的最高限额,也是计算保险费的依据。财产保险合同中,保险金额根据保险标的的价值确定。人身保险合同中,保险金额根据被保险人的经济需要和投保人的交费能力确定。

⑦保险费以及支付办法。保险费简称保费,是指投保人为取得保险保障而须按合同约定向保险人支付的费用。保险费的支付办法包括趸缴或期缴。

⑧保险金赔偿或者给付办法。保险金的赔偿或者给付办法,应当在保险合同中明确规定。我国以往的保险条款通常都无此规定。由于投保人投保的险别不同,保险金赔偿或给付的具体作法也是不同的。在财产保险合同中,有定值保险合同和不定值保险合同两种。在人身保险合同中,按约定的保险金额计算赔偿。

⑨违约责任和争议处理。违约责任是指当合同当事人因过错不履行合同或不能完全履行合同约定的义务时,基于法律规定或合同约定所必须承担的法律后果,它是合同法律效力的必然要求。我国《保险法》对保险合同的违约责任都有明确规定。当事人在签订保险合同时,应根据这些规定,在合同中载明违约责任条款以及发生争议时的处理

方式,以保证合同的顺利履行。保险合同争议处理的方法包括协商、调解、仲裁、诉讼等。

⑩订立合同的时间。当事人在保险合同中必须写明订约的时间,而且须十分具体,即要写明订约的年、月、日。因为订约的时间是确定投保人是否有保险利益、保险危险是否发生或消灭、保险费的交纳期限以及合同生效时间等的重要依据。订立合同的年、月、日是合同成立的时间,并非保险责任开始的时间。

六、保险合同的形式

保险合同的形式,是指保险合同内容的载体,是保险当事人双方就保险合同达成一致的外在表现形式。关于保险合同的形式,在理论上有要式合同和非要式合同两种学说。要式合同学说认为:保险合同是要式合同,保险合同应以书面形式订立方可成立。非要式合同学说认为:保险合同为合同的一种,当事人意思表示一致为合同成立的要件,即一方提出要约,另一方作出承诺,合同即告成立。

🚩【知识链接】

《保险法》第 13 条的规定

投保人提出保险要求,经保险人同意承保,保险合同成立。保险人应当及时向投保人签发保险单或者其他保险凭证。

保险单或者其他保险凭证应当载明当事人双方约定的合同内容。当事人也可以约定采用其他书面形式载明合同内容。

依法成立的保险合同,自成立时生效。投保人和保险人可以对合同的效力约定附条件或者附期限。

在实践中,保险合同的书面形式已经格式化,主要格式文件有投保单、保险单、保险凭证和暂保单等。上述格式文件已经由保险人印制为固定文件,投保人在订立保险合同时,只能就其空格填写,几乎没有取舍的余地。保险单证的种类包括以下几种。

1. 投保单

投保单又称要保单、保书,是保险人预制的、供投保人在提出保险要约时使用的格式文件。投保单一般按统一格式印制,主要为表格形式。作为书面要约的投保单,在内容上一般载明以下事项:①投保人、被保险人以及保险受益人的姓名和住址;②保险标的名称和所在地点;③保险价值和保险金额;④保险险别和保险费率;⑤ 保险期限、投保日期和签名。投保单一经保险人签章承保,保险合同即告成立,投保单就是保险合同的组成部分。

2. 保险单

保险单简称保单,是指在保险合同成立后,由保险人向投保人签发的正式书面保证。保险单是保险合同的记载形式之一,它应当载明以下内容:①保险合同当事人(包括投保人、保险人、被保险人以及受益人)的名称和地址;②保险标的、保险价值和保险金额;③保险险别、保险危险和除外责任;④保险费率及其支付方式;⑤保险期限、保险合同签订日期。

从法律意义上讲,保险单不是保险合同,只是保险合同成立的书面凭证,因此保险单的签发并不构成保险合同成立的条件。只要投保人与保险人意思表示一致,保险合同即告成立,如若保险事故发生在保险单签发之前,保险人也应当依保险合同的约定承担保险责任,除非当事人约定保险人签发保险单为保险合同生效的要件。

保险人应当将所议定的事项及暂保单的内容记载于保险单中,保险单一经交付给投保人,保险合同的内容应当以保险单的记载为准。保险单的制作与交付是保险人的法定义务。

3. 暂保单

暂保单又称为临时保单、"临时保险书",是指保险人同意承保危险但未正式签发保险单之前,向投保人签发的临时单证。暂保单的内容较保险单简单,仅表明投保人已经办理了保险手续,并等待保险人出立正式保险单。暂保单不是订立保险合同的必经程序。

在保险人正式签发保险单之前,暂保单与保险单有同等的效力,一般运用于财产保险。暂保单的效力于下列情况发生时终止:一是保险人一经签发保险单,暂保单即自动失去效力;二是暂保单约定的期限届满。暂保单具有和正式保险单同等的法律效力,但一般暂保单的有效期不长,通常不超过30天。当正式保险单出立后,暂保单就自动失效。如果保险人最后考虑不出立保险单时,也可以终止暂保单的效力,但必须提前通知投保人。

4. 保险凭证

保险凭证是一种简化的保险单。保险人向投保人签发保险凭证,只是为了简化办理保险单的手续,保险凭证与保险单一样具有同等的法律效力。保险凭证记载的内容只是当事人约定的一些基本内容,凡保险凭证中未列明的内容,应以同类保险单记载的内容为准;凡是保险凭证的记载与保险单的记载内容相矛盾时,应以保险凭证的记载为准。

5. 其他书面形式的保险合同

我国《保险法》第13条规定:"保险单或者其他保险凭证应当载明当事人双方约定的合同内容。当事人也可以约定采用其他书面形式载明合同内容。"法律允许当事人采用除上述格式的保险合同形式之外的自己认为恰当的书面形式签订保险合同。

七、保险合同的订立与履行

(一) 保险合同的订立

所谓保险合同成立,是保险合同双方当事人的意思表示达成一致。根据我国《保险法》第 13 条的规定:"投保人提出保险要求,经保险人同意承保,保险合同成立。"在一般情况下,提出要约的投保人就是要约人,接受要约的保险人就是承诺人。保险人应当及时向投保人签发保险单或者其他保险凭证。

🚩 **【知识链接】**

海上保险合同的承诺

我国《海商法》第 221 条规定:"被保险人提出保险要求,经保险人同意承保,并就海上保险合同的条款达成协议后,合同成立。保险人应当及时向被保险人签发保险单或者其他保险单证,并在保险单或者其他保险单证中载明当事人双方约定的合同内容。"同时要说明的是,被保险人是否交纳保险费和合同的成立无关,根据《海商法》第 234 条的规定:"除合同另有约定外,被保险人应当在合同订立后立即支付保险费;被保险人支付保险费前,保险人可以拒绝签发保险单证。"

（二）保险合同的生效

所谓保险合同生效,指依法成立的保险合同产生法律效力,对合同双方当事人都有约束力。我国法律规定合同生效一般有以下三种情形:合同成立时生效;法律、行政法规规定应当办理批准、登记等手续生效的,自批准、登记时生效;当事人对合同的效力约定了附条件或者附期限的,自条件成就或期限届至时生效。《保险法》规定,依法成立的保险合同,自成立时生效。投保人和保险人可以对合同的效力约定附条件或者附期限。

财产保险合同的生效。我国财产保险实务中普遍实行"零点起保制",财产保险合同的生效时间通常在合同约定的某一日的零时起。虽然我国《保险法》并未把"投保人交纳保险费"作为财产保险合同的生效条件,但是实际操作中,投保人与保险人经常在保险合同中约定将其作为生效条件。

人身保险合同的生效。我国《保险法》第 31 规定:订立合同时,投保人对被保险人不具有保险利益的,合同无效。

（三）保险合同的有效要件

保险合同作为一种特殊的合同,是最大诚信合同、附合合同、双务合同、射幸性合同、诺成性合同、不要式合同,具备特殊的有效要件。

(1)投保人对保险标的必须具有保险利益

保险利益是指投保人或者被保险人对保险标的具有的法律上承认的利益。我国《保险法》第 12 条规定:"人身保险的投保人在保险合同订立时,对被保险人应当具有保险利益。财产保险的被保险人在保险事故发生时,对保险标的应当具有保险利益。"保险利益原则是保险活动中的重要原则,规定保险利益原则的目的既可以避免产生赌博行为,又可以防止道德危险的发生。

（2）只有父母可以为其无民事行为能力的未成年子女投保以死亡为给付保险金条件的人身保险

我国《保险法》第 33 条规定："投保人不得为无民事行为能力人投保以死亡为给付保险金条件的人身保险，保险人也不得承保。父母为其未成年子女投保的人身保险，不受前款规定限制。但是，因被保险人死亡给付的保险金总和不得超过国务院保险监督管理机构规定的限额。"

《保险法》如此规定的目的是有效防止道德危险，避免非被保险人父母的投保人为了获得保险金而故意伤害无民事行为能力人的行为，以保护他们的人身安全。

（3）以死亡为给付保险金条件的人身保险合同，必须经过被保险人的书面同意并认可保险金额

《保险法》第 34 条规定："以死亡为给付保险金条件的合同，未经被保险人同意并认可保险金额的，合同无效。按照以死亡为给付保险金条件的合同所签发的保险单，未经被保险人书面同意，不得转让或者质押。父母为其未成年子女投保的人身保险，不受本条第一款规定限制。"《保险法》的上述规定，既是为了尊重被保险人的人身权利，让被保险人根据自己对投保人投保动机的判断作出是否同意的选择，又可以防止道德危险，避免投保人为了获得保险金而故意伤害被保险人的行为，以保护被保险人的人身安全。

【案例 7-2】

小张和小王是大学同学，两人情投意合，建立恋爱关系并得到了各自家长的认可。小张的生日快到了，小王想给他一个惊喜，就悄悄为他投保了份人寿保险，准备作为生日礼物送给他。谁知半个月后，小张在路上遇到了翻车事故而死亡。小王很伤心，后来想到自己在半个月前曾为小张投保的人寿保险，便携带着有关的证明及资料，要求保险公司支付约定的保险金 2 万元。保险公司在核保时，得知这份人寿保险是在小张本人不知情的情况下，由小王自作主张购买的，于是保险公司拒绝赔付。小王与保险公司交涉无果，遂诉至法院。

【评析】

小张的做法违反了保险利益原则。《保险法》规定："保险利益是指投保人对保险标的具有法律上承认的利益"。法院支持了保险公司的主张。

（四）保险合同的履行

我国《保险法》第 14 条规定："保险合同成立后，投保人按照约定交付保险费；保险人按照约定的时间开始承担保险责任。"

1. 投保人、被保险人义务的履行

（1）交纳保险费的义务

交纳保险费的义务是财产、人身保险合同投保人必须履行的基本义务。

（2）维护保险标的安全的义务

《保险法》第 51 条规定,被保险人应当遵守国家有关消防、安全、生产操作、劳动保护等方面的规定,维护保险标的的安全。

（3）危险增加的通知义务

《保险法》第 52 条规定,在合同有效期内,保险标的的危险程度显著增加的,被保险人应当按照合同约定及时通知保险人,保险人可以按照合同约定增加保险费或者解除合同。被保险人未履行前款规定的通知义务的,因保险标的的危险程度显著增加而发生的保险事故,保险人不承担赔偿保险金的责任。

（4）保险事故发生的通知义务

被保险人、受益人要行使保险金的请求权,就必须履行保险事故发生的通知义务。《保险法》第 21 条规定:投保人、被保险人或者受益人知道保险事故发生后,应当及时通知保险人。

（5）保险事故发生时的施救义务

这项义务适用于财产保险合同。《保险法》第 57 条规定,保险事故发生时,被保险人应当尽力采取必要的措施,防止或者减少损失。

2．保险人义务的履行

（1）承担保险责任的义务

承担保险责任是财产保险合同、人身保险合同中保险人的基本义务。保险合同成立后,投保人按照约定交付保险费;保险人按照约定的时间开始承担保险责任。

（2）赔偿或者给付保险金的义务

如果在保险有效期内发生保险单上载明的保险事故,那么保险人就应该实际赔偿或者给付保险金,保险人的承担保险责任的义务由存在转化为实际履行。

（3）支付其他费用的义务

在财产保险合同,保险人除了赔偿保险金以外,还要支付费用:支付施救费用、支付查勘费用、支付责任保险的仲裁或者诉讼费用等。

（4）为客户保密的义务

保险人对在保险业务中知悉的客户的信息应当承担保守秘密的义务。

八、保险合同的变更、终止和转让

（一）保险合同的变更

1．保险合同变更的概念

保险合同的变更,即指保险合同内容的变更,是指在保险合同的有效期内,当事人依法或协商对合同条款进行的修改或补充。

2. 保险合同变更的构成条件

(1)必须以当事人已经存在的合同关系为基础

(2)必须依据法律的规定或当事人的协商同意

根据《保险法》的相关规定,投保人、被保险人未履行维护保险标的安全义务的或者保险标的的危险程度增加的,保险人有权要求增加保险费;保险标的的危险程度明显减少或者保险标的的保险价值明显减少的,保险人应当降低保险费。需要注意的是,对于年龄不真实的情况,《保险法》第32条对给付保费作了规定:投保人申报的被保险人年龄不真实,并且其真实年龄不符合合同约定的年龄限制的,保险人可以解除合同,并按照合同约定退还保险单的现金价值。投保人申报的被保险人年龄不真实,致使投保人支付的保险费少于应付保险费的,保险人有权更正并要求投保人补交保险费,或者在给付保险金时按照实付保险费与应付保险费的比例支付。投保人申报的被保险人年龄不真实,致使投保人支付的保险费多于应付保险费的,保险人应当将多收的保险费退还投保人。

(3)当事人协商同意可对保险合同进行变更

《保险法》第20条第1款规定:投保人和保险人可以协商变更合同内容。

(4)必须符合法定形式

《保险法》规定,变更保险合同的,应当由保险人在保险单或者其他保险凭证上批注或者附贴批单,或者由投保人和保险人订立变更的书面协议。

3. 合同变更的法律效力

变更后的合同取代了原合同,变更协议达成后以变更后的合同为准。

(二) 保险合同的转让

1. 保险合同转让的概念

保险合同的转让,即保险合同主体的变更,是指保险合同当事人一方依法将其合同的权利和义务全部或者部分地转让给第三人的行为。

2. 财产保险合同的转让

一般来说,财产保险合同的转让是由保险标的的转让引起的。保险标的转让的,保险标的的受让人承继被保险人的权利和义务。

保险标的转让的,被保险人或者受让人应当及时通知保险人,但货物运输保险合同和另有约定的合同除外。被保险人、受让人未履行通知义务的,因转让导致保险标的的危险程度显著增加而发生的保险事故,保险人不承担赔偿保险金的责任。因保险标的的转让导致危险程度显著增加的,保险人自收到前款规定的通知之日起30日内,可以按照合同约定增加保险费或者解除合同。保险人解除合同的,应当将已收取的保险费,按照合同约定扣除自保险责任开始之日起至合同解除之日止应收的部分后,退还投保人。

3. 人寿保险合同的转让

(1)人寿保险单利益的转让:受益人的变更

《保险法》第41条规定,被保险人或者投保人可以变更受益人并书面通知保险人。

保险人收到变更受益人的书面通知后,应当在保险单或者其他保险凭证上批注或者附贴批单。投保人变更受益人时须经被保险人同意。

(2)保险人法人资格消灭而引起的转让

《保险法》规定,保险公司因分立、合并需要解散,或者股东会、股东大会决议解散,或者公司章程规定的解散事由出现,经国务院保险监督管理机构批准后解散。经营有人寿保险业务的保险公司,除因分立、合并或者被依法撤销外,不得解散。保险公司解散,应当依法成立清算组进行清算。

(三)保险合同的终止

1.保险合同终止的概念

保险合同的终止是指保险合同权利义务关系的绝对消灭。

2.保险合同终止的情形

(1)保险合同因有效期限届满而终止。

(2)保险合同因保险人履行全部义务而终止。

(3)财产保险合同中,保险人履行部分义务后,投保人或者保险人终止保险合同。

(4)保险合同因非保险事故造成的保险标的灭失或者被保险人死亡而终止。

(5)保险合同因解除而终止。

九、保险合同中的理赔和索赔

保险索赔是指被保险人或其受益人在保险标的遭受损失后或保险期满或保险合同约定事项出现时,按保险单有关条款的规定,向保险人要求赔偿或给付保险金的行为。保险的理赔,是指在接到被保险人的索赔通知后,保险人对索赔要求进行审核,调查核实并予以赔付的行为。

《保险法》第22条第1款规定:"保险事故发生后,按照保险合同请求保险人赔偿或者给付保险金时,投保人、被保险人或者受益人应当向保险人提供其所能提供的与确认保险事故的性质、原因、损失程度等有关的证明和资料。"

索赔的主要程序:①发出索赔通知;②采取合理措施,对遇险标的物进行施救,防止和减少损失扩大;③申请并接受保险人的检验;④提交索赔的全部单证文件;⑤领取保险赔偿。

理赔时,保险人应当遵循主动、迅速、准确、合理的原则,及时处理被保险人的索赔要求。理赔的主要程序如下。

(1)立案查验,即在接到被保险人或者受益人的出险通知和索赔请求后,查对保险合同的情况,登记立案。

(2)审核证明和资料,即保险人对投保人、被保险人或者受益人提供的有关证明和资料进行审核,以确定保险合同是否有效,保险期限是否届满,核定损失发生的原因和后果,明确损失是否为保险责任范围以内的损失。

（3）核定保险责任,即在合同约定基础上,对损失的大小、费用支出、赔偿范围等进行计算。

（4）履行赔付义务,即保险人在核定责任的基础上,对属于保险责任的,在与被保险人或者受益人达成有关赔偿或者给付保险金额的协议后 10 日内,履行赔偿或者给付保险金义务。保险合同对保险金额及赔偿或者给付期限有约定的,保险人应当依照保险合同的约定,履行赔偿或者给付保险金义务。

保险人按照法定程序履行赔偿或者给付保险金的义务后,保险理赔即告结束。如果保险人未及时履行赔偿或者给付保险金义务,则构成违约。

第三节　财产保险合同

一、财产保险合同的概念和特征

（一）财产保险合同的概念

财产保险合同是投保人和保险人以财产或利益为保险标的的合同。投保人向保险人交纳保险费,在保险事故发生造成所保财产或利益损失时,保险人在保险责任范围内承担赔偿责任,或在约定期限届满时,由保险人承担给付保险金的责任。

财产保险是商业保险中的基本类别之一,其保险的对象是财产或与其有关的利益。财产保险合同的保险标的既可以是有形财产的,如房屋、车辆等;也可以是无形财产,包括预期利益和消极利益。

（二）财产保险合同的特征

财产保险合同具备一般保险合同的属性,并具有其独特的法律特征。

（1）财产保险合同的标的是财产或者财产利益。

（2）保险标的本身具有的财产价值决定保险金额。

（3）保险人的最高赔偿责任以保险合同所约定的保险金额为限。

（4）适用保险代位求偿权。

（三）财产保险合同的种类

1. 财产损失保险合同

财产损失保险合同是以有形财产为标的的保险合同。其标的是除农作物、牲畜以外的一切动产和不动产,如房屋、船舶、车辆、货物等。常见的有企业财产保险合同、家庭财产保险合同、运输工具保险合同、运输货物保险合同等。

2. 责任保险合同

责任保险合同是以被保险人依法应当对第三人承担的赔偿责任为保险标的而成立

的保险合同。投保人按照约定向保险人支付保险费,在被保险人应当向第三人承担赔偿责任时,保险人按照约定向被保险人支付保险金。责任保险合同包括雇主责任保险合同、公众责任保险合同、产品责任保险合同、职业责任保险合同等。

3. 信用保险合同

信用保险合同是指保险人对被保险人的信用放贷或信用售货提供担保而同投保人订立的保险合同。投保人按照约定向保险人支付保险费,在借款人或者赊货人不能偿付其所欠款项时,保险人按照约定对被保险人承担赔偿责任。信用保险合同主要包括出口信用保险合同、国外投资信用保险合同、国内商业信用保险合同。

4. 保证保险合同

保证保险合同是指由保险人向被保险人提供担保而成立的保险合同。投保人按照约定向保险人支付保险费,因被保证人行为或不行为致使权利人遭受经济损失时,由保险人负赔偿责任。

二、财产保险合同中保险利益

(一) 财产保险合同强调保险利益原则

1. 财产保险合同中保险利益的含义

《保险法》第 12 条规定,保险利益是指投保人或者被保险人对保险标的具有的法律上承认的利益。财产保险的保险利益主要表现在投保人或者被保险人对保险标的的现有利益、因保险标的的现有利益而产生的期待利益、责任利益。

保险利益原则指的是投保人或者被保险人对保险标的应当具有保险利益,投保人对保险标的不具有保险利益的,保险合同无效。

2. 保险利益原则的意义

(1)避免产生赌博行为

保险和赌博都具有射幸性。如果以与自己毫无利害关系的保险标的投保,投保人就可能因保险事故的发生,而获得远远高于所交保险费的额外收益,这种收益不是对损失的补偿,是以小的损失谋取较大的经济利益的投机行为。

保险利益原则要求投保人的投保行为必须以保险利益为前提,一旦保险事故发生,投保人获得的就是对其实际损失的补偿或给付。

🚩【知识链接】

英国相关保险利益立法的产生

英国历史上曾出现过保险赌博。投保人以与自己毫无利害关系的远洋船舶为标的投保,一旦发生保险事故就可获得相当于投保价值千百倍的巨额赔款,于是人们就像在赛马场上下赌注一样买保险,这严重影响了社会安定,于是英国政府于 18

世纪通过立法禁止了这种行为,维护了正常的社会秩序,保证了保险事业的健康发展。

(2)防止道德风险的发生

投保人以与自己毫无利害关系的保险标的投保,就会出现投保人为了谋取保险赔偿而任意购买保险,并盼望事故发生的现象,或者保险事故发生后不积极施救的现象。更有甚者,为了获得巨额赔偿或给付,故意制造保险事故,增加了道德风险事故的发生。

在保险利益原则的规定下,由于投保人与保险标的之间存在利害关系的制约,投保的目的是获得一种经济保障,一般不会诱发道德风险。

(3)保险利益是保险人赔偿或给付保险金的最高限额

保险人的赔付金额不能超过保险利益,否则被保险人将因保险而获得超过其损失的经济利益,这既有悖于损失补偿原则,也容易诱发道德风险和赌博行为。

(二)财产保险利益的构成条件

1. 保险利益必须是合法的利益

投保人对保险标的所具有的利益要为法律所承认,因此,保险利益必须是符合法律规定、符合社会公共秩序、为法律所认可并受到法律保护的利益。例如,在我国,毒品、赌博的存在是非法的,毒贩子对毒品、开赌场的非法经营者对其赌具所具有的利益就不被法律所承认,因此,毒贩子不能为毒品、开赌场的非法经营者不能为其赌具投保财产保险。同样的原因,因偷税漏税、盗窃、走私、贪污等非法行为所得的利益不得作为投保人的保险利益而投保。如果投保人为不受法律认可的利益投保,则保险合同无效。

【案例7-3】

李某将一辆货车转让给郭某,但郭某仍以李某名义向保险公司投保了国内公路货物运输保险,后发生保险事故。李某要求保险公司给予赔付,但是,保险公司认为作为保险标的的货车已经发生转让,所以李某不得向保险公司请求赔偿保险金。李某遂向法院提起诉讼。

【评析】

财产保险是以财产及其有关利益为保险标的的保险。本案中,保险事故发生时,李某对保险标的已经不具有保险利益,因此法院对李某要求保险公司赔偿其保险金的诉讼请求不予支持。

2. 保险利益能以货币衡量

由于保险保障是通过货币形式的经济补偿或给付来实现其职能的,因此,投保人对保险标的的保险利益在数量上应可以用货币来计量,无法定量的利益不能成为保险利益。

3. 必须是确定的或未来可以实现的利益

保险利益必须是一种确定的利益(现有利益)或未来某一时期内将会实现的利益(期

待利益),保险人的赔偿或给付,以实际损失的保险利益为限。

三、财产保险合同中的代位求偿权

(一) 保险代位求偿权的概念

保险代位求偿权是指保险人向被保险人支付保险金后,对造成保险标的损害并负有赔偿责任的第三人所享有的请求赔偿的权利。代为求偿权是财产保险合同中的一项重要制度。

(二) 保险代位求偿权的行使

一般情况下,成立代位求偿权必须具备以下条件。

(1)代位求偿权发生在保险人支付保险金额以后。

(2)代位求偿权的范围以给付的保险金额为限。

(3)保险事故的发生与第三人的过错有因果关系。

第四节　人身保险合同

一、人身保险合同的概念与特征

(一) 人身保险合同的概念

《保险法》第 12 条规定,人身保险是以人的寿命和身体为保险标的的保险。在人身保险合同中,以人的寿命或身体为保险标的,投保人与保险人约定,当被保险人发生死亡、伤残、疾病或生存到约定的年龄、期限时间,保险人根据约定承担给付保险金责任。人身保险合同主要分为人寿保险合同、人身意外伤害保险合同以及健康保险合同,其中人寿保险是人身保险中最基本、最主要的种类。

(二) 人身保险合同的特征

1. 投保人与被保险人必须具有特殊的身份关系

保险法要求投保人对保险标的有保险利益。《保险法》第 31 条规定,投保人对下列人员具有保险利益:①本人;②配偶、子女、父母;③前项以外与投保人有抚养、赡养或者扶养关系的家庭其他成员、近亲属;④与投保人有劳动关系的劳动者。除前款规定外,被保险人同意投保人为其订立合同的,视为投保人对被保险人具有保险利益。

订立合同时,投保人对被保险人不具有保险利益的,合同无效。

2. 人身保险合同保险金的给付属定额给付性质

人身保险合同的标的是人的寿命和身体,而人的寿命或健康都不能以金钱价值来衡量。因此,人身保险合同一般都是定额保险合同,根据当事人的协商确定保险金额,当保险事故发生或者合同届满时,保险人根据约定给予保险金额的全部或者部分。

3. 保险费不能强制支付

投保人不支付保险费的,经过保险人催告,投保人仍然不支付的,保险人可以中止保险合同或者解除保险合同,但是不能以诉讼的方式请求投保人支付保险费。

二、保险责任的特殊规定

投保人故意造成被保险人死亡、伤残或者疾病的,保险人不承担给付保险金的责任。投保人已交足2年以上保险费的,保险人应当按照合同约定向其他权利人退还保险单的现金价值。受益人故意造成被保险人死亡、伤残、疾病的,或者故意杀害被保险人未遂的,该受益人丧失受益权。

以被保险人死亡为给付保险金条件的合同,自合同成立或者合同效力恢复之日起2年内,被保险人自杀的,保险人不承担给付保险金的责任,但被保险人自杀时为无民事行为能力人的除外。保险人依照以上规定不承担给付保险金责任的,应当按照合同约定退还保险单的现金价值。

因被保险人故意犯罪或者抗拒依法采取的刑事强制措施导致其伤残或者死亡的,保险人不承担给付保险金的责任。投保人已交足2年以上保险费的,保险人应当按照合同约定退还保险单的现金价值。

被保险人因第三者的行为而发生死亡、伤残或者疾病等保险事故的,保险人向被保险人或者受益人给付保险金后,不享有向第三者追偿的权利,但被保险人或者受益人仍有权向第三者请求赔偿。

第五节　保险业的法律规定

一、保险业的经营规则

(一) 保险公司的业务范围

保险公司作为专业的保险经营机构,其业务范围包括以下几方面。

(1)人身保险业务,包括人寿保险、健康保险、意外伤害保险等保险业务。

(2)财产保险业务,包括财产损失保险、责任保险、信用保险、保证保险等保险业务。

(3)国务院保险监督管理机构批准的与保险有关的其他业务。

保险人不得兼营人身保险业务和财产保险业务。但是,经营财产保险业务的保险公司经国务院保险监督管理机构批准,可以经营短期健康保险业务和意外伤害保险业务。

（二）保险经营保证金的提取

保险公司应当按照其注册资本总额的 20％ 提取保证金，存入国务院保险监督管理机构指定的银行，除公司清算时用于清偿债务外，不得动用。

保险公司应当根据保障被保险人利益、保证偿付能力的原则，提取各项责任准备金。

保险公司应当缴纳保险保障基金。保险保障基金应当集中管理，并在规定情形下统筹使用。

（三）保险公司运用资金的原则

保险公司的资金运用必须稳健，遵循安全性原则。保险公司的资金运用限于下列形式。

（1）银行存款。

（2）买卖债券、股票、证券投资基金份额等有价证券。

（3）投资不动产。

（4）国务院规定的其他资金运用形式。

二、保险业监督管理

保险监督管理机构依照《保险法》和国务院规定的职责，遵循依法、公开、公正的原则，对保险业实施监督管理，维护保险市场秩序，保护投保人、被保险人和受益人的合法权益。

（一）重要险种的审批和备案

对于关系社会公众利益的保险险种、依法实行强制保险的险种和新开发的人寿保险险种等的保险条款和保险费率，应当报国务院保险监督管理机构批准。国务院保险监督管理机构审批时，应当遵循保护社会公众利益和防止不正当竞争的原则。其他保险险种的保险条款和保险费率，应当报保险监督管理机构备案。

保险条款和保险费率审批、备案的具体办法，由国务院保险监督管理机构依照法律规定制定。

（二）对偿付能力不足的保险公司的重点监管

对偿付能力不足的保险公司，国务院保险监督管理机构应当将其列为重点监管对象，并可以根据具体情况采取下列措施：①责令增加资本金、办理再保险；②限制业务范围；③限制向股东分红；④限制固定资产购置或者经营费用规模；⑤限制资金运用的形式、比例；⑥限制增设分支机构；⑦责令拍卖不良资产、转让保险业务；⑧限制董事、监事、高级管理人员的薪酬水平；⑨限制商业性广告；⑩责令停止接受新业务。

（三）对保险公司的接管

保险公司有下列情形之一的，国务院保险监督管理机构可以对其实行接管：

(1)公司的偿付能力严重不足的。

(2)违反《保险法》规定,损害社会公共利益,可能严重危及或者已经严重危及公司的偿付能力的。

被接管的保险公司的债权债务关系不因接管而变化。

接管期限届满,国务院保险监督管理机构可以决定延长接管期限,但接管期限最长不得超过2年。接管期限届满,被接管的保险公司已恢复正常经营能力的,由国务院保险监督管理机构决定终止接管,并予以公告。

第六节　保险法律责任

我国《保险法》对保险法中的违法责任作了详细严谨的规定。

一、擅自经营保险业务的法律责任

擅自设立保险公司、保险资产管理公司或者非法经营商业保险业务的,由保险监督管理机构予以取缔,没收违法所得,并处违法所得1倍以上5倍以下的罚款;没有违法所得或者违法所得不足20万元的,处20万元以上100万元以下的罚款。

擅自设立保险专业代理机构、保险经纪人,或者未取得经营保险代理业务许可证、保险经纪业务许可证从事保险代理业务、保险经纪业务的,由保险监督管理机构予以取缔,没收违法所得,并处违法所得1倍以上5倍以下的罚款;没有违法所得或者违法所得不足5万元的,处5万元以上30万元以下的罚款。

二、保险公司违法经营的法律责任

保险公司超出批准的业务范围经营的,由保险监督管理机构责令限期改正,没收违法所得,并处违法所得1倍以上5倍以下的罚款;没有违法所得或者违法所得不足10万元的,处10万元以上50万元以下的罚款。逾期不改正或者造成严重后果的,责令停业整顿或者吊销业务许可证。

保险公司违反法律规定,超额承保,情节严重的,或者为无民事行为能力人承保以死亡为给付保险金条件的保险的,由保险监督管理机构责令改正,处5万元以上30万元以下的罚款。

违反《保险法》的规定,有下列行为之一的,由保险监督管理机构责令改正,处5万元以上30万元以下的罚款;情节严重的,可以限制其业务范围、责令停止接受新业务或者吊销业务许可证:①未按照规定提存保证金或者违反规定动用保证金的;②未按照规定提取或者结转各项责任准备金的;③未按照规定缴纳保险保障基金或者提取公积金的;④未按照规定办理再保险的;⑤未按照规定运用保险公司资金的;⑥未经批准设立分支机构的;⑦未按照规定申请批准保险条款、保险费率的。

三、保险代理人、保险经纪人违反《保险法》的法律责任

保险代理机构、保险经纪人违反《保险法》的规定,有下列行为之一的,由保险监督管理机构责令改正,处 2 万元以上 10 万元以下的罚款;情节严重的,责令停业整顿或者吊销业务许可证:①未按照规定缴存保证金或者投保职业责任保险的;②未按照规定设立专门账簿记载业务收支情况的。

保险专业代理机构、保险经纪人违反《保险法》的规定,未经批准设立分支机构或者变更组织形式的,由保险监督管理机构责令改正,处 1 万元以上 5 万元以下的罚款。

四、个人保险代理人、投保人、被保险人或受益人违反《保险法》的法律责任

(一) 个人保险代理人违反《保险法》的法律责任

个人保险代理人违反《保险法》规定的,由保险监督管理机构给予警告,可以并处 2 万元以下的罚款;情节严重的,处 2 万元以上 10 万元以下的罚款。未取得合法资格的人员从事个人保险代理活动的,由保险监督管理机构给予警告,可以并处 2 万元以下的罚款;情节严重的,处 2 万元以上 10 万元以下的罚款。

(二) 投保人、被保险人或受益人违反《保险法》的法律责任

投保人、被保险人或者受益人有下列行为之一,进行保险诈骗活动,尚不构成犯罪的,依法给予行政处罚:①投保人故意虚构保险标的,骗取保险金的;②编造未曾发生的保险事故,或者编造虚假的事故原因或者夸大损失程度,骗取保险金的;③故意造成保险事故,骗取保险金的。

保险事故的鉴定人、评估人、证明人故意提供虚假的证明文件,为投保人、被保险人或者受益人进行保险诈骗提供条件的,依照前款规定给予处罚。

五、保险监管工作人员违反《保险法》规定的法律责任

保险监督管理机构从事监督管理工作的人员有下列情形之一的,依法给予处分;构成犯罪的,应当依法追究刑事责任:①违反规定批准机构的设立的;②违反规定进行保险条款、保险费率审批的;③违反规定进行现场检查的;④违反规定查询账户或者冻结资金的;⑤泄露其知悉的有关单位和个人的商业秘密的;⑥违反规定实施行政处罚的;⑦滥用职权、玩忽职守的其他行为。

【思考题】

1. 什么是保险？什么是保险法？

2. 保险合同的主要特征是什么？

3. 简述保险合同主体的权利义务关系。

4. 简述保险合同的内容。

5. 简述保险公司的设立条件。

第八章　海　商　法

【学习要点及目标】
1. 掌握海商法的概念、特征和调整对象。
2. 掌握船舶、船舶登记、船舶所有权、抵押权、留置权和优先权的规定。
3. 理解并掌握海上货物运输合同、海上旅客运输合同和船舶租用合同的规定。
4. 掌握船舶碰撞及其损害赔偿的规定。
5. 了解海事赔偿责任限制制度,理解并掌握海难救助和海损的规定。

第一节　海商法概述

一、海商法的概念和特征

(一) 海商法的概念

我国《海商法》第 1 条规定:"为了调整海上运输关系、船舶关系,维护当事人各方的合法权益,促进海上运输和经济贸易的发展,制定本法。"因此,海商法是调整海上运输关系、船舶关系的法律规范的总称。

关于海商法的法律属性,国内外在学理上一直颇有争论。传统的观点认为,海商法是民法或商法的组成部分。民法是基本法,海商法是单行的部门法。但是,也有人提出海商法是国际经济法的一个分支。目前我国的通说是,海商法是民法的特别法。我国的立法和司法实践基本体现了这种观点。

(二) 海商法的特征

作为特别法,与其他法律相比,海商法具有以下显著的特征。

1. 海商法的核心是防范和处理海上风险

海商法是调整海上运输活动的法律,主要是围绕对海上运输所具有的特殊风险进行防范和分配而建立起来的,如海上货物运输合同法中的过失免责制度、以给付救助报酬为特征的海难救助制度、海事赔偿责任限制制度等都是围绕海上风险的防范和分配建立的。

2. 海商法具有很强的国际性

由于海商法调整的是海上的商业活动,而这种活动往往是跨国进行,其本质上具有国际性,因此海商法本身也必然具有国际性。一方面,从起源看,海商法是源于国际商业惯例;另一方面,在同一片海洋、同一条航线,尽管船舶、海员以及其他海事关系当事人拥有不同的国籍、住所,但海事关系的争议具有相同或相似的情况,不同国家的海商法也会采用类似的原则、规则调整海上运输中发生的各种关系,从而使海商法在调整对象上具有统一性、国际性。

3. 海商法具有明显的特殊性

海上运输及其他海上业务活动具有明显的特殊风险。从事海上运输,特别是在航运初期,具有很大的冒险性,主要表现在海上存在着特殊风险;其次是需要巨额投资。为了鼓励航运业的发展,针对这种特殊风险,逐步形成了一系列的特殊的法律制度,如海事赔偿责任限制制度、船舶抵押制度、海事请求保全制度、船舶优先权制度、海难救助制度和共同海损制度,等等。这些特殊的法律制度是在实践中逐渐形成的,是其他法律部门所不具有的。

4. 海商法具有较强的技术性

海商法是有关海上运输和船舶的法律规范,必然涉及船舶、船员、航海、货物运输和管理等专业和技术。因此,海商法具有较强的技术性和专业性。海商法涉及诸如对船舶适航的认定、船舶碰撞责任的划分等问题,都与船舶和航海专业密切相连。这一特性要求海商法的理论学习及司法实践必需掌握有关的船舶和航海专业知识,才能正确理解海商法的精神,妥善处理有关海事纠纷。

二、海商法的调整对象

根据我国《海商法》的规定,海商法的调整对象就是海上运输关系和船舶关系。

(一) 海上运输关系

海上运输关系是指基于海上货物运输和旅客运输所发生的各种关系以及与海上运输有关的其他各种关系。主要是指承运人、实际承运人同托运人、收货人,或者同旅客之间,承拖方同被拖方之间的关系。根据我国《海商法》第 2 条的规定,海上运输包括海江之间、江海之间的直达运输。

🏳 【知识链接】

我国《海商法》的适用范围

我国《海商法》不调整我国港口之间的海上货物运输,但是调整我国港口之间的旅客运输,也调整我国港口和外国港口之间的海上货物运输。

(二) 船舶关系

任何海上运输关系,都离不开船舶,因此,因船舶而发生的各种关系也必然成为海商法的调整对象之一。船舶关系是指基于船舶而发生的各种关系,主要包括船舶所有权、船舶抵押权、船舶优先权和船舶碰撞等关系。具体表现为船舶所有人、经营人、出租人、承租人之间,抵押权人与抵押人之间,救助方与被救助方之间的关系。

三、我国海商法的规范体系

（一）法律、法规

我国当前海商立法的核心是《海商法》,这是一部法典性质的法律,内容涵盖了海商法几乎所有重要领域。除此之外,我国在 1982 年颁布了《海洋环境保护法》(2017 年 11 月 4 日修订),1983 年颁布了《海上交通安全法》(2021 年 4 月 29 日修订),这都是海商法中涉及行政管理部分内容的重要法律规范。1999 年,我国颁布了《海事诉讼特别程序法》,这是海商法中程序法性质的重要法律规范。以这些法律为基础,形成了我国的海商法规范体系。

（二）国际公约

海商法具有鲜明的国际性特点,而国际条约是国际海事立法的产物。我国《海商法》在制定时就特别注意吸取国外同类立法的经验,以通行的国际公约、国际惯例为立法基础,参照、借鉴和吸收了具有广泛影响的外国法和行业惯用的标准合同的规定。此外,我国参加了 30 多个海商领域的国际公约(如:《国际海事卫星组织公约》《国际海上避碰规则公约》《国际海上人命安全公约》等),这些公约以及我国与其他国家缔结的双边、多边海运条约也是我国海商法的重要组成部分。

（三）惯例

海商法中的惯例主要是指国际惯例。如《1932 年华沙—牛津规则》、1941 年《美国对外贸易定义(修订本)》等。国际惯例的确认是一个比较困难的问题,海商法领域中被公认的国际惯例非常少。我国《海商法》对于适用国际惯例作出了相应规定,例如《海商法》第 53 条第一款规定:"承运人在舱面上装载货物,应当同托运人达成协议,或者符合航运惯例,或者符合有关法律、行政法规的规定。"《海商法》第 268 条规定:"中华人民共和国缔结或者参加的国际条约同本法有不同规定的,适用国际条约的规定;但是,中华人民共和国声明保留的条款除外。中华人民共和国法律和中华人民共和国缔结或者参加的国际条约没有规定的,可以适用国际惯例。"

（四）其他规范性文件

最高人民法院的司法解释及国务院制定的行政法规是我国海商法法律规范体系中内容最多,调整范围最广,最灵活的一部分。

第二节　船舶及相关权利

一、船舶概述

（一）船舶的概念

海商法上的船舶并非泛指一切船舶,而是具有特定的含义。我国《海商法》第 3 条规定:"本法所称船舶,是指海船和其他海上移动式装置,但是用于军事的、政府公务的船舶和 20 总吨以下的小型船艇除外。"从该界定可以看出,海商法适用的船舶具有以下三个特点:①具有水上航行能力;②吨位在 20 总吨以上;③应用于商业或民用目的。

所谓"海船",是指具有完全的海上航行能力并作为海船进行船舶登记的船舶。

所谓"海上移动式装置",是指不具备船舶的外形和构造特点,但具有自航能力,可以在海上移动的装置,如用于海上石油开采的浮动平台等。

军事船、政府公务船由于其从事的活动性质特殊,不同于一般的商业活动,因此被排除在海商法调整的船舶之外。此外,20 总吨以下的小型船艇,由于其体积小、风险大,不宜被鼓励在海上航行,而且其遭遇的问题与一般大型海船所遭遇的问题多有不同,因此也被排除在海商法调整的范围之外。

（二）船舶的法律特征

与一般意义的船舶不同,海商法上的船舶具有以下三个独特的法律特性:

1. 拟人性

船舶的拟人性是指,船舶虽然是物,但法律赋予其具有自然人所具有的某些特性,如名字、国籍、住所和船龄。船舶拟人化处理的目的是使船舶能够识别和辨认,使复杂的船舶关系简便化,也便于国家进行管理。

2. 不动产性

传统民法对财产的分类方法中,最重要的一种划分是根据财产能否移动将其分为动产和不动产。能移动且不损害其价值的财产是动产,不能移动或移动就会极大地损害其价值的是不动产。根据这种划分标准,船舶是动产,但由于船舶的价值巨大,并且主要是作为运输工具使用,因此法律对船舶是按不动产进行管理的。例如船舶的物权变动往往比照不动产物权变动的模式,要求进行权利变动登记。

我国《海商法》第 9 条规定:"船舶所有权的取得、转让和消灭,应当向船舶登记机关登记;未经登记的,不得对抗第三人。"《海商法》第 13 条规定:"设定船舶抵押权,由抵押权人和抵押人共同向船舶登记机关办理抵押登记;未经登记的,不得对抗第三人。"

3. 合成性

船舶是一个合成体,可以分为船体、船用机器设备、船舶属具等。船体包括船壳、船机、龙骨、甲板等。在船舶的买卖、抵押、扣押等过程中,法律效力也相应地及于整艘船舶。因此,在法律上,船舶就被视为一物,是一个整体,构成船舶的各部分一般不能单独处分。

(三)船舶登记

船舶登记是指国家船舶登记机关依法对国家、法人和自然人所有的船舶或依法准予接受的船舶依法进行的登记。船舶登记是船舶取得国籍和航行权的必备条件,是国家对船舶进行监督管理的必要措施,也是确认船舶所有权、抵押权和租赁权的法律手段。

我国船舶登记机关是中华人民共和国港务监督机构。[1] 船舶登记主要包括以下几种:

1. 所有权登记

在买卖、新建、继承、赠与等取得船舶所有权的情况下,船舶所有人应当进行船舶所有权登记。《船舶登记条例》第13条规定,船舶所有人申请船舶所有权登记,应当向船籍港船舶登记机关交验足以证明其合法身份的文件,并提供有关船舶技术资料和船舶所有权取得的证明文件正本、副本。船舶登记机关对于船舶所有人提交的文件审查核实后,对符合条例规定的,发给船舶所有权登记证书,授予船舶登记号码。如果船舶所有权发生变更、消灭的,船舶所有人还应当进行变更或注销登记。

各国关于船舶所有权登记的效力主要有两种立法例。一是登记生效制度,即船舶所有权的得失、变更以登记为生效条件。二是登记对抗制度,即不登记仍然有效,但不能对抗第三人。我国采取的是登记对抗制度。我国《海商法》第9条规定:“船舶所有权的取得、转让和消灭,应当向船舶登记机关登记;未经登记的,不得对抗第三人。”未经登记不得对抗第三人是指对第三人不具有法律约束力。

【案例8-1】

甲公司将其所有的船舶出售给乙公司,双方签订了书面合同,但未办理登记手续。甲公司随后又将该船出售给丙公司,双方不仅签订了书面合同,而且办理了登记手续。现在乙公司和丙公司对船舶所有权归属产生争执。

【评析】

登记对抗的含义在本案中的具体适用是指,虽然甲公司和乙公司之间的船舶买卖合同有效成立,但由于未进行所有权变更登记,不能对抗丙公司,因此丙公司取得船舶所有权。

2. 国籍登记

船舶国籍是指船舶与特定的主权国家在法律上的隶属关系。船舶所有人根据有关

---

〔1〕 我国船舶登记的法律依据主要是《海商法》和《船舶登记条例》。

船舶登记的法律规定,在一国船舶登记机关进行登记,就可以取得船舶国籍。享有一国国籍的船舶有权悬挂该国国旗,有权在公海上自由航行,有权在船旗国的领海和内海自由航行,也有权享受船旗国在政策、税收、造船补贴等方面的优惠。

我国《海商法》第5条规定:"船舶经依法登记取得中华人民共和国国籍,有权悬挂中华人民共和国国旗航行。"第4条规定:"中华人民共和国港口之间的海上运输和拖航,由悬挂中华人民共和国国旗的船舶经营。但是,法律、行政法规另有规定的除外。非经国务院交通主管部门批准,外国籍船舶不得经营中华人民共和国港口之间的海上运输和拖航。"

船舶国籍的取得以登记为条件,非经登记不能取得船舶国籍。

3. 抵押权登记

我国《海商法》第13条规定:"设定船舶抵押权,由抵押权人和抵押人共同向船舶登记机关办理抵押权登记;未经登记的,不得对抗第三人。"船舶抵押权登记的事项包括:船舶抵押权人和抵押人的姓名或者名称、地址;被抵押船舶的名称、国籍、船舶所有权证书的颁发机关和证书号码;所担保的债权数额、利息率、受偿期限。在船舶抵押权变更和消灭时,应当办理船舶抵押权的变更或注销登记。

二、船舶物权

船舶物权指法律确定的主体对船舶享有的支配权利,包括船舶所有权和以船舶优先权、船舶抵押权、船舶留置权为主要内容的船舶担保物权。

(一)船舶所有权

船舶所有权,是指船舶所有人依法对其船舶享有的占有、使用、收益和处分的权利。船舶所有权可为自然人所有,也可为法人所有。如果是国家所有的船舶,由国家授予具有法人地位的全民所有制企业经营管理的,《海商法》有关船舶所有人的规定适用于该法人。该法人可以作为船舶所有人登记,承担船舶所有人的责任,其船舶可以被扣押。

船舶所有权的取得,分为原始取得和继受取得两种形式。船舶建造是船舶所有权原始取得的一种方式,通常通过签订船舶建造合同来进行。船舶买卖是船舶所有权继受取得的一种常见方法。

(二)船舶抵押权

1. 船舶抵押权的概念

船舶抵押权是指债权人对于债务人或第三人提供的作为债务担保的船舶,在债务人不履行债务时,可以采取法定措施,从船舶的变价中优先受偿的权利。

2. 船舶抵押权的标的

船舶抵押权的标的物是船舶,包括旧船和正在建造中的船舶(在建船)。

正在建造中的船舶由于还不完全具备船舶的功能,因此不是严格意义上的船舶。尽管如此,包括我国在内的许多国家的海商法还是规定,在正在建造中的船舶上也可以设定船舶抵押权。这种规定对船舶建造融资很有帮助。

3. 船舶抵押权的设定

有权设定船舶抵押权的是船舶所有人、船舶所有人授权的人或船舶共有人。

船舶所有人授权的人通常是船舶所有人的代理人,其可以以船舶所有人的名义设定船舶抵押权。

船舶共有人是指对同一船舶共同享有所有权的数人。船舶共有人就共有船舶设定抵押权,应当取得持有 2/3 以上份额的共有人的同意,共有人之间另有约定的除外。船舶共有人设定的抵押权,不因船舶的共有权的分割而受影响。

船舶抵押权由当事人自愿设定。当事人设定船舶抵押,应当签订书面合同。船舶抵押合同的成立和生效,应适用合同法律法规的有关规定。

4. 船舶抵押权登记

我国《海商法》规定,设定船舶抵押权,由抵押权人和抵押人共同向船舶登记机关办理船舶抵押权登记;未经登记的,不得对抗第三人。

关于船舶抵押权登记的效力,国际上存在登记对抗主义与登记生效主义之分。登记生效主义认为抵押权未经登记就无效,登记对抗主义则认为未经登记的抵押权对抵押人和抵押权人双方仍然有效,只是其效力不能对抗第三方。我国《海商法》的规定属于登记对抗主义。同一船舶可以设定两个以上抵押权,其顺序以登记的先后为准。同日登记的抵押权,按照同一顺序受偿。

5. 船舶抵押权的效力

船舶抵押权最重要的效力是赋予其担保的债权以优先受偿权。船舶抵押权设定后,未经抵押权人同意,抵押人不得将被抵押船舶转让给他人。抵押权人将被抵押船舶所担保的债权全部或者部分转让给他人的,抵押权随之转移。被抵押船舶灭失,抵押权随之消灭。由于船舶灭失得到的保险赔偿,抵押权人有权优先于其他债权人受偿。

(三) 船舶优先权

1. 船舶优先权的概念

船舶优先权是指海事请求人依照海商法规定,向船舶所有人、光船承租人、船舶经营人提出海事请求,对产生该海事请求的船舶具有优先受偿的权利。

船舶优先权是海商法上特有的一项权利,是一种法定的担保物权。

2. 具有船舶优先权的海事请求及其受偿顺序

我国海商法规定,具有船舶优先权的海事请求及其受偿顺序如下:

(1)船长、船员和在船上工作的其他在编人员根据劳动法、行政法规或者劳动合同所产生的工资、其他劳动报酬、船员遣返费用和社会保险费用的给付请求。

(2)在船舶营运中发生的人身伤亡的赔偿请求。

(3)船舶吨税、引航费、港务费和其他港口规费的缴付请求。

(4)海难救助的救助款项的给付请求。

(5)船舶在营运中因侵权行为产生的财产赔偿请求。

载运2000吨以上散装货油的船舶,持有有效的证书,证明已经进行油污损害民事责任保险或者具有相应的财务保证的,对其造成的油污损害的赔偿请求,不属于第(5)项规定的范围。

根据《海商法》第23条的规定,上述船舶优先权的各项海事请求依顺序受偿。但是,第(4)项海事请求,后于第(1)至第(3)项发生的,应当先于第(1)项至第(3)项受偿;第(1)(2)(3)(5)项中有两个以上海事请求的,不分先后,同时受偿;不足受偿的,按照比例受偿。第(4)项中有两个以上海事请求的,后发生的先受偿。

救助款项的给付请求所享有的船舶优先权,后发生而先受偿的原因是,后发生的救助保全了船舶,也保全了先发生的救助的成果,使先发生的各项债权有可能得到清偿,因此保全他人者应优先于被保全者受偿,这被称为"倒序原则"。

3. 船舶优先权的消灭

船舶优先权消灭的原因主要有以下几方面。

(1)船舶灭失。船舶优先权因船舶灭失而消灭。船舶灭失是指船舶沉没、失踪或拆解完毕。

(2)怠于行使权利。具有船舶优先权的海事请求,自优先权产生之日起满1年不行使而消灭。而且,这里的1年期限不得以任何理由中止或中断。

(3)司法拍卖。船舶经法院强制出售后,本来附着在船上的船舶优先权消灭。

作为优先权的一种,船舶优先权还会因为债权清偿、弃权、已经提供了其他担保、主权豁免等原因消灭。

(四)船舶留置权

我国《海商法》上的船舶留置权,是特指船舶建造人、修船人在合同另一方未履行合同时,可以留置所占有的船舶,以保证造船费用或者修船费用得以偿还的权利。

船舶留置权也是一种法定的担保物权。与一般留置权不同的是,我国海商法所指的船舶留置权只限于造船人和修船人的留置权。其他人因为其他原因占有船舶不能行使船舶留置权。

(五)船舶担保物权的优先顺序

船舶抵押权、船舶优先权和船舶留置权都是以船舶为标的物的担保物权,都能保证其担保的债权比没有担保的普通债权优先受偿。船舶抵押权是约定担保物权,船舶优先权和船舶留置权是法定担保物权。船舶抵押权非经登记不得对抗第三人,而船舶优先权和船舶留置权无须登记。在其担保的债权的受偿顺序上。从先到后依次是:船舶优先权、船舶留置权、船舶抵押权。

【案例 8-2】

A 海运公司以拥有的"顺风"号船舶抵押向银行贷款 500 万元。后该船舶遭遇飓风破损,到 B 船舶厂维修,需要修理费 100 万元,并有多名船员受伤,需要医疗费 50 万元。如果以该船舶的价值清偿上述债务,其清偿顺序如何?

【评析】

船员的赔偿请求权属于船舶优先权,B 船舶厂可以在不支付修理费时行使留置权,银行贷款属于抵押权。因此,其清偿先后顺序依次是船员的医疗费、B 船舶厂的修理费和银行的贷款。

三、船员

船员,是指包括船长在内的船上一切任职人员。

为了保证船舶的安全航行,世界各国都对船员的资格实行严格的限定和管理。我国《海商法》规定,船长、驾驶员、轮机长、轮机员、电机员、报务员,必须由持有相应适任证书的人担任。从事国际航行的船舶的中国籍船员,必须持有中华人民共和国港务监督机构颁发的海员证和有关证书。

第三节　海事合同

海事合同,又称为海商合同,是与海上运输或与船舶营运有关的各种商事合同的总称。海事合同主要包括:海上运输合同,又分为海上货物运输合同和海上旅客运输合同;船舶租用合同;海上拖航合同;海难救助合同;海上保险合同等。本节重点介绍海上货物运输合同、海上旅客运输合同和船舶租用合同的内容。

一、海上货物运输合同

海上货物运输合同,是指承运人收取运费,负责将托运人托运的货物经海路由一港运至另一港的合同。

(一) 海上货物运输合同的种类

根据不同标准,海上货物运输合同可以分成以下不同的种类。

1. 国际海上货物运输合同和国内海上货物运输合同

这是根据装卸港口的位置不同进行的划分。在同一国家不同港口之间的运输是国内货物运输,又称"沿海货物运输";而将货物从一国港口运往另一国港口的是国际货物运输。在我国,两种合同中使用的运输单据不同,适用的法律也不同。

2. 班轮运输合同和租船运输合同

这是根据合同形式的不同进行的划分。

班轮运输是按照固定的船期表、固定的港口挂靠顺序有规律进行的运输。班轮运输中通常以提单作为口头或书面订立的运输合同的证据。不按照固定的时间和航线,而是按出租人与承租人专门商定的条件进行的运输是租船运输。

租船运输中双方缔结的是租船运输合同。常见的租船合同包括航次租船、定期租船和光船租船三种形式。我国《海商法》第四章"海上货物运输合同"中只包括了航次租船合同,而将定期租船合同和光船租船合同一起规定在第六章"船舶租用合同"中。

3. 散货运输合同、件杂货运输合同和集装箱货运输合同

这是根据承运货物不同进行的划分。所谓散货是指货物在装运以前没有进行包装,而是直接装载在船上的通舱或货舱隔成的小舱中的货物,如谷物、糖、油等。所谓件杂货是指包装成件或本身是可计数的货物,如一箱衣物、一辆汽车等。所谓集装箱货是指装载在集装箱这种新型的包装运输工具中的货物。

(二)海上货物运输合同的订立和解除

海上货物运输合同可以口头订立,也可以书面订立。但航次租船合同应当书面订立。电报、电传和传真具有书面效力。

海上货物运输合同订立后,可能因法定或当事人约定而解除。我国《海商法》规定了以下三种合同解除的情况。

1. 托运人在船舶开航前的任意解除权

船舶在装货港开航前,托运人可以要求解除合同。除合同另有约定外,托运人应当向承运人支付约定运费的一半;货物已经装船的,并应当负担装货、卸货和其他与此有关的费用。

2. 合同因非归责于双方当事人的原因而在开航前解除

船舶在装货港开航前,因不可抗力或者其他不能归责于承运人和托运人的原因致使合同不能履行的,双方均可解除合同,并互相不负赔偿责任。除合同另有约定外,运费已经支付的,承运人应当将运费退还给托运人;货物已经装船的,托运人应当承担装卸费用;已经签发提单的,托运人应当将提单退回给承运人。

3. 船舶因不可归责于承运人和托运人的原因不能抵达目的港时的解除

船舶开航后,因不可抗力或者其他不能归责于承运人和托运人的原因致使船舶不能在合同约定的目的港卸货的,除合同另有约定外,船长有权将货物在目的港邻近的安全港口或者地点卸载,视为已经履行合同。船长决定将货物卸载的,应当及时通知托运人或者收货人,并考虑托运人或者收货人的利益。

(三)承运人的责任

在海上货物运输合同关系中,承运人是指本人或者委托他人以本人名义与托运人订立海上货物运输合同的人。

1. 承运人的最低法定义务

海上货物运输合同中,承运人有四项必须承担的义务,即适航、管货、不做不合理绕航和应托运人请求签发提单。

(1)适航义务要求承运人在开航之前和开航当时,适当检查和配备船舶,使船舶处于适于航行的正常状态,能够安全收受、载运和保管货物。

(2)管货义务要求承运人在接收货物后,应当妥善地、谨慎地装载、搬移、积载、运输、保管、照料和卸载所运货物。

(3)绕航是指船舶有意脱离约定的或者习惯的或者地理上的航线。航线的选择事关运输安全,因此不绕航是承运人的基本义务。但船舶在海上为救助或者企图救助人命或者财产而发生的绕航,或者其他合理绕航,不属于违反承运人义务的行为。

(4)承运人应托运人请求签发提单。这项义务存在的前提是托运人适时地提出了签发提单的请求。托运人没有请求,则无须签发提单。

海上货物运输合同条款不能减轻或免除这四项义务,否则该条款无效,但运输合同可以再增加承运人的其他义务。因此,这四项义务被称为"承运人的最低法定义务"。

2. 承运人的最高法定免责

与承运人的基本法定义务相对应,我国《海商法》规定了 12 项承运人的法定免责事由。由于这些法定免责是承运人能享受的最多免责,运输合同只能减少,不能增加,否则无效,因此,这些免责事由又被称为"承运人的最高法定免责"。

3. 承运人的责任期间

承运人的责任期间分为两种。对集装箱装运的货物的责任期间,是指从装货港接收货物起至卸货港交付货物时止,货物处于承运人掌管之下的全部期间。对非集装箱装运的货物的责任期间,是指从货物装上船时起至卸下船时止,货物处于承运人掌管之下的全部期间。在承运人的责任期间,货物发生灭失或损坏,除非法律另有规定,承运人应当负赔偿责任。

4. 迟延交付的责任

所谓迟延交付,是指货物未能在明确约定的时间内在约定的卸货港交付。除法律规定承运人不负赔偿责任的情形外,由于承运人的过失,致使货物因迟延交付而灭失或者损坏的,承运人应当负赔偿责任。即使货物没有灭失或者损坏,但货物因迟延交付而遭受经济损失的,承运人仍然应当负赔偿责任。

如果承运人未能在明确约定的时间届满 60 日内交付货物,有权对货物灭失索赔的人可以认为货物已经灭失。

5. 承运人与实际承运人的责任分担

承运人,是指本人或者委托他人以本人名义与托运人订立海上货物运输合同的人。实际承运人,是指接受承运人委托,从事货物运输或者部分运输的人,包括接受转委托从事此项运输的其他人。

如果承运人将货物运输的部分或全部委托给实际承运人履行,承运人仍须按照法律规定对全程运输负责。实际承运人对自己实际履行的运输负责。《海商法》中对承运人责任的规定,适用于实际承运人。

承运人与实际承运人都负有赔偿责任的,应当在此项责任范围内负连带责任。

(四) 托运人的责任

根据我国《海商法》的规定,托运人有以下义务和责任。

1. 支付运费

托运人应当按照约定的时间、金额和方式等向承运人支付运费,这是海上货物运输合同下托运人最基本的义务。托运人与承运人也可以约定运费由收货人支付。但是,这种约定应当在运输单证中载明。

2. 包装货物并申报货物资料

托运人在交付货物时,应将货物的品名、标志、包数或者件数、重量或者体积等相关资料申报给承运人。托运人必须保证其申报的资料正确无误,托运人对申报不实造成的承运人的损失负赔偿责任。如果货物的这些不良状况引起其他货主的损失,承运人应该负责赔偿,然后再向托运人追偿。

3. 办理货物运输手续

托运人应当及时向港口、海关、检疫、检验和其他主管机关办理货物运输所需要的各项手续,并将已办理各项手续的单证送交承运人;因办理各项手续的有关单证送交不及时、不完备或者不正确,使承运人的利益受到损害的,托运人应当负赔偿责任。

4. 托运危险品的责任

托运人托运危险货物,应当依照有关海上危险货物运输的规定,妥善包装,作出危险品标志和标签,并将其正式名称和性质以及应当采取的预防危害措施书面通知承运人。即使托运人尽到了通知义务,而且承运人明确同意装运危险品,但承运人在承运的危险货物对于船舶、人员或者其他货物构成实际危险时,仍然可以将货物卸下、销毁或者使之不能为害,而不负赔偿责任。

(五) 货物交付

1. 货物交付的形式

承运人交付货物的形式包括实际交付和象征性交付。实际交付是直接将货物交给收货人或其指定的人。象征性交付是在特定情况下,如卸货港无人提取货物或者收货人迟延、拒绝提取货物时,将货物置于一个适当的场所并通知收货人领取而视为完成了交付。

以上两种交货方式中,实际交付是一般原则,象征性交付是例外情况,即在实际交付不可能时才能采用象征性交付。

2．检查货物和通知

收货人从承运人处收取货物时，有义务对货物进行检查。如果货物处于不良状态，应及时用书面形式通知承运人。

承运人和收货人都可以在目的港交接货物前申请检验机构对货物状况进行检验，要求检验的一方应当支付检验费用，但有权向造成货物损失的责任方追偿。在对货物进行检验时，承运人和收货人双方应当相互提供合理的便利条件。

3．留置货物

托运人应当向承运人支付的运费、共同海损分摊、滞期费和承运人为货物垫付的必要费用以及应当向承运人支付的其他费用没有付清，又没有提供适当担保的，承运人可以在合理的限度内留置其货物。

承运人只能留置债务人的货物。由于运输途中的货物可能发生转卖，因此，承运人行使货物留置权时必须查清货物的所有权人是否是债务人，否则可能因错误留置而承担责任。

（六）提单

1．提单的概念

提单，是指用以证明海上货物运输合同和货物已经由承运人接收或者装船，以及承运人保证据以交付货物的单证。提单中载明的向记名人交付货物，或者按照指示人的指示交付货物，或者向提单持有人交付货物的条款，构成承运人据以交付货物的保证。

2．提单的法律特征

提单是海上货物运输乃至整个国际贸易中的核心单据，具有以下三个法律特征。

（1）提单具有收据作用，是货物已经由承运人接收或者装船的证据

作为收据的提单在不同的提单持有人手中有不同的证据效力。在托运人手中，提单是初步证据，承运人可以以其他更有力的证据证明提单记载与实际情况不符。但在托运人以外的第三方手中，提单是最终证据，承运人不能再以其他证据推翻提单的记载。

（2）提单是运输合同的书面证明

作为合同证明的提单，在不同的提单持有人手中也有不同的证据效力。在托运人手中，提单是初步证据，承运人可以举证证明实际运输合同与提单记载不一致。但当提单转让到托运人以外的第三方手中时，承运人与第三方的权利、义务就只能依据提单的记载确定。

（3）提单是承运人交付货物的凭证

提单一旦签发，承运人就只能对提单持有人交付货物，而且对在途货物的处分权也转而由提单持有人行使。

3．提单的性质

提单是有价证券。作为有价证券，提单既是物权证券也是债权证券，同时它还是要

式证券、流通证券、设权证券和缴还证券。

4. 提单的分类

根据不同标准,提单可以分为以下种类。

(1)收货待运提单和已装船提单

这是根据签发时间不同进行的划分。

收货待运提单是承运人已经接受货物但尚未将货物装上船时签发的提单。已装船提单是在货物已经由承运人接受并装上船后签发的提单。收货待运提单在货物实际装上船后可以换成已装船提单。

(2)记名提单、不记名提单和指示提单

这是根据提单上的抬头不同进行的划分。

记名提单是记载了收货人名称的提单。不记名提单是在收货人一栏未做任何记载的提单,又称为空白提单。指示提单是记载凭指示交货的提单,其中,记载了指示人的名称的是记名指示提单,没有记载指示人的名称的是不记名指示提单。不记名指示提单一般理解为凭托运人指示交货。

(3)清洁提单和不清洁提单

这是根据提单上对货物外表状况的记载不同进行的划分。

清洁提单是提单表面未对货物状况做不良批注的提单。不清洁提单是记载了货物装船时外表状况不良的提单。

5. 提单的签发

(1)承运人签发提单的义务

应托运人请求签发提单是承运人的基本法定义务之一,承运人不能通过运输合同的规定减轻或取消这一法定义务。签发提单的只能是承运人或其授权的人。船长签发的提单,法律推定为承运人签发,即使没有实际授权也要约束承运人。

(2)提单签发的时间

提单签发的时间是承运人接收货物或者将货物装上船以后。承运人接受货物以前签发的提单被称为"预借提单"。提单上必须真实记载提单签发的日期,如果记载的日期早于实际签发的日期,则称为"倒签提单"。预借提单和倒签提单都是违法的行为。

6. 提单的内容

提单是一张正反两面都有记载的单据。提单正面通常记载本航次运输的基本情况,如承运人、托运人的名称、地址,货物基本情况,装卸港口等。提单背面通常是预先印制好的承运人的标准合同条款,包括承运人责任、运费及其他费用、管辖权等。

《海商法》规定,提单上必须记载以下内容:①货物的品名、标志、包数或者件数、重量或者体积,以及运输危险货物时对危险性质的说明;②承运人的名称和主营业所;③船舶名称;④托运人的名称;⑤收货人的名称;⑥装货港和在装货港接收货物的日期;⑦卸货港;⑧多式联运提单增列接收货物地点和交付货物地点;⑨提单的签发日期、地点和份数;⑩运费的支付;⑪承运人或者其代表的签字。

《海商法》虽然规定提单上必须记载以上 11 项内容,但同时又规定,缺少其中一项或几项并不影响提单的效力,只要提单上的记载能满足法律对提单定义的要求,即能具有提单所应具有的基本功能就可以。

7. 提单的转让

提单是可以转让的单据。《海商法》第 79 条对提单的转让规定了三种情形:①记名提单,不得转让;②指示提单,经过记名背书或者空白背书转让;③不记名提单,无须背书,即可转让。

二、海上旅客运输合同

海上旅客运输合同,是指承运人以适合运送旅客的船舶经海路将旅客及其行李从一港运送至另一港,由旅客支付票款的合同。根据我国《海商法》的规定,海上旅客运输合同包括国际海上旅客运输合同和国内海上旅客运输合同,但不包括内河旅客运输合同。

(一) 海上旅客运输合同的订立与解除

1. 海上旅客运输合同的订立

我国《海商法》第 110 条规定:"旅客客票是海上旅客运输合同成立的凭证。"《民法典》第 814 条规定:"客运合同自承运人向旅客出具客票时成立,但是当事人另有约定或者另有交易习惯的除外。"据此,可以认为在通常情况下,海上旅客运输合同自承运人向旅客交付客票时成立。

2. 海上旅客运输合同的解除

我国《海商法》没有对海上旅客运输合同的解除问题作出规定。因此,应该根据《民法典》和有关客运法规、规章来处理。如《民法典》第 816 条规定:"旅客因自己的原因不能按照客票记载的时间乘坐的,应当在约定的期限内办理退票或者变更手续;逾期办理的,承运人可以不退票款,并不再承担运输义务。"

(二) 承运人的责任

1. 承运人责任的责任期间与赔偿责任

(1)承运人的责任期间

在海上旅客及其行李的运送期间,承运人应对旅客及其行李负责。因此,承运人的运送期间,也就是责任期间。我国《海商法》第 111 条规定,海上旅客运输的运送期间,自旅客登船时起至旅客离船时止,客票票价含接送费用的,运送期间并包括承运人经水路将旅客从岸上接到船上和从船上送到岸上的时间,但是不包括旅客在港站内、码头上或者在港口其他设施内的时间;旅客的自带行李,运送期间适用上述规定;旅客自带行李以外的其他行李,运送期间自旅客将行李交付承运人或者承运人的受雇人、代理人时起至承运人或者承运人的受雇人、代理人交还旅客时止。

(2)承运人的赔偿责任

关于承运人的赔偿责任,我国《海商法》采取了过失责任原则和推定过失责任原则。我国《海商法》第114条第1款采取了过失责任原则,即在旅客及其行李的运送期间,因承运人或者承运人的受雇人、代理人在受雇或者受委托的范围内的过失引起事故,造成旅客人身伤亡或者行李灭失、损坏的,承运人应当负赔偿责任。请求人对承运人或者承运人的受雇人、代理人的过失,应当负举证责任。

我国《海商法》第114条第3款和第4款采取了推定过失责任原则,即旅客的人身伤亡或者自带行李的灭失、损坏,是由于船舶的沉没、碰撞、搁浅、爆炸、火灾所引起或者是由于船舶的缺陷所引起的,承运人或者承运人的受雇人、代理人除非提出反证,应当视为其有过失。旅客自带行李以外的其他行李的灭失或者损坏,不论由何种事故所引起,承运人或者承运人的受雇人、代理人除非提出反证,应当视为其有过失。

2. 承运人的除外责任

我国《海商法》对承运人的除外责任作了规定,主要包括以下几方面。

(1)经承运人证明,旅客的人身伤亡或者行李的灭失、损坏,是由于旅客本人的过失或者旅客和承运人的共同过失造成的,可以免除或者相应减轻承运人的赔偿责任。经承运人证明,旅客的人身伤亡或者行李的灭失、损坏,是由于旅客本人的故意造成的,或者旅客的人身伤亡是由于旅客本人健康状况造成的,承运人不负赔偿责任。

(2)承运人对旅客的货币、金银、珠宝、有价证券或者其他贵重物品所发生的灭失、损坏,不负赔偿责任。但是,上述物品已交由承运人保管的,承运人应对其灭失、损坏承担赔偿责任。

(3)承运人对旅客携带或夹带在行李中的易燃、易爆、有毒、有腐蚀性、有放射性以及有可能危及船上人身和财产安全的其他危险品,有权在任何时间、任何地点将其卸下、销毁或者使之无害,或者送交有关部门,而不承担赔偿责任。

3. 承运人的责任限制

承运人的责任限制适用于承运人、实际承运人以及承运人、实际承运人的受雇人、代理人。根据《海商法》第117条的规定,承运人在每次海上旅客运输中的赔偿责任限额,依照下列规定执行:①旅客人身伤亡的,每名旅客不超过46666计算单位;②旅客自带行李的灭失或者损坏的,每名旅客不超过833计算单位;③旅客车辆包括该车辆所载行李灭失或者损坏的,每一车辆不超过3333计算单位;第②③项以外的旅客其他行李灭失或者损坏的,每名旅客不超过1200计算单位。

4. 实际承运人的责任

海上旅客运输中,"承运人",是指本人或者委托他人以本人名义与旅客订立海上旅客运输合同的人。"实际承运人",是指接受承运人委托,从事旅客运送或者部分运送的人,包括接受转委托从事此项运送的其他人。二者的责任分担与海上货物运输合同中承运人与实际承运人的责任分担基本相同。具体说,承运人即使将部分运送任务委托给实际承运人履行,仍然应当对全程运输负责。实际承运人则对其实际履行的运送任务负责。承运人与实际承运人均负有赔偿责任的,应当在此项责任限度内负连带责任。

(三) 旅客的责任

1. 支付票款

旅客必须购票乘船。旅客无票乘船、越级乘船或超程乘船,应当按照规定补足票款,承运人可以按照规定加收票款,如对超程乘坐者双倍收取超程部分的票价。旅客拒不交付的,船长有权在适当地点令其离船,承运人有权向其追偿。

2. 不得携带危险品

为保障安全航行,旅客不得随身携带或者在行李中夹带违禁品或者易燃、易爆、有毒、有腐蚀性、有放射性以及有可能危及船上人身和财产安全的其他危险品。如果旅客携带或夹带了违禁品或危险品,承运人可以在任何时间、任何地点将其卸下、销毁或者使之不能为害,或者送交有关部门,而不负赔偿责任。旅客违反上述规定造成损害的,应当负赔偿责任。

3. 提交书面索赔通知的义务

旅客行李发生损坏的,如果损坏明显,旅客对其自带行李的损坏,应当在旅客离船前或者离船时提交书面通知;其他行李,应当在行李交还前或者交还时提交书面通知。

行李的损坏不明显,旅客在离船时或者行李交还时难以发现的,以及行李发生灭失的,旅客应当在离船或者行李交还或者应当交还之日起 15 日内,向承运人或者承运人的受雇人、代理人提交书面通知。旅客未依照规定及时提交书面通知的,除非提出反证,视为已经完整无损地收到行李。

三、船舶租用合同

(一) 定期租船合同

定期租船合同,是指船舶出租人向承租人提供约定的由出租人配备船员的船舶,由承租人在约定的期间内按照约定的用途使用,并支付租金的合同。

1. 定期租船合同的特征

(1)由出租人和承租人双方分享对船舶的管理。出租人主要负责船舶本身的营运,包括机械、补给、人员等的配备和航行安全;承租人主要负责船舶的商业使用,包括货物运输的起运地和目的地的指定、货物的提供、货物的装卸、保管、处理等。

(2)由出租人和承租人双方分担船舶营运的费用。出租人主要负担船舶的每日营运成本,包括船舶建造成本、船员工资、船舶保险费、船舶保养及维修费用、机械备件及补给和船舶管理费等;而承租人主要负担航程使用费,即因为本航次运输而发生的费用,如货物装卸的费用、港口费、拖轮及领港费、运河费、运费税等。

(3)承租人按使用船舶的时间支付费用。定期租船期间内的时间损失主要由承租人负担,即在不是由于任何一方的过错引起时间损失时,将由承租人承担后果。

2. 出租人的主要义务

(1)出租人交船的义务。出租人最重要的义务是将船舶交给承租人使用。交船必须在合同约定的时间和地点进行,而且出租人应谨慎处理,使船舶适航并适于约定的用途。

(2)出租人维修船舶的义务。出租人应负责船舶在租期内的维修。船舶不符合约定的适航状态或者其他状态而不能正常营运。连续满 24 小时损失的营运时间,承租人不付租金,但上述状态是由承租人造成的除外。

(3)出租人通知船舶转让的义务。船舶所有人转让已经租出的船舶的所有权,定期租船合同约定的当事人的权利和义务不受影响,但是应当及时通知承租人。船舶所有权转让后,原租船合同由受让人和承租人继续履行。出租人在定期租船合同下的主要权利与承租人的义务相对应,包括收取租金、到期收回船舶等。

3. 承租人的主要义务

(1)承租人支付租金的义务。承租人在租期内按约定使用船舶,应交付租金。承租人未按照合同约定支付租金或合同约定的其他款项的,出租人有权解除合同,并有权要求赔偿因此遭受的损失。

(2)承租人还船的义务。承租人在租期届满后应将船舶交还给出租人。还船时,该船舶应当具有与出租人交船时相同的良好状态,但是船舶本身的自然磨损除外。船舶未能保持与交船时相同的良好状态的,承租人应当负责修复或者给予赔偿。承租人不应超期使用船舶,但由于船期的计算很难非常精确,如果经合理计算,完成最后航次的日期约为合同约定的还船日期,但可能超过合同约定的还船日期的,承租人有权超期用船以完成该航次。该航次被称为"最后合法航次"。超期期间,承租人应当按照合同约定的租金率支付租金;市场租金率高于合同约定的租金率的,承租人应当按照市场租金率支付租金。

(3)承租人按照约定使用船舶的义务。承租人应当保证船舶在约定航区内的安全港口或者地点之间从事约定的海上运输。承租人应当保证船舶用于运输约定的合法的货物。承租人将船舶用于运输活动物或者危险货物的,应当事先征得出租人的同意。

🚩【知识链接】

承租人的主要权利

承租人的主要权利有:(1)承租人指挥船长的权利。承租人有权就船舶的营运向船长发出指示,但是不得违反定期租船合同的约定。承租人发出违反定期租船合同的约定的指示或不合法的指示,船长有权也有义务拒绝执行。如果船长应该拒绝而没有拒绝,由此造成出租人的损失,承租人不负责赔偿。(2)承租人转租的权利。承租人可以将租用的船舶转租,但是应当将转租的情况及时通知出租人。租用的船舶转租后,原租船合同约定的权利和义务不受影响。(3)承租人获得救助报酬的权利。在合同期间,船舶进行海难救助的,承租人有权获得扣除救助费用、损失赔偿、船员应得部分以及其他费用后的救助款项的一半。

(二)光船租赁合同

光船租赁合同,是指船舶出租人向承租人提供不配备船员的船舶,在约定的期间内由承租人占有、使用和营运,并向出租人支付租金的合同。

1. 光船租赁合同的特征

(1)出租人只负责提供船舶本身,租船期间船长、船员由承租人雇佣并支付工资,船用燃料、物料、给养等也都由承租人提供并承担费用。

(2)光船租赁期间船舶的占有权和使用权转移给承租人,但船舶的处分权仍然属于出租人。

(3)光船租赁权的设定、转移和消灭,应当向船舶登记机关登记,未经登记的,不得对抗第三人。

2. 出租人的主要义务和主要权利

(1)出租人交船的义务。光船租赁合同下,出租人应当在合同约定的时间和地点,向承租人交付约定的船舶以及船舶证书。出租人应当谨慎处理,使船舶适航。船舶还应当适于合同约定的用途。

(2)出租人的权利担保义务。出租人必须保证承租人在租赁期间内有权依合同占有和使用船舶。如果因船舶所有权争议或者出租人所负的债务致使船舶被扣押的,出租人应当保证承租人的利益不受影响,致使承租人遭受损失的,出租人应当负赔偿责任。

(3)出租人不得抵押船舶的义务。在光船租赁期间,未经承租人事先书面同意,出租人不得对船舶设定抵押权,如果违反此义务并给承租人带来损失的,应当负责赔偿。

(4)出租人的主要权利是收取租金。

3. 承租人的主要义务和主要权利

(1)承租人照料船舶的义务。

(2)承租人不得转租的义务。

(3)承租人支付租金的义务。

承租人的主要权利是按照约定使用船舶。承租人通过其自己雇佣的船长、船员直接控制船舶。

第四节 船舶碰撞

一、船舶碰撞的概述

（一）船舶碰撞的概念

我国《海商法》第165条规定,船舶碰撞是指船舶在海上或者与海相通的可航水域发生接触造成损害的事故。[1]

（二）船舶碰撞的构成要件

1. 主体

船舶碰撞必须发生在船舶之间,而且其中必须有一方是《海商法》第3条规定的船舶,而其他方可以是军事或执行政府公务的船艇以外的任何船艇。

2. 行为

船舶之间发生了粗暴性的实际接触。船舶之间没有接触的不能构成船舶碰撞。

3. 后果

船舶碰撞必须造成船舶、财产的损失或人员的伤害。没有实际损害后果的船舶接触不构成船舶碰撞。

4. 水域

船舶碰撞发生在海上或与海相通的可航水域。因此,在长江等与海相通的水域上发生的海船与海船或海船与内河船之间的碰撞也是《海商法》上的船舶碰撞。

（三）船舶碰撞的种类

按碰撞的过错划分,船舶碰撞可分为两大类。

1. 有过错的碰撞

有过错的碰撞,包括过失碰撞和故意碰撞。其中,故意碰撞极为罕见,过失碰撞则是船舶碰撞的主要原因。过失碰撞又可分为以下两种。

(1)单方过失引起的船舶碰撞。它是指船舶碰撞事故因一方的过失所致。单方过失碰撞多为在航船舶在港内航行时碰撞停泊船舶。

(2)双方或多方过失引起的船舶碰撞。它是指船舶碰撞事故由双方或多方的过失所致。

---

〔1〕 根据《1910年统一船舶碰撞某些法律规定的国际公约》的规定,船舶碰撞是指海船与海船或海船与内河船发生碰撞,致使有关船舶或船上人身、财产遭受损害的事故。我国《海商法》对船舶碰撞概念的规定接近于上述概念。

2．无过错的船舶碰撞

根据我国《海商法》第167条的规定，无过错的船舶碰撞，包括由于不可抗力、其他不能归责于任何一方的原因或无法查明的原因造成的船舶碰撞。

（1）不可抗力造成的船舶碰撞。它是指无法预见、无法避免和无法克服的自然外力和社会因素，如台风、海啸、战争、暴乱等，导致船舶碰撞他船。

（2）其他不能归责于任何一方的原因造成的碰撞，又称意外原因造成的碰撞，即除不可抗力以外的其他不能归责于任何一方的原因造成的船舶碰撞，是自危险局面形成之前直至碰撞发生或将发生为止的整个期间，船舶已恪尽职责，运用了良好的驾船技术，未违反航行规则，但仍不能预见或避免潜在事件造成的碰撞。例如，船舶发生主机断裂，失去动力无法控制，碰撞他船。

（3）无法查明的原因造成的碰撞是指，当事船舶双方不能举证证明船舶碰撞的真实原因，主管机关的调查和专家的鉴定也不能确定。

二、船舶碰撞的损害赔偿

（一）船舶碰撞的损害赔偿原则

我国对船舶碰撞的损害赔偿采用过错责任原则，即碰撞当事方只对因其故意或过失引起的不法损害承担赔偿责任。船舶碰撞中的过失情况可以分成三种：各方无过失、单方有过失和互有过失。《海商法》对三种过失情况引起的船舶碰撞分别规定了处理方法。

1．各方无过失碰撞

各方无过失的碰撞是指不存在或者无法证明人为因素引起的碰撞，如不可抗力造成的碰撞、意外事故造成的碰撞或不明原因的碰撞。各方无过失的碰撞发生后，碰撞各方互相不负赔偿责任，损失由受害者自行承担。

2．单方过失碰撞

单方过失碰撞即由于一船的过失造成的碰撞，由有过失的一方承担自己的损失，并对对方损失负担赔偿责任。

3．互有过失碰撞

互有过失的船舶碰撞，由各船根据过失程度的比例分别承担赔偿责任。如果过失程度相当或无法判定其比例，则由各方平均负赔偿责任。但互有过失的碰撞造成第三方人身伤亡的，由过失方承担连带赔偿责任。

（二）船舶碰撞的损害赔偿内容

1．船舶损失的赔偿

在船舶碰撞中，船舶损害有两种：一是部分损失，即船舶只遭受局部损坏；二是全部损失，包括实际全损和推定全损。实际全损是指船舶在碰撞中已完全损坏，失去使用价值;推定全损是指船舶损坏后的施救和修理费用的一项或者两项之和已经达到或者超过船舶的价值。

2. 货物等船上财产的损害赔偿

在船舶碰撞中,货物损害的赔偿范围包括货物的价值加运费。货物全部损失的,赔偿范围包括货物托运时的实际价值加上全部运费;货物部分损失的,赔偿范围为货物损失部分减少的价值加上相应比例的运费。

3. 人身伤亡的损害赔偿

人身伤亡的损害赔偿,是船舶碰撞损害赔偿的一部分。船舶碰撞造成人身伤亡事故后,负有过失的一方应负赔偿责任。如果互有过失造成人身伤亡时,则过失方应负连带责任。

三、船舶碰撞案件的赔偿时效

有关船舶碰撞的请求权,时效期间为2年,自碰撞事故发生之日起计算。

互有过失的船舶碰撞中,对第三人的人身伤亡。一船连带支付的赔偿超过其过失比例的,有权向其他过失方追偿。这种追偿请求权的时效期间为1年,自当事人连带支付损害赔偿之日起计算。

四、船舶碰撞案件的法律适用

发生在一国领海内的船舶碰撞,一般应适用该国的法律并由该国法院管辖。

我国《海商法》第273条规定,船舶碰撞的损害赔偿,适用侵权行为地法律。发生在公海的船舶碰撞,根据碰撞船舶的国籍不同可能适用不同的法律。船舶在公海上发生碰撞的损害赔偿,适用受理案件的法院所在地法律。同一国籍的船舶,不论碰撞发生于何地,碰撞船舶之间的损害赔偿均适用船旗国法律。

第五节 海难救助与海损

一、海难救助

(一) 海难救助的概念

海难救助又称海上救助,是指对在海上或者与海相通的可航水域遇险的船舶和其他财产进行救助的活动。我国《海商法》第171条规定,海难救助适用于"在海上或与海相通的可航水域,对遇险的船舶和其他财产进行的救助"。

(二) 海难救助的构成要件

根据我国《海商法》的有关规定,有效的海难救助行为的成立,或称救助报酬请求权的成立,须符合以下条件。

1. 海难救助的对象是船舶和其他财产

"船舶",是指《海商法》第 3 条规定的海船及与其发生救助关系的任何其他非用于军事的、政府公务的船艇;"财产",是指非永久地和非有意地依附于岸线的任何财产,包括有风险的运费。"有风险的运费"是指到付运费。根据《海商法》第 173 条的规定,海上已经就位的从事海底资源勘探、开发或生产的固定式、浮动式平台和移动式近海钻井装置,不属于海难救助的对象。应当指出,同一船舶所有人的船舶也可以成为彼此救助的对象。《海商法》第 191 条规定:"同一船舶所有人的船舶之间进行的救助,救助方获得救助款项的权利适用本章规定。"

2. 海难救助只能发生在海上或与海相通的水域

海难救助行为必须直接及于在海上或与海相通的可航水域的救助对象,如果救助的对象在其他地点,则不能成立海难救助。同时,救助方一般也应位于海上或与海相通的可航水域。

3. 海难救助的对象必须遭遇海难

海难是救助的前提,救助是发生海难的后果,无海难则无救助。因此,海难救助的对象必须遭遇海难。从海难救助的实践来看,发生海难的原因很多,如台风等自然灾害、触礁或者搁浅等意外事故、船员驾驶和管理船舶的疏忽过失等。

4. 救助方的救助行为必须是自愿的

在海难救助中,救助人必须是没有救助义务的第三人。也就是说,救助方的救助行为必须是自愿的。因此,对被救助人负法定义务或合同义务的人不具有救助人资格。

负有救助义务的救助包括法律约束的救助和合同约束的救助。法律约束的救助是救助人根据法律规定所进行的救助。《海商法》第 174 条规定:"船长在不严重危及本船和船上人员安全的情况下,有义务尽力救助海上人命。"合同约束的救助是在海难发生之前,救助方根据合同规定有救助义务的救助。

5. 救助必须获得效果

海难救助的目的是使被救助标的脱离危险,如果救助没有获得任何效果,就失去了救助的意义,救助人无权请求被救助方支付报酬。《海商法》第 179 条规定,救助方对遇险的船舶和其他财产的救助,取得效果的,有权获得救助报酬,救助未取得效果的,除法律另有规定或合同另有约定外,无权获得救助报酬。但是,在救助获得效果上也有例外,即当被救助标的对海洋环境构成威胁时。

虽然对标的物的救助没有获得效果,但由于这种救助行为防止或者减少了环境污染,也视为获得了救助效果,可以依法获得救助报酬和特别补偿。《海商法》第 182 条第 1 款规定:对构成环境污染损害危险的船舶或者船上货物进行的救助,救助方依法取得救助报酬,少于依照本条规定可以得到的特别补偿的,救助方有权依照本条规定,从船舶所有人处取得相当于救助费用的特别补偿。救助人在进行救助作业时,取得了防止或减少环境污染损害效果的,船舶所有人依照前款规定应当向救助方支付的特别补偿可以另行增加。

【知识链接】

目前实际存在的专业救助公司进行的救助并不违背自愿原则。在我国沿海发生的许多救助行为都是由国有船舶进行的,或是在我国港口当局的指挥、控制下进行的,这种救助并不违背救助的自愿性质,仍然应该适用海难救助的法律加以调整。

(三)救助报酬

救助人在救助成功后有权获得的报酬即救助报酬。

请求救助报酬的前提是:实施了海难救助,而且救助有效果。"无效果,无报酬"是海难救助中的一项基本原则。所谓救助有效果,是指通过救助作业,被救助的财产全部或部分价值得以保全,并回到被救助方手中。"无效果,无报酬"原则的意义在于鼓励救助人奋力抢救海上遇险船舶或者其他财产,体现了海上救助的精神实质。

1. 确定救助报酬应考虑的因素

确定救助报酬应考虑的因素主要有:①船舶和其他财产的获救的价值;②救助方在防止或者减少环境污染损害方面的技能和努力;③救助方的救助成效;④危险的性质和程度;⑤救助方在救助船舶、其他财产和人命方面的技能和努力;⑥救助方所用的时间、支出的费用和遭受的损失;⑦救助方或者救助设备所冒的责任风险和其他风险;⑧救助方提供救助服务的及时性;⑨用于救助作业的船舶和其他设备的可用性和使用情况;⑩救助设备的备用状况、效能和设备的价值。

但无论如何,救助报酬不得超过船舶和其他财产的获救价值,即获救后的估计价值或实际出卖的收入,扣除有关税款和海关、检疫、检验费用以及进行卸载、保管、估价、出卖而产生的费用后的价值。

2. 救助报酬的减少或取消

由于救助方的过失致使救助作业成为必需或者更加困难的,或者救助方有欺诈或者其他不诚实行为的,应当取消或者减少向救助方支付的救助款项。

3. 救助报酬的承担与分配

救助报酬的金额,应当由获救的船舶和其他财产的各所有人,按照船舶和其他各项财产各自的获救价值占全部获救价值的比例承担。各方之间不负连带责任。

参加同一救助作业的各救助方的救助报酬,应当根据法律规定的标准,由各方协商确定;协商不成的,可以提请受理争议的法院判决或者经各方协议提请仲裁机构裁决。

在救助作业中救助人命的救助方,对获救人员不得请求酬金,但是有权从救助船舶或者其他财产、防止或者减少环境污染损害的救助方获得的救助款项中,获得合理的份额。

4. 救助款项的担保与先行支付

救助款项的担保。被救助方在救助作业结束后,应当根据救助方的要求,对救助款项提供满意的担保。在载货船舶被救助的情况下,船舶和货物都属于被救助的对象。由于货物是在船舶所有人的直接控制下,因此,获救船舶的船舶所有人应当在获救的货物交还前,尽力使货物的所有人对其应当承担的救助款项提供满意的担保。在未根据救助人的要求对获救的船舶或者其他财产提供满意的担保以前,未经救助方同意,不得将获救的船舶或者其他财产从救助作业完成后最初到达的港口或者地点移走。

救助款项的先行支付。受理救助款项请求的法院或者仲裁机构,根据具体情况,在合理的条件下,可以裁定或者裁决被救助方向救助方先行支付适当的金额。被救助方先行支付后,其应提供的担保金额应当相应扣减。

二、共同海损

共同海损,是指在同一海上航程中,船舶、货物和其他财产遭遇共同危险,为了共同安全,有意地、合理地采取措施所直接造成的特殊牺牲、支付的特殊费用。由受益的各方来共同分担共同海损的制度,是海商法中一项非常古老的制度,其核心思想是,为大家共同作出的牺牲,应由大家来补偿。

与共同海损相对应,并非为了大家的共同利益而作出的牺牲,而是因自然灾害或意外事故等其他原因直接造成的船舶或货物的损失被称为单独海损。共同海损与单独海损的区别在于,前者是为了大家的利益有意作出的,而后者是海上事故直接造成的;前者应由大家来分摊,而后者应由受损者自行承担。

(一) 共同海损的成立要件

1. 必须有共同的、真实的危险

共同海损必须是在同一海上航程中的船舶、货物或其他财产面临共同的、真实的危险时发生的。所谓共同的危险,是指这种危险对船舶和货物都构成威胁,如果仅仅危及船舶或货物单方的危险不会造成共同海损。如天气闷热而船上的冷冻设备损坏,可能导致货物腐败变质而船舶本身不受影响,就不是共同危险。所谓真实的危险,是指危险必须是客观存在的,仅仅是主观臆测的危险不会造成共同海损。

2. 必须是有意地采取了合理的、有效的措施

"合理"是指公平而适当的处置行为,是基于善良管理人的立场,在当时的情况下,慎重考虑后所为的行为。如船舶遭遇海难,须投弃一部分货载,船长不将木材、废铁等重而便宜的货物投弃,而是将钻石、黄金等贵重物品首先投弃,则属于不合理的处分,不得列入共同海损。

"有效"是指因其行为而使财产得以保全。

共同海损中采取的措施必须是船长或其他有权作出决定的人为了挽救船上财物的

明确目的而有意采取的。如船舶在航行中遇到大风浪,如果是为了减轻载重而主动将重量大而价值低的货物抛下海,货物的损失就是有意作出的。但如果是货物因船身剧烈颠簸而被甩入大海,这种损失就不是有意作出的。

3. 损失必须是直接的、特殊的

共同海损措施是以牺牲较小利益保全较大利益为特征。被牺牲的利益必须是共同海损措施直接造成的,而且是特殊的、异常的。直接损失是指损失必须是共同海损行为直接造成的。间接损失不能算作共同海损损失,如船期损失、滞期损失、市价跌落等。

"特殊的"是指损失必须是非正常的。正常航行中作出的开支不得算作共同海损。

(二) 共同海损的范围

共同海损的范围即共同海损的表现形式,亦即确定哪些具体海损形式可归属于共同海损。根据《海商法》第193条的规定,共同海损的范围限于因共同海损行为直接造成的船舶、货物和其他财产的特殊牺牲和支付的特殊费用。但是,无论在航程中或者在航程结束后发生的船舶或者货物因迟延所造成的损失,包括船期损失和行市损失以及其他间接损失,均不得列入共同海损。由此可见,共同海损的范围应当包括共同海损牺牲和共同海损费用。

1. 共同海损牺牲

共同海损牺牲是指共同海损行为造成的有形的物质损坏或灭失。其范围主要包括。

(1)船舶的牺牲,是指为了船、货等的共同安全而采取措施所造成的船舶的损失。如为了避免船舶倾覆,船长故意使船舶坐礁、搁浅,或截断锚链、使船舶部分毁损等。

(2)货物的牺牲,是指为了船、货等的共同安全而采取措施所造成的货物的损失。包括抛弃货物、货物湿损和落失等造成的损失。如为了减轻货载将货物弃于海中;或船舶遭遇火灾,引水灭火时将货物浸湿等。

(3)运费的牺牲,是指因采取共同海损措施而未能获得运费的损失。货物被牺牲的情况下,如果这批货物应支付的运费是到付运费,则该笔运费因为货物的牺牲而不能被收取,承运人就无法获得到付运费,因此,这种运费损失也应属于共同海损的范围。

2. 共同海损费用

共同海损费用是指共同海损行为造成的金钱上的支出。其范围主要包括如下几方面。

(1)避难港费用。船舶在航行途中遇险,有时不得不进入避难港。为进入避难港而延长航程的费用、进入和离开避难港的费用、在避难港停靠期间为维持船舶所需的日常费用、因安全所需造成的货物或船上其他物品卸下和重装的费用等,都可以计入共同海损费用。《海商法》第194条规定:"船舶因发生意外、牺牲或者其他特殊情况而损坏时,为了安全完成本航程,驶入避难港口、避难地点或者驶回装货港口、装货地点进行必要的修理,在该港口或者地点额外停留期间所支付的港口费、船员工资、给养,船舶所消耗的燃料、物料,为修理而卸载、储存、重装或者搬移船上货物、燃料、物料以及其他财产所造成的损失、支付的费用,应当列入共同海损。"

（2）救助费用。船、货陷入共同危险,不得不求助于他船而支出的救助报酬和其他费用可列入共同海损费用。

（3）代替费用。本身不具备共同海损费用的条件,但为代替可以列为共同海损的特殊费用而支付的额外费用,可以作为代替费用列入共同海损费用中。这种费用并不符合共同海损的构成条件,但它符合共同海损制度创立的本意,为各方所普遍接受。《海商法》第195条规定:"为代替可以列为共同海损的特殊费用支付的额外费用,可以作为代替费用列入共同海损;但是,列入共同海损的代替费用的金额,不得超过被代替的共同海损的特殊费用。"

（4）其他费用。包括垫付手续费和共同海损利息等。《海商法》第201条规定:"对共同海损特殊牺牲和垫付的共同海损特殊费用,应当计算利息。对垫付的共同海损特殊费用,除船员工资、给养和船舶消耗的燃料、物料外,应当计算手续费。"

（三）共同海损的理算

1. 共同海损理算的概念和法律依据

共同海损理算是在船方宣布共同海损后,各受益方雇请专门机构和人员对共同海损的损失金额、如何分摊等问题进行调查研究和审核计算的过程。共同海损理算应该依据合同约定的理算规则进行。当前,国际上最广为接受的理算规则是约克－安特卫普规则。合同没有约定理算规则的,共同海损理算应该依据理算地的法律进行。

根据我国《海商法》,有关共同海损分摊的请求权,时效期间为1年,自理算结束之日起计算。

2. 共同海损理算的内容

（1）共同海损损失金额的确定

共同海损损失包括共同海损牺牲和费用。共同海损费用按实际发生的计算。共同海损牺牲的金额分别按以下规定计算。

①船舶的共同海损牺牲。船舶的牺牲分部分损失和全损两种。部分损失时,按照实际支付的修理费、减除合理的以新换旧的扣减额计算。船舶尚未修理的,按照牺牲造成的合理贬值计算,但是不得超过估计的修理费。全损时,按照船舶在完好状态下的估计价值,减除不属于共同海损损坏的估计的修理费和该船舶受损后的价值的余额计算。

②货物的共同海损牺牲。货物的牺牲分为灭失和损坏两种情况。货物灭失的,按照货物在装船时的价值加保险费加运费,减除由于牺牲无需支付的运费计算。货物损坏的,在就损坏程度达成协议前售出的,按照货物在装船时的价值加保险费加运费,与出售

货物净得的差额计算。

③运费的共同海损牺牲。按照货物遭受牺牲造成的运费的损失金额,减除为取得这笔运费本应支付,但是由于牺牲无需支付的营运费用计算。

(2)共同海损分摊价值的确定

船舶共同海损分摊价值:按照船舶在航程终止时的完好价值,减除不属于共同海损的损失金额计算,或者按照船舶在航程终止时的实际价值,加上共同海损牺牲的金额计算。

货物共同海损分摊价值:按照货物在装船时的价值加保险费加运费,减除不属于共同海损的损失金额和承运人承担风险的运费计算。货物在抵达目的港以前售出的,按照出售净得金额,加上共同海损牺牲的金额计算。

运费分摊价值:按照承运人承担风险并于航程终止时有权收取的运费,减除为取得该项运费而在共同海损事故发生后,为完成本航程所支付的营运费用,加上共同海损牺牲的金额计算。

以上每一项分摊价值都要加上共同海损牺牲的金额。

(3)共同海损分摊金额的计算

共同海损应当由受益方按照各自的分摊价值的比例分摊。

各受益方的分摊金额分两步计算。首先计算出一个共同海损损失率。这应该以共同海损损失总金额除以共同海损分摊价值总额得出。然后以各受益方的分摊价值金额分别乘以共同海损损失率,得出各受益方应分摊的共同海损金额。

第六节　海事赔偿责任限制

一、海事赔偿责任限制的概念

海事赔偿责任限制制度是指发生重大海损事故时,对事故负有责任的船舶所有人、救助人或者其他人对海事赔偿请求人的赔偿请求依法申请限制在一定额度内的法律制度。这是海商法中特有的赔偿制度。

在海上货物运输合同法律规定和旅客运输合同法律规定中,都有关于承运人责任限制制度或称单位责任限制制度的规定。承运人责任限制制度与海事赔偿责任限制制度虽然名称相似,但却是两种不同的责任限制制度。承运人的责任限制是承运人针对某件或某单位货物的最高赔偿额,或对每位旅客或每件行李的最高赔偿额。而海事赔偿责任限制则是责任限制主体针对某次事故引起的全部赔偿请求的最高赔偿限额。二者在限制主体、限制数额、责任限制丧失的条件以及适用情况等方面都有许多不同。不过,这两种责任限制制度也可能同时起作用。

二、海事赔偿责任限制的主体和条件

（一）海事赔偿责任限制的主体

传统上,只有船舶所有人才有权请求责任限制,因此责任限制制度被称为"船舶所有人责任限制制度"。但随着航运的发展,船舶的经营管理模式越来越复杂,承担航运风险和对船舶负责任的人也越来越多,已经不限于船舶所有人。根据《海商法》,我国海事赔偿责任限制的主体包括以下四类。

（1）船舶所有人,包括船舶承租人和船舶经营人。

（2）救助人。

（3）船舶所有人和救助人对其行为、过失负有责任的人,这主要指的是船长、船员和其他受雇人员。

（4）对海事赔偿请求承担责任的责任保险人。

（二）海事赔偿责任限制的条件

责任主体并非在任何情况下都能享受责任限制。经证明,引起赔偿请求的损失是由于责任人的故意或者明知可能造成损失而轻率地作为或者不作为造成的,责任人无权请求责任限制。

三、限制性与非限制性债权

（一）限制性债权

限制性债权,是指无论赔偿责任的基础有何不同,均可请求责任限制。

（1）在船上发生的或者与船舶营运、救助作业直接相关的人身伤亡或者财产的灭失、损坏,包括对港口工程、港池、航道和助航设施造成的损坏,以及由此引起的相应损失的赔偿请求。

（2）海上货物运输因迟延交付或者旅客及其行李运输因迟延到达造成损失的赔偿请求。

（3）与船舶营运或者救助作业直接相关的,侵犯非合同权利的行为造成其他损失的赔偿请求。

（4）责任人以外的其他人,为避免或者减少责任人按照法律规定可以限制赔偿责任的损失而采取措施的赔偿请求,以及因此项措施造成进一步损失的赔偿请求。

以上所列赔偿请求,无论提出的方式有何不同,都可以限制赔偿责任。但第（4）项涉及责任人以合同约定支付的报酬,责任人的支付责任不得援用本条赔偿责任限制的规定。

（二）非限制性债权

以下海事赔偿请求不适用责任限制，因此被称为"非限制性债权"。

（1）对救助款项或者共同海损分摊的请求。

（2）我国参加的国际油污损害民事责任公约规定的油污损害的赔偿请求。

（3）我国参加的国际核能损害责任限制公约规定的核能损害的赔偿请求。

（4）核动力船舶造成的核能损害的赔偿请求。

（5）船舶所有人或者救助人的受雇人提出的赔偿请求，根据调整劳务合同的法律，船舶所有人或者救助人对该类赔偿请求无权限制赔偿责任，或者该项法律作了高于《海商法》规定的赔偿限额的规定。

四、海事赔偿责任限额

（一）一般人身伤亡和非人身伤亡的责任限额

海事赔偿责任限制中对人身伤亡赔偿请求的计算和对非人身伤亡赔偿请求即财产损失的计算应分别进行，当人身伤亡的赔偿请求限额不足以支付全部人身伤亡赔偿请求的，其差额应当与非人身伤亡的赔偿请求并列，从非人身伤亡赔偿请求限额中按照比例受偿。在不影响人身伤亡赔偿请求的情况下，就港口工程、港池、航道和助航设施的损害提出的赔偿请求，应当较一般非人身伤亡赔偿请求优先受偿。

不以船舶进行救助作业或者在被救船舶上进行救助作业的救助人，其责任限额按照总吨位为 1500 吨的船舶计算。

（二）旅客人身伤亡的赔偿责任限制

旅客人身伤亡的赔偿责任限制，按照 46666 计算单位乘以船舶证书规定的载客定额计算赔偿限额，但是最高不超过 25000000 计算单位。但这一限额不适用于我国港口之间海上旅客运输的旅客人身伤亡。

五、责任限制基金的设立

海事赔偿责任人在初步被认定有责任时，如果希望在被追究责任时可以限制赔偿责任，就可以向有管辖权的法院申请设立责任限制基金。这笔基金是根据责任限制的计算方法算出的对人身伤亡和非人身伤亡的赔偿限额的总和，加上从事故发生引起责任之日起到基金设立之日止的利息。它可以用现金，也可以用法院认可的担保方式缴付，专门用以支付援用责任限制的索赔。

基金设立后，向责任人提出请求的任何人，不得对责任人的任何财产行使任何权利。责任人的船舶或者其他财产已经被扣押，或者基金设立人已经提交抵押物的，法院应当及时下令释放或者责令退还。

责任人申请责任限制和设立责任限制基金,都不表明其对责任的承认,经过法院审理后,如果查明责任人不应承担责任,则基金应该退还给责任人。

【思考题】

1.什么是船舶?其法律特征是什么?

2.船舶优先权的受偿顺序包括哪些内容?

3.共同海损如何分摊?

4.我国对海事赔偿责任限制有什么规定?

第九章 商事争议的解决

【学习要点及目标】

1. 掌握商事仲裁的基本含义与特点,掌握商事仲裁的基本原则与制度。
2. 了解仲裁程序、仲裁机构的设置与组成,掌握仲裁协议及其作用。
3. 了解民事诉讼的基本原则与制度,掌握人民法院的管辖权。
4. 了解诉讼当事人的诉讼权利、诉讼义务、人民法院的审判程序。

第一节 商 事 仲 裁

一、商事仲裁概述

(一) 仲裁与商事仲裁

仲裁亦称公断,是指双方当事人达成协议,自愿地将双方发生的纠纷,提交仲裁机构进行审理,由仲裁机构作出对双方当事人都具有约束力的裁决的制度。

商事仲裁是指自然人、法人和其他组织之间达成协议,将双方之间的争议,提交仲裁机构进行审理并作出裁决。

根据争议主体是否有涉外因素,可以将仲裁分为国内仲裁和涉外仲裁。涉外仲裁是有涉外因素的仲裁活动,即商事争议主体分别属于不同的国家或者争议的内容涉及不同国家,或者商事争议的客体在国外的,属于国际商事仲裁。

【知识链接】

我国的商事仲裁

1956 年,为了适应对外贸易的发展需要,中国国际贸易促进委员会制定了对外贸易仲裁程序规则,并同时成立了对外贸易仲裁委员会。在此之后,我国又相继出台了有关海事、经济合同、技术合同等有关的仲裁法律法规。1994 年 8 月 31 日,第八届全国人民代表大会常务委员会第九次会议通过了《中华人民共和国仲裁法》,于 1995 年 9 月 1 日起施行。该法于 2009 年、2017 年进行修正。

(二) 商事仲裁的原则和制度

按照《中华人民共和国仲裁法》(以下简称《仲裁法》)的规定,当事人采用仲裁方式解决纠纷应当遵循以下原则和制度。

1．自愿原则

当事人采用仲裁方式解决纠纷,应当双方自愿,达成仲裁协议。仲裁协议是仲裁机构对案件行使管辖权的依据。由当事人自愿选定仲裁委员会申请仲裁。仲裁员也由双方当事人自愿选定。当事人也可以在申请仲裁后,自愿和解。

2．以事实为依据、以法律为准绳原则

仲裁机构对受理的商事争议案件,应当在查清事实的基础上,按照法律,公平合理地解决纠纷,以使裁决具有法律效力。

3．仲裁独立原则

仲裁机构依法独立地进行仲裁活动,不受任何行政机关、社会团体和个人的干涉。

仲裁委员会独立于行政机关以外,与行政机关没有隶属关系。此外,各仲裁委员会之间也没有隶属关系。

4．或裁或审原则

当事人之间没有仲裁协议,一方申请仲裁的,仲裁委员会不予受理。当事人达成仲裁协议,就形成排除人民法院管辖权的效力,一方当事人向人民法院起诉的,人民法院不予受理,但仲裁协议无效的除外。

5．一裁终局制

仲裁实行一裁终局制度。裁决作出后,当事人就同一纠纷再申请仲裁或者向人民法院起诉的,仲裁委员会或者人民法院不予受理。裁决被人民法院依法裁定撤销或者不予执行的,当事人就该纠纷可以根据双方重新达成的仲裁协议申请仲裁,也可以向人民法院起诉。

二、商事仲裁机构和仲裁协议

(一) 仲裁机构

我国的仲裁机构包括仲裁委员会和仲裁协会。

仲裁委员会可以在直辖市和省、自治区的人民政府所在地的市设立,也可以根据需要在其他设区的市设立,不按行政区划层层设立,由设立仲裁委员会的市人民政府组织有关部门和商会统一组建。[1]

【知识链接】

仲裁委员会应当具备下列条件:①有自己的名称、住所和章程;②有必要的财产;

---

〔1〕　仲裁委员会不是行政机关,它独立于行政机关,与行政机关没有隶属关系。而且,仲裁委员会之间也没有隶属关系,各仲裁委员会独立行使仲裁权。

③有该委员会的组成人员;④有聘任的仲裁员。

仲裁委员会由主任1人、副主任2至4人和委员7至11人组成。仲裁委员会组成人员中,法律、经济贸易专家不得少于2/3。仲裁员应从公道正派并具有8年以上仲裁、律师、审判员工作经历的人员中,或者是从事法律教学研究工作并具有高级职称的人员中,以及具有法律知识、从事经贸工作并具有高级职称或者具有同等专业水平的人员中聘任。

🚩【知识链接】

仲裁员应当符合的条件

《仲裁法》规定,仲裁委员会应当从公道正派的人员中聘任仲裁员。

仲裁员应当符合下列条件之一:①通过国家统一法律职业资格考试取得法律职业资格,从事仲裁工作满8年的;②从事律师工作满8年的;③曾任法官满8年的;④从事法律研究、教学工作并具有高级职称的;⑤具有法律知识、从事经济贸易等专业工作并具有高级职称或者具有同等专业水平的。

仲裁委员会按照不同专业设仲裁员名册。

中国仲裁协会是社会团体法人。仲裁委员会是中国仲裁协会的会员。中国仲裁协会是仲裁委员会的自律性组织。中国仲裁协会的章程由全国会员大会制定。根据章程,中国仲裁协会对仲裁委员会及其组成人员、仲裁员的违纪行为进行监督。

(二) 仲裁协议

1. 仲裁协议的概念

仲裁协议是指当事人在合同中订立的仲裁条款和以其他书面方式,在商事争议发生前或者争议发生后达成的,请求仲裁解决的协议。

仲裁协议对双方当事人具有约束力,当事人提请仲裁的范围受到限制,当事人提起诉讼的行为和范围也受到限制。仲裁机构因仲裁协议取得商事争议案件的管辖权。同时,也排除了人民法院对仲裁协议中约定事项的管辖权。

2. 仲裁协议的形式

仲裁协议可以是商事合同中订立的仲裁条款,也可以是以其他书面方式单独订立的协议,包括以合同书、信件和数据电文(包括电报、电传、传真、电子数据交换和电子邮件)等形式达成的请求仲裁的协议。

仲裁协议既可以是在商事争议发生前达成的,也可以是在商事争议发生后达成的。

根据《仲裁法》的规定,仲裁协议必须采用书面形式。

3. 仲裁协议的内容及效力

仲裁协议应当具有下列内容:①请求仲裁的意思表示;②仲裁事项;③选定的仲裁委员会。

有下列情形之一的,仲裁协议无效:①约定的仲裁事项超出法律规定的仲裁范围的;②无民事行为能力人或者限制行为能力人订立的仲裁协议;③一方采取胁迫手段,迫使对方订立仲裁协议的。

仲裁协议对仲裁事项或者仲裁委员会没有约定或者约定不明确的,当事人可以补充协议;达不成补充协议的,仲裁协议无效。

仲裁协议约定两个以上仲裁机构的,当事人可以协议选择其中一个仲裁机构申请仲裁;当事人不能就仲裁机构选择达成一致的,仲裁协议无效。

仲裁协议具有相对独立性,商事合同的变更、解除、终止或者无效,不影响仲裁协议的效力。当事人对仲裁协议的效力有异议的,可以请求仲裁委员会作出决定或者请求人民法院作出裁定。

4. 仲裁协议的作用

(1)约束各方当事人的行为

仲裁协议的法律效力对当事人的约束主要体现在各方当事人依法签订仲裁协议后就表示放弃了将特定争议事项向法院提出诉讼的权利。协议的任何一方在发生争议时都不得向法院提出诉讼,而必须用仲裁的方式解决争议。

(2)授予仲裁机构管辖权

仲裁协议是仲裁机构受理争议案件的依据,如没有仲裁协议或者协议无效,仲裁机构就没有权力受理该项争议。仲裁协议规定了仲裁机构的受案范围,仲裁机构只能受理当事人在仲裁协议中约定提出仲裁的争议事项。

(3)排除法院的管辖权

法律赋予仲裁协议具有排除法院司法管辖的效力,因此有一方当事人不遵照仲裁协议中的约定,拒不参与仲裁,而是向法院提出司法诉讼时,另一方当事人可以根据仲裁协议予以抗辩,请求法院予以撤案。

【案例9-1】

位于 A 市的甲公司和位于 B 市的乙公司签订了一份货物运输合同,合同中约定:"凡因执行本合同所发生的或与本合同有关的一切争议,双方通过协商解决。若协商不能解决,应提交 A 市的仲裁委员会解决。"在合同履行过程中,双方发生争议,双方无法达成协议,于是,甲公司依该合同中的仲裁条款向 A 市的仲裁委员会申请仲裁,乙公司则向人民法院提起诉讼。

【评析】

合同当事人在合同中约定了通过仲裁的方式解决争议,并约定了仲裁委员会,仲裁协议是仲裁机构对案件行使管辖权的依据,一方当事人向人民法院起诉的,人民法院不予受理。因此,在合同履行过程中,当事人无法协商解决争议的情况下,一方依该合同中的仲裁条款向 A 市的仲裁委员会申请仲裁的,A 市的仲裁委员会有权受理该争议,人民法院对乙公司提起的诉讼不能受理。

（4）使仲裁裁决具有强制执行力

一项有效的仲裁协议是强制执行仲裁裁决的前提。当一方当事人不履行仲裁裁决时,另一方当事人可以凭有效的仲裁协议、仲裁裁决向法院申请强制执行。

三、仲裁程序

（一）申请和受理

仲裁申请是仲裁机构受理案件的直接依据,是开始仲裁程序的必要的法律手续。根据《仲裁法》的规定,当事人申请仲裁应当符合以下条件。

（1）有仲裁协议

仲裁协议是当事人自愿将他们之间将要发生或者已经发生的争议提交仲裁机构解决的意思表示,是仲裁机构受理案件的依据。如果当事人之间没有仲裁协议,仲裁机构不予受理。

（2）有具体的仲裁请求和事实、理由

申请人应当有具体的仲裁请求,并且以一定的事实和理由作为依据。

（3）属于仲裁委员会的受理范围

当事人申请仲裁解决的纠纷应当属于仲裁解决的范围,该仲裁委员会也是当事人在仲裁协议中所选定的,而且,当事人提交仲裁委员会解决的纠纷是仲裁协议中所确定的事项。

当事人申请仲裁,应当向仲裁委员会递交仲裁协议、仲裁申请书及副本。仲裁委员会收到仲裁申请书之日起 5 日内,认为符合受理条件的,应当受理,并通知当事人;认为不符合受理条件的,应当书面通知当事人不予受理,并说明理由。

【知识链接】
仲裁申请书应当记载的事项

①当事人的姓名、性别、年龄、职业、工作单位和住所,法人或者其他组织的名称、住所和法定代表人或者主要负责人的姓名、职务;②仲裁请求和所根据的事实、理由;③证据和证据的来源、证人姓名和住所。

仲裁委员会受理仲裁申请后,应当在仲裁规则规定的期限内将仲裁规则和仲裁员名册送达申请人,并将仲裁申请书副本和仲裁规则、仲裁员名册送达被申请人。被申请人收到仲裁申请书副本后,应当在仲裁规则规定的期限内向仲裁委员会提交答辩书。

仲裁委员会收到答辩书后,应当在仲裁规则规定的期限内将答辩书副本送达申请人。被申请人未提交答辩书的,不影响仲裁程序的进行。

申请人可以放弃或者变更仲裁请求。被申请人可以承认或者反驳仲裁请求,有权提出反请求。

一方当事人因另一方当事人的行为或者其他原因,可能使裁决不能执行或者难以执行的,可以申请财产保全。当事人申请财产保全的,仲裁委员会应当将当事人的申请依照《民事诉讼法》的有关规定提交人民法院。申请有错误的,申请人应当赔偿被申请人因财产保全所遭受的损失。

(二)仲裁庭的组成

仲裁庭可以由 3 名或 1 名仲裁员组成。当事人约定由 3 名仲裁员组成仲裁庭的,应当各自选定或者各自委托仲裁委员会主任指定一名仲裁员,第 3 名仲裁员由当事人共同选定或者共同委托仲裁委员会主任指定。第三名仲裁员是首席仲裁员。当事人约定由一名仲裁员成立仲裁庭的,应当由当事人共同选定或者共同委托仲裁委员会主任指定仲裁员。

当事人没有在仲裁规则规定的期限内约定仲裁庭的组成方式或选定仲裁员的,由仲裁委员会主任指定。

仲裁庭组成后,仲裁委员会应当将仲裁庭的组成情况书面通知当事人。

为保证仲裁的公正进行,《仲裁法》规定了仲裁员的回避制度。

【知识链接】

仲裁员回避的情形

仲裁员有下列情形之一的,必须回避,当事人也有权提出回避申请:

①仲裁员是本案当事人或者当事人、代理人的近亲属;②仲裁员与本案有利害关系;③仲裁员与本案当事人、代理人有其他关系,可能影响公正仲裁的;④仲裁员私自会见当事人、代理人,或者接受当事人、代理人的请客送礼的。

当事人提出回避申请,应当在首次开庭前提出并说明理由。回避事由在首次开庭后知道的,可以在最后一次开庭终结前提出。仲裁员是否回避,由仲裁委员会主任决定;仲裁委员会主任担任仲裁员时,由仲裁委员会集体决定。

(三)开庭和裁决

1. 开庭

仲裁应当开庭进行。当事人协议不开庭的,仲裁庭可以根据仲裁申请书、答辩书以及其他材料作出裁决。

仲裁不公开进行。当事人协议公开的,可以公开进行,但涉及国家秘密的除外。

仲裁委员会应当在仲裁规则规定的期限内将开庭日期通知双方当事人。当事人有正当理由的,可以在规定期限内要求延期开庭。是否延期,由仲裁庭决定。

申请人经过书面通知,无正当理由不到庭或者未经仲裁庭许可中途退庭的,可以视为撤回仲裁申请。被申请人经书面通知,无正当理由不到庭或者未经仲裁庭许可中途退庭的,可以缺席裁决。

当事人应当对自己的主张提供证据。仲裁庭认为有必要收集证据的,可以自行收集。仲裁庭对专门性问题认为需要鉴定的,可以交由当事人约定或仲裁庭指定的鉴定部门鉴定。证据应当在开庭时出示,当事人可以质证。在证据可能灭失或者以后难以取得的情况下,当事人可以申请证据保全。

当事人在仲裁过程中有权进行辩论。辩论终结时,首席仲裁员或者独任仲裁员应当征询当事人的最后意见。

2. 和解、调解与裁决

当事人申请仲裁后,可以自行和解。达成和解协议的,可以请求仲裁庭根据和解协议作出裁决书,也可以撤回仲裁申请。达成和解撤回仲裁申请后又反悔的,当事人可以根据仲裁协议申请仲裁。

仲裁庭开庭后,可以先行调解,调解不成的,应及时作出裁决。调解达成协议的,仲裁庭应制作调解书或根据协议的结果制作裁决书。调解书经双方当事人签收后,即发生法律效力。在调解书未签收前,当事人反悔的,仲裁庭应及时作出裁决。

裁决书自作出之日起发生法律效力。

(四) 申请撤销裁决

当事人提出证据证明裁决有下列情形之一的,可以向仲裁委员会所在地的中级人民法院申请撤销裁决:①没有仲裁协议的;②裁决的事项不属于仲裁协议的范围或者仲裁委员会无权仲裁的;③仲裁庭的组成或者仲裁的程序违反法定程序的;④裁决所根据的证据是伪造的;⑤对方当事人隐瞒了足以影响公正裁决的证据的;⑥仲裁员在仲裁该案时有索贿受贿、徇私舞弊、枉法裁决行为的。

人民法院组成合议庭审查核实有以上情形之一的,应裁定撤销裁决。凡裁决违反社会公共利益的,也应当裁定撤销。

【案例9-2】

案例9-1中,位于A市的甲公司和位于B市的乙公司因为仲裁条款中有关仲裁地点的约定发生争议,甲公司认为仲裁协议无效,而乙公司认为仲裁条款有效。

经查:A市和B市均只有一个仲裁委员会。

【评析】

该仲裁条款有效。依照《仲裁法》的规定,当事人之间签订的仲裁协议应当具有以下内容:请求仲裁的意思表示;仲裁事项;选定的仲裁委员会。仲裁协议约定两个以上仲裁机构的,当事人可以协议选择其中的一个仲裁机构申请仲裁。在本案中,该合同中虽未写明仲裁委员会的名称,仅约定仲裁机构为A市或B市的仲裁委员会,但鉴于A市和B

市均只有一个仲裁委员会,故该约定认定是明确的,该仲裁条款合法有效。

当事人申请撤销裁决的,应当自收到裁决书之日起 6 个月内提出。人民法院应当在受理撤销裁决申请之日起 2 个月内作出撤销裁决或者驳回申请的裁定。

(五) 仲裁裁决的执行

当事人应当履行裁决。一方当事人不履行的,另一方当事人可依照《民事诉讼法》的有关规定向有管理权的人民法院申请执行,受申请的人民法院应当执行。被申请人提出证据证明裁决有法律规定情形的,经人民法院组成合议庭审查核实,裁定不予执行。

【知识链接】

经人民法院依法裁定不予执行的情形

①当事人在合同中没有订立仲裁条款或者事后没有达成书面仲裁协议的;②裁决的事项不属于仲裁协议的范围或者仲裁机关无权仲裁的;③仲裁庭的组成或者仲裁的程序违反法定程序的;④裁决所根据的证据是伪造的;⑤对方当事人向仲裁机构隐瞒了足以影响公正裁决的证据的;⑥仲裁员在仲裁该案时有索贿受贿、徇私舞弊、枉法裁决行为的。

四、涉外仲裁的特别规定

(一) 涉外仲裁的概念

涉外仲裁是双方当事人达成协议,自愿地将双方之间在涉外经济贸易、运输和海事中发生的纠纷,提交仲裁机构进行审理,由仲裁机构作出对双方当事人都具有约束力的裁决的制度。

涉外仲裁与国内仲裁的主要区别是:涉外仲裁是对涉外经济贸易、运输和海事中发生的纠纷的仲裁,具有涉外因素。因此,国际商事仲裁比国内仲裁更加复杂。

我国《仲裁法》规定,涉外经济贸易、运输和海事中发生纠纷的仲裁适用该法有关规定。

(二) 涉外仲裁机构

我国专门处理涉外仲裁案件的机构,是中国国际经济贸易仲裁委员会和中国海事仲裁委员会。

1. 中国国际经济贸易仲裁委员会

中国国际经济贸易仲裁委员会(China International Economic and Trade Arbitration Commission,CIETAC)是世界上主要的常设商事仲裁机构之一,于 1956 年 4 月由中国国际贸易促进委员会组织设立,当时名称为对外贸易仲裁委员会。1988 年,改名为中国国际经济贸易仲裁委员会(以下简称贸仲委)。2000 年,贸仲委同时启用中国国际商会仲裁院的名称。贸仲委设在北京,并在深圳、上海、天津、重庆、杭州、武汉、福州、西安、南京、成都、济南、海口、雄安分别设有华南分会、上海分会、天津国际经济金融仲裁中心(天津分会)、西南分会、浙江分会、湖北分会、福建分会、丝绸之路仲裁中心、江苏仲裁中心、四川分会、山东分会、海南仲裁中心和雄安分会。贸仲委在香港特别行政区设立香港仲裁中心,在加拿大温哥华设立北美仲裁中心,在奥地利维也纳设立欧洲仲裁中心。贸仲委以仲裁的方式,独立、公正地解决国际国内的经济贸易争议及国际投资争端。

我国《仲裁法》第 73 条规定,涉外仲裁规则可以由中国国际商会依照《仲裁法》和《民事诉讼法》的有关规定制定。中国国际经济贸易仲裁委员会的仲裁规则自通过以来经过多次修订。2014 年 11 月 4 日,贸仲委/中国国际商会修订并通过的《中国国际经济贸易仲裁委员会仲裁规则》自 2015 年 1 月 1 日起施行;贸仲委于 2009 年发布了《网上仲裁规则》(2014 年修订);2015 年,《金融争议仲裁规则》施行;2017 年,贸仲委发布了《国际投资争端仲裁规则(试行)》,为解决基于合同、条约、法律法规或其他文件提起的、涉及投资者与东道国之间的国际投资争端提供仲裁服务。

按照我国《仲裁法》的规定,仲裁机构为仲裁委员会,包括各专门委员会,如中国国际贸易仲裁委员会、中国海事仲裁委员会等。

根据需要,仲裁委员会还可以在其他地区设立分会。仲裁委员会设立的发起,应该由所在地人民政府组织有关部门和商会统一组建,并经过省、自治区、直辖市的司法行政部门登记。

我国涉外仲裁委员会可以由中国国际商会组织设立。涉外仲裁委员会由主任一名、副主任若干人和委员若干人组成,均可由中国国际商会聘任。涉外仲裁委员会可以从具有法律、经济贸易、科学技术等专门知识的中、外籍人士中聘任仲裁员。

涉外仲裁机构作出的有效裁决,当事人请求执行的,如被执行人或其财产不在我国领域内,应当由当事人直接向有管辖权的外国法院申请承认和执行。

至于仲裁时效问题,《仲裁法》规定,法律对仲裁时效有规定的,适用该规定。法律对仲裁时效没有规定的,适用诉讼时效的规定。

2. 中国海事仲裁委员会

中国海事仲裁委员会设在北京,在上海设有上海总部,在天津、重庆、深圳、福州、舟山、海口设有分会/仲裁中心,在香港特别行政区设香港仲裁中心,在大连、青岛、宁波、广州、南宁等国内主要港口城市设有办事处。中国海事仲裁委员会以仲裁的方式,独立、公正地解决海事、海商以及其他契约性或非契约性争议,以保护当事人的合法权益,促进国际国内经济贸易和物流的发展。中国海事仲裁委员会仲裁规则于 2021 年 10 月再次修订。根据该规则的规定,中国海事仲裁委员会受理以下争议案件。

(1)海事、海商争议案件。

(2)航空、铁路、公路等交通运输争议案件。

(3)贸易、投资、金融、保险、建筑工程争议案件。

（4）当事人协议由仲裁委员会仲裁的其他争议案件。

前述案件包括：

（1）国际或涉外案件。

（2）涉及香港特别行政区、澳门特别行政区及台湾地区的案件。

（3）国内案件。

（三）涉外仲裁程序

《仲裁法》第七章"涉外仲裁的特别规定"、《民事诉讼法》第四编"涉外民事诉讼程序的特别规定"、各仲裁委员会的仲裁规则均对涉外仲裁的程序作出了规定。

1. 仲裁申请、答辩、反请求

当事人申请仲裁时，应当提交书面形式的仲裁协议。仲裁委员会根据当事人在争议发生之前或者在争议发生之后达成的将争议提交仲裁委员会仲裁的仲裁协议和一方当事人的书面申请，受理案件。

向中国国际经济贸易仲裁委员会申请仲裁的，被申请人应当在收到仲裁通知之日起45天内提交答辩书。向中国海事仲裁委员会申请仲裁的，被申请人应在收到仲裁通知之日起30天内提交答辩书，答辩书应写明答辩的事实、理由并附上相关的证据。逾期提交的，仲裁庭有权决定是否接受。

中国国际经济贸易仲裁委员会仲裁规则规定，被申请人反请求的，被申请人应当自收到仲裁通知之日起45天内以书面形式提交仲裁委员会。中国海事仲裁委员会仲裁规则规定，被申请人如有反请求，最迟应在收到仲裁通知之日起30天内，以书面形式提交仲裁委员会。被申请人提出反请求时，应在其反请求书中写明具体的反请求及其所依据的事实和理由，并附具有关的证明文件。

2. 仲裁庭的组成

仲裁庭由1名或3名仲裁员组成。申请人和被申请人应当各自在规定的时间内从仲裁委员会提供的仲裁员名册中选定仲裁员或者委托仲裁委员会主任指定仲裁员。涉外仲裁委员会可以从具有法律、经济贸易、科学技术等专门知识的外籍人士中聘任仲裁员。

约定在中国海事仲裁委员会仲裁的案件，当事人和仲裁委员会主任可以从其认为适当的《中国海事仲裁委员会仲裁员名册》中选定或指定仲裁员。

仲裁员与案件有利害关系的，应当以书面形式向仲裁委员会披露并请求回避。当事人对仲裁员的公正性和独立性产生合理怀疑时，可以书面向仲裁委员会提出要求该仲裁员回避的请求，但应说明提出回避请求所依据的具体事实和理由，并提供必要的证据。仲裁员是否回避，由仲裁委员会主任作出决定。

3. 审理和裁决

仲裁庭开庭审理案件不公开进行。如果双方当事人要求公开审理，由仲裁庭作出是否公开审理的决定。如果双方当事人同意，仲裁庭也认为不必开庭审理的，仲裁庭可以只依据书面文件进行审理并作出裁决。

申请人可以放弃仲裁请求,申请撤销仲裁案件;被申请人可以放弃反请求,申请撤销仲裁案件的相关部分。

仲裁规则规定仲裁与调解相结合。双方当事人有调解愿望,或者一方当事人有调解愿望并经仲裁庭征得另一方当事人同意的,仲裁庭可以在仲裁程序进行过程中对其审理的案件进行调解。经仲裁庭调解达成和解的,双方当事人应签订书面和解协议。

仲裁庭应当根据事实,依照法律和合同规定,参考国际惯例,并遵循公平合理原则,独立公正地作出裁决。裁决是终局的,对双方当事人均有约束力。任何一方当事人均不得向法院起诉,也不得向其他任何机构提出变更仲裁裁决的请求。

(四)涉外仲裁的执行

对于仲裁机构作出的仲裁协议,当事人应当主动履行。当事人不履行的,另一方当事人可以向有管辖权的人民法院申请执行;也可以根据有关国际公约的规定向外国有管辖权的法院申请执行。

涉外仲裁委员会作出的发生法律效力的仲裁裁决,当事人请求执行的,如果被执行人或者其财产不在中华人民共和国领域内,应当由当事人直接向有管辖权的外国法院申请承认和执行。[1]

五、国际商事仲裁机构

(一)外国的常设仲裁机构的种类

许多国家都设有常设的仲裁机构,这些仲裁机构可以分为两类:

一类是全国性的仲裁机构,例如国际商会仲裁院、伦敦国际仲裁院、美国仲裁协会、瑞典斯德哥尔摩商会仲裁院、瑞士苏黎世商会仲裁院、日本商事协会、意大利仲裁协会、澳大利亚国际商事仲裁中心等。

另一类是设立在特定行业内的专业性制裁机构,例如伦敦油籽协会、伦敦谷物贸易协会、伦敦羊毛终点市场协会、伦敦黄麻协会等行会所设立的仲裁机构。

(二)外国常设仲裁机构简介

1. 国际商会仲裁院

国际商会仲裁院成立于1923年,是附属于国际商会的一个国际性常设调解与仲裁机构,也是目前世界上提供国际经贸仲裁服务较多、具有重大影响的国际经济仲裁机构。国际商会仲裁院是国际性民间组织,具有很大的独立性,该仲裁院总部设在巴黎,理事会

---

[1] 联合国1958年通过《承认与执行外国仲裁裁决公约》(《纽约公约》),我国于1986年12月通过了加入该公约的决定。

由来自 40 多个国家和地区的具有国际法专长和解决国际争端经验的成员组成,其目的是通过处理国际性商事争议,促进国际间的经济贸易合作与发展。

仲裁当事人在申请仲裁时应当向秘书处提交仲裁申请书,秘书处收到申请书的日期在各种意义上均应视为仲裁程序开始的日期。一般情况下,被申请人应当在收到秘书处转来的申请书之后 30 天内提交答辩,仲裁庭必须作出终局裁决的期限为 6 个月。

2. 伦敦国际仲裁院

伦敦国际仲裁院的前身英国伦敦仲裁院成立于 1892 年。1981 年改为现名。它是国际上最早成立的常设仲裁机构,也是英国最有国际影响的常设商事仲裁机构。1978 年设立了由 30 多个国家的具有丰富经验的仲裁员组成的"伦敦国际仲裁员名单",注重仲裁员的专业知识,聘任了某些技术领域方面的专家。由于具有较高的仲裁质量,该仲裁院在国际社会上享有很高的声望。

伦敦国际仲裁院的职能是为解决国际商事争议提供服务,它可以受理当事人依据仲裁协议提交的任何性质的国际争议,特别是国际海事案件。

在组成仲裁庭方面,伦敦国际仲裁院规定,在涉及不同国籍的双方当事人的商事争议中,独任仲裁员和首席仲裁员必须由 1 名中立国籍的人士担任。仲裁庭组成后,一般应当按照伦敦国际仲裁院的仲裁规则进行仲裁程序,同时,该仲裁院也允许当事人约定按《联合国国际贸易法委员会仲裁规则》规定的程序仲裁。

3. 美国仲裁协会

美国仲裁协会是美国主要的国际商事仲裁机构,设立于 1926 年,它是由 1922 年成立的美国仲裁协会和 1925 年成立的美国仲裁基金会合并组成。总部在纽约,在全国主要城市设有分会。

美国仲裁协会的主要职能为管理仲裁案件。根据美国仲裁规则的规定,仲裁案件由仲裁规则中提到的"仲裁管理人"(即国际争议解决中心)全权管理。

4. 瑞典斯德哥尔摩商会仲裁院

瑞典斯德哥尔摩商会仲裁院成立于 1917 年,是瑞典全国性的仲裁机构,它是斯德哥尔摩商会内部机构,但在职能上独立。瑞典的仲裁历史悠久,体制完善,有一套完整的仲裁规则和一批精通国际商事仲裁理论与仲裁实践的专家。瑞典中立国的地位,为其公平性提供了很好的保障。因此,在国际商事仲裁中,斯德哥尔摩商会仲裁院享有很好的国际声誉。近年来,该仲裁院已经成为国际贸易仲裁中心,目前,该仲裁院可以受理世界上任何国家当事人所提交的商事争议,我国许多涉外合同当事人选择该仲裁院作为解决其争议的仲裁机构。

斯德哥尔摩商会仲裁院没有统一的仲裁员名单,对仲裁员的国籍也没有限制,双方当事人可以自由指定任何国家的公民作为仲裁员。仲裁庭必须在受理案件之日起 1 年内作出裁决,仲裁裁决必须说明理由。当事人如果对裁决有异议,可以在收到裁决后 60 天内向法院提出诉讼。

仲裁庭在进行仲裁时,可以适用该仲裁院的仲裁规则,也可以适用当事人选定的其他仲裁规则,也允许当事人约定按《联合国国际贸易法委员会仲裁规则》规定的程序仲裁。仲裁庭对争议案件经过审理后作出的仲裁裁决具有终局效力。

【案例 9−3】

曾经被娃哈哈和法国达能视为决定成败的"终极一战"的海外仲裁结果已经得到媒体披露。斯德哥尔摩商会仲裁院仲裁庭作出的裁决认定董事长宗庆后与娃哈哈集团等严重违反了相关合同,使达能因不正当竞争蒙受了"重大损失"。达能表示,待和解协议执行完毕后,双方将终止与双方之间纠纷有关的所有法律程序。

2007 年 4 月,娃哈哈达能纠纷公开化。达能公司被曝欲以 40 亿元人民币的低价并购娃哈哈非合资企业。同年 5 月 9 日,达能向瑞典斯德哥尔摩商会仲裁院提出 8 项仲裁申请。6 月 7 日,宗庆后辞去娃哈哈合资企业董事长职务。随后双方拉开了国内外法律诉讼战。2009 年 1 月,瑞典斯德哥尔摩商会仲裁院对达娃一案开庭审理,9 月 30 日,斯德哥尔摩商会仲裁院仲裁庭就达能—娃哈哈纠纷作出了裁决。同日,双方在北京签署和解协议,终止合资关系。

达能发表声明,这一裁决并不会影响达能与娃哈哈双方达成的友好和解方案。在 9 月 30 日双方签署和解协议后,斯德哥尔摩仲裁的程序已暂停;待和解协议执行完毕后,双方将终止与双方之间纠纷有关的所有法律程序。达能对与娃哈哈达成的和解协议表示满意,它为彻底解决争端提供了关键性的机遇。

巧合的是,双方联合发布声明宣布和解的也正是 9 月 30 日。达能表示,有关仲裁结果是在和解声明发出后才确认收到的。按当时双方的公布,达能和娃哈哈将终止其现有的合资关系,达能将合资公司中的 51％的股权出售给中方合资伙伴。据新华社报道,娃哈哈方面表示,很多资产目前正在加紧清理之中,整个和解协议进展顺利。

2006 年起,娃哈哈和合作 10 年的合资伙伴法国达能出现严重分歧。2007 年 5 月起,达能在瑞典斯德哥尔摩商会仲裁院对娃哈哈集团及集团董事长宗庆后提起违反合资合同的仲裁后,也在美国、BVI、萨摩亚等地展开各种诉讼。达能和娃哈哈之间的争议,被认为是中国商业史上最旷日持久的合资纠纷。

资料来源:http://news.dayoo.com/finance/200911/05

第二节　民 事 诉 讼

一、民事诉讼的概念与原则

(一) 民事诉讼的概念

民事诉讼指人民法院在当事人和其他诉讼参与人的参加下,按照法律规定的程序,依法审理和解决民商事争议的诉讼活动。在我国,商事争议的诉讼适用民事诉讼程序。本节主要介绍我国民事诉讼的基本法律规定。

(二) 民事诉讼的原则与制度

民事诉讼的原则是指人民法院与当事人以及其他诉讼参与人在民商事诉讼活动中所必须遵循的基本原则。

我国《民事诉讼法》规定的民事诉讼的原则与制度主要包括以下几方面。

1. 以事实为根据,以法律为准绳原则

人民法院依据法律审理各类民商事案件,都必须以事实为根据,以法律为准绳。

2. 当事人诉讼地位平等原则

民事诉讼当事人有平等的诉讼地位,享有同等的诉讼权利和承担相应的诉讼义务,人民法院审理民商事案件,应当对当事人行使诉讼权利提供保障和便利,当事人在适用法律上一律平等。

3. 调解原则

人民法院在当事人自愿和合法的前提下,可以组织当事人依照法定程序对争议的问题进行调解。调解不成的,人民法院应当及时判决。

4. 辩论原则

在诉讼中,双方当事人在人民法院的主持下,有权就案件的事实和争议的问题,各自陈述自己的主张和根据,相互进行反驳和答辩。人民法院审理民商事案件时,当事人有权进行辩论,以维护自己的合法权益。

5. 处分原则

当事人在诉讼过程中,有权对自己的实体权利和诉讼权利依法支配,决定如何行使自己的实体权利和诉讼权利,他人不得非法干预。当事人有权在法律规定的范围内处分自己的民商事权利和诉讼权利,即当事人行使该项权利必须依法进行,不能随意处分。

6. 合议制度

人民法院审理民商事案件,依照法律规定实行合议制度,由 3 个以上审判员组成合议组织,对案件进行审理和裁判。

7. 回避制度

人民法院审理民商事案件,实行回避制度。民事诉讼法规定的审判人员和其他有关人员因有法律规定不宜参加案件审理或有关诉讼活动的情形的,应当退出本案的诉讼程序。主要是以上人员与案件有利害关系或者其他关系,可能影响到案件的公正审理的情形。回避制度的设立目的是保证案件裁判的公正性。

8. 公开审判制度

人民法院审理民商事案件,实行公开审判原则。除法律规定情形以外,应当将审判过程和结果公开。但是人民法院审理的民事案件涉及国家秘密、个人隐私的,不公开审理;离婚案件、涉及商业秘密的案件,当事人申请不公开审理的,可以不公开审理。

9. 两审终审制度

一个民商事案件经过两级人民法院审理后即告终结。当事人对第一审人民法院的判决或者裁定不服,可以在法定期限内向上一级人民法院提起上诉。第二审人民法院的判决和裁定是终审的判决和裁定,一经送达,立即生效。

【案例 9-4】

北京某食品厂与广西某公司签订一份买卖合同,约定某食品厂向某公司购买制作米粉的设备一台。合同签订后,某公司在规定的合同履行期限向食品厂交付了设备,食品厂也如约支付了货款。但是,食品厂在使用设备的过程中发现该设备具有严重的质量问题,所生产的米粉无法食用。于是食品厂向某公司提出退货并要求返还货款、赔偿损失。

双方因此发生争议,经过多次协商,仍然无法达成协议。于是,食品厂向法院提起诉讼,请求支持自己的主张。经过审理,法院依法作出判决:广西某公司向北京某食品厂返还货款,并赔偿损失 10 万元,制作米粉的设备由某公司拆除、运回。某公司表示:该设备并无质量问题;其不服法院的判决,依法提起上诉。二审法院经过审理,认为:原判决认定事实清楚,适用法律正确,判决驳回上诉,维持原判决。某公司依然不服该判决。那么某公司还可以上诉吗?

【评析】

不可以。我国法律规定了二审终审制度。当事人不服一审法院的判决或者裁定的,可以依法提起上诉。第二审法院作出的判决或者裁定是终审的判决或者裁定,当事人不能再上诉了。

二、民事诉讼案件的管辖

(一)级别管辖

级别管辖指上下级法院之间在受理第一审民商事纠纷案件上的分工和权限。确定级别管辖,主要以案件的性质、复杂程度和影响范围为依据。

1. 基层人民法院

除法律规定由中级人民法院、高级人民法院和最高人民法院管辖的一审民事案件外,其余的第一审民事案件都由基层人民法院管辖。

2. 中级人民法院

中级人民法院管辖下列第一审民事案件:①重大涉外案件;②在本辖区有重大影响的案件;③最高人民法院确定由中级人民法院管辖的案件。包括:海事、商事案件以及除专利行政案件以外的其他专利纠纷案件。

3. 高级人民法院

高级人民法院管辖在本辖区有重大影响的第一审民事案件。

4. 最高人民法院

最高人民法院管辖下列第一审民事案件：①在全国有重大影响的案件；②认为应当由本院审理的案件。

（二）地域管辖

地域管辖是指同级人民法院之间在受理第一审民商事纠纷案件上的分工和权限，包括一般地域管辖、特殊地域管辖、协议管辖、专属管辖和共同管辖。

1. 一般地域管辖

一般地域管辖是按照当事人所在地与人民法院辖区的隶属关系所确定的管辖。遵循"原告就被告"的原则，由被告住所地人民法院管辖。对公民提起的民事诉讼，由被告住所地人民法院管辖；被告住所地与经常居住地不一致的，由经常居住地人民法院管辖。对法人或者其他组织提起的民事诉讼，由被告住所地人民法院管辖。

下列民事诉讼，由原告住所地人民法院管辖；原告住所地与经常居住地不一致的，由原告经常居住地人民法院管辖：①对不在中华人民共和国领域内居住的人提起的有关身份关系的诉讼；②对下落不明或者宣告失踪的人提起的有关身份关系的诉讼；③对被采取强制性教育措施的人提起的诉讼；④对被监禁的人提起的诉讼。

2. 特殊地域管辖

因合同纠纷提起的诉讼，由被告住所地或者合同履行地人民法院管辖。

因保险合同纠纷提起的诉讼，由被告住所地或者保险标的物所在地人民法院管辖。

因票据纠纷提起的诉讼，由票据支付地或者被告住所地人民法院管辖。

因公司设立、确认股东资格、分配利润、解散等纠纷提起的诉讼，由公司住所地人民法院管辖。

因铁路、公路、水上、航空运输和联合运输合同纠纷提起的诉讼，由运输始发地、目的地或者被告住所地人民法院管辖。

因侵权行为提起的诉讼，由侵权行为地或者被告住所地人民法院管辖。

因铁路、公路、水上和航空事故请求损害赔偿提起的诉讼，由事故发生地或者车辆、船舶最先到达地、航空器最先降落地或者被告住所地人民法院管辖。

因船舶碰撞或其他海事损害事故请求损害赔偿提起的诉讼，由碰撞发生地、碰撞船舶最先到达地、加害船舶被扣留地或者被告住所地人民法院管辖。

因海难救助费用提起的诉讼，由救助地或者被救助船舶最先到达地人民法院管辖。

因共同海损提起的诉讼，由船舶最先到达地、共同海损理算地或者航程终止地的人民法院管辖。

3. 专属管辖

法律规定因不动产纠纷提出的诉讼，由不动产所在地人民法院管辖；因港口作业中发生纠纷提起的诉讼，由港口所在地人民法院管辖；因继承遗产纠纷提起的诉讼，由被继承人死亡时住所地或者主要遗产所在地人民法院管辖。

4. 协议管辖

合同或者其他财产权益纠纷的当事人可以书面协议选择被告住所地、合同履行地、合同签订地、原告住所地、标的物所在地人民法院管辖,但不得违反民事诉讼法对级别管辖和专属管辖的规定。

(三) 移送管辖

人民法院受理案件后,发现所受理的案件不属于自己管辖时,应当将案件移送给有管辖权的人民法院。如果受移送的人民法院认为受移送的案件依照法律规定不属于自己管辖的,应当报请上级人民法院指定管辖,不得再自行移送。

(四) 指定管辖

有管辖权的人民法院由于特殊原因不能行使管辖权的,由上级人民法院指定其他人民法院管辖。人民法院之间就管辖权发生争议,经过协商解决不成的,报它们的共同上级人民法院指定管辖。

三、诉讼参与人

诉讼参与人包括当事人、共同诉讼人、第三人、诉讼代表人和诉讼代理人。民事诉讼当事人包括原告和被告。当事人在诉讼中享有广泛的权利并承担相应的诉讼义务。

(一) 当事人

民事诉讼中的当事人,是因民商事权利义务发生争议,以自己的名义起诉或应诉,接受人民法院为解决民商事纠纷行使的民事审判权并受法院裁判约束的人。民事诉讼当事人包括原告和被告。

原告是为维护自己的民事权益,以自己的名义向人民法院提起诉讼,从而引起民事诉讼程序发生的人。被告是被原告诉称侵犯其合法权益而与原告发生民商事争议,并由法院通知应诉的人。原告与被告可以是自然人、法人或其他组织。

当事人的诉讼权利主要有:起诉的权利;原告放弃或者变更诉讼请求的权利;被告承认或者反驳诉讼请求的权利;提起反诉的权利;申请回避的权利;委托诉讼代理人的权利;收集和提供证据的权利;进行陈述、质证和辩论的权利;选择调解的权利;自行和解的权利;申请财产保全的权利;申请先予执行的权利;提起上诉的权利;申请再审的权利;申请执行的权利;查阅、复制本案有关材料的权利;等等。

当事人的诉讼义务主要有:依法行使诉讼权利的义务;遵守诉讼秩序的义务;提供诉讼证据的义务;向法院作真实陈述的义务;自觉履行生效法律文书的义务;依法缴纳诉讼费用的义务;等等。

【知识链接】

当事人有按时到庭进行诉讼的义务

原告经人民法院两次合法传唤,无正当理由拒不到庭的,按撤诉处理;被告经两次合法传唤,无正当理由拒不到庭的,可缺席判决。对必须到庭的被告,还可实行拘传。原告起诉后,被告又提出反诉的,经人民法院两次合法传唤,原告无正当理由仍不到庭的,可以缺席判决。

(二) 共同诉讼人

共同诉讼是当事人一方或双方是两个以上的诉讼。依照法律规定,当事人一方或者双方为二人以上,其诉讼标的是共同的,或者诉讼标的是同一种类、人民法院认为可以合并审理并经当事人同意的,为共同诉讼。

(三) 第三人

第三人是对原告与被告之间正在进行诉讼的诉讼标的,具有全部或部分的请求权,或者虽然不具有独立请求权,但是案件的处理结果与其有法律上的利害关系,而参加到诉讼中的人。

对他人争讼的标的具有全部或部分的请求权的是有独立请求权的第三人。对当事人双方的诉讼标的,第三人认为有独立请求权的,有权提起诉讼。

对他人争讼的标的不具独立请求权,但是案件的处理结果与其有法律上的利害关系的,是无独立请求权的第三人。人民法院判决承担民事责任的第三人,有当事人的诉讼权利义务。

(四) 诉讼代理人

根据法律的规定或者他人的授权,为维护当事人的利益进行诉讼的人是诉讼代理人。

无诉讼行为能力人由他的监护人作为法定代理人代为诉讼。法定代理人之间互相推诿代理责任的,由人民法院指定其中一人代为诉讼。

当事人、法定代理人也可以委托 1 至 2 人作为诉讼代理人。律师、基层法律服务工作者、当事人的近亲属或者工作人员、当事人所在社区、单位以及有关社会团体推荐的公民,都可以被委托为诉讼代理人。

委托他人作为诉讼代理人的,应当有授权委托书。授权委托书必须记明委托事项和权限、委托人签名或者盖章。诉讼代理人代为承认、放弃、变更诉讼请求,进行和解,提起反诉或者上诉的,必须有委托人的特别授权。

四、证据

诉讼证据是能够证明民事案件真实情况的根据,是人民法院判决案件的基础和前提。诉讼证据具有客观性、关联性与合法性。证据必须查证属实,才能作为认定事实的根据。

《民事诉讼法》规定的诉讼证据有以下八类。

(一) 当事人陈述

1. 当事人陈述的概念

当事人陈述是当事人在诉讼中向法院所作的有关案件事实的叙述。

2. 当事人陈述的内容和审查判断

当事人陈述包括两个方面的内容:当事人本人向人民法院所作的有关案件真实情况的叙述;一方当事人对另一方当事人叙述的事实表示承认的叙述,又称为自认。

(1)当事人关于案件事实的陈述,由其他证据印证与客观真实相符合的,可以作为证据。

(2)当事人的自认是一方当事人对另一方当事人所证明的事实的真实性表示同意的一种陈述。当事人的自认,可以作为认定案件事实并据以作出判断的根据。

自认又可以分为审判上的自认和审判外的自认两种:

审判上的自认是在审判案件时,当事人向法院所作的自认。这种自认免除了对方当事人的举证责任。当事人、第三人都可以在审判中表示承认对方提出的某一事实。但诉讼代理人只有在特别授权的情况下,才能作出这种承认。

审判外的自认是当事人在法院外对某些事实所作的自认。这种自认不能作为免除举证责任的证据。但是,如果自认的一方当事人又在法院确认了这种承认,并且为法院所接受。那么,这种承认则为审判上的自认。

只有经过法院审查而被采纳的自认,才能成为确定案情事实的证据。对当事人的陈述的可靠性的判断,必须综合全部案情和其他证据加以评定。在判决自认时必须审查下列情况:是否存在受诈骗、受威胁或者恶意通谋的情况;是否有为了取得非法的利益而避实就虚或规避法律的情况。只有在不存在上述各种情况,也没有与案件中的其他证据相矛盾时,自认才可以由法院采纳作为认定案件事实的证据。

《民事诉讼法》规定,人民法院对当事人的陈述,应当结合本案的其他证据,审查确定能否作为认定事实的根据。

(二) 书证

1. 书证的概念

凡是用文字、符号、图表等表达一定的思想或者行为,其内容能证明案件真实情况的证据,称为书证。例如各种文件、文书、合同、票据、提单、商品图案、借据、委托书、法人及其他组织的函件、自然人之间的往来信件等。

2. 书证的特点

(1)书证必须具有一定的思想内容。

（2）书证的思想内容是以文字（如合同、欠条、证明书、发票等）或符号记载于一定物品上来表达的（如电报号码、物品标牌、商标、速记符号等）。

（3）书证的思想内容可以用来证明案件中的一定事实。

书证应当提交原件。提交原件确有困难的，可以提交复制品、照片、副本、节录本。提交外文书证，必须附有中文译本。

（三）物证

1. 物证的概念

物证是指以其形状、质量、规格、受损坏的程度来证明案件事实的证据。例如所有权、使用权有争议的物品，买卖合同、承揽合同纠纷中质量存在争议的标的物，侵权纠纷中受到损坏的物品等。

2. 物证的特点

物证具有以下特点：

（1）可靠性较强。物证是以自身的形状、质量、规格等证明案件事实的，只要物证不是伪造的，它就不会受到人们主观因素的影响，就能够相当可靠地证明案件事实。

（2）稳定性较强。除那些易腐、易变质的物品外，物证形成后，不会在短时间内发生变化，所以具有较强的稳定性。

以物证是否为原件为标准，可以将物证分为原始物证和复制物证。一般而言，原始物证比经复制的物证更为可靠，并可以作为勘验、鉴定的材料。所以，《民事诉讼法》要求物证必须提交原物，只有在提交原物确有困难的情况下，才允许提交复制品或照片。

（四）视听资料

1. 视听资料的概念

视听资料是指采用先进科学技术，利用图像、音响及电脑储存反映的数据和资料来证明案件真实情况的一种证据。它包括录像带、录音片、传真资料、电影胶卷、微型胶卷、电话录音、雷达扫描资料和电脑储存数据和资料等。

依据获得视听资料的手段或者视其存在的形式来划分，视听资料大致可以分为录音和录像资料、电脑储存资料和电视监视资料三类。

2. 视听资料的特点

与传统的各类证据相比，视听资料具有下列特点。

（1）生动逼真。视听资料或者记录了当事人进行民事活动时的情况，或者记录了具有法律意义的事件发生时的情况。对人们的形象、动作、表情、声音等作了连续性的录制。将视听资料在法庭上播放，可以生动逼真地再现当时的情况，有力地证明案件事实。

（2）不易制作，便于保管。视听资料的制作需要相应的技术设备，对视听资料的保管因其载体特征，视听资料的保管较为便利。

《民事诉讼法》规定,人民法院对视听资料,应当辨别真伪,并结合本案的其他证据,审查确定能否作为认定事实的根据。

(五) 电子数据

电子数据是指与案件事实有关的电子邮件、网上聊天记录、电子签名、网络访问记录等电子形式的证据。

(六) 证人证言

1. 证人证言的概念

了解案件有关情况而接受人民法院询问或被传唤到庭的单位和个人,称为证人。证人证言是证人向人民法院所做的有关案件客观事实的陈述。

《民事诉讼法》规定:"凡是知道案件情况的单位和个人,都有义务出庭作证。有关单位的负责人应当支持证人作证。不能正确表达意思的人,不能作证。""经人民法院通知,证人应当出庭作证。有下列情形之一的,经人民法院许可,可以通过书面证言、视听传输技术或者视听资料等方式作证:①因健康原因不能出庭的;②因路途遥远,交通不便不能出庭的;③因自然灾害等不可抗力不能出庭的;④其他有正当理由不能出庭的。"

2. 证人证言的特征

证人证言的具有以下特征:①证人证言是了解案件真实的人以言词形式提供证明;②证人证言只包括证人就案件事实所作的陈述;③证人证言的真实性、可靠性受到多种因素的影响。

3. 证人的范围

我国《民事诉讼法》规定,凡是知道案件情况的人都有义务出庭作证,证人还必须能够正确表达自己的意志。

在我国,下列人员不得成为证人。

(1)不能正确表达意思的人。能够向法庭正确表达自己的意思,是作为证人的必备条件。

(2)诉讼代理人。对同一案件,诉讼代理人的身份与证人的身份是相互冲突的,因而,诉讼代理人如了解案件的重要事实,有出庭作证的必要,可在取消委托或辞去委托后,以证人身份出庭作证。

(3)办理本案的法官、书记员、鉴定人、翻译人员和勘验人员。办理本案的上述人员如果同时作为案件的证人,有可能影响到司法的公正,所以不得作为本案的证人。

4. 证人的权利和义务

为保证证人能充分、正确地提供所了解的案件事实情况,法律赋予证人在诉讼中享有一定权利和承担一定义务。证人依法享有的权利主要有:①有权用本民族语言文字提供证言,不通晓当地语言文字的,可要求人民法院为其提供翻译。②对自己的证言笔录。有权申请补充或更正。③因作证而遭侮辱、诽谤、殴打或者被以其他方法打击报复的,有权要求法律给予保护。④有权要求补偿因出庭作证所支付的费用和影响的正常收入,如误工工资、误工补贴、差旅费等。

5. 证人应承担的主要义务

证人的主要义务有:①按时到庭作证的义务,若确有困难不能出庭的,经人民法院许可,可提交书面证言。②必须向人民法院如实陈述所了解的案情或回答审判人员、当事人、诉讼代理人提出的问题。③不得作虚假的陈述,不能与他人串通,故意作伪证,陷害他人。证人如果做伪证,要承担法律责任。④保守国家机密和案件秘密。

(七) 鉴定意见

1. 鉴定意见的概念

鉴定是运用专门知识对某些专门性问题进行鉴别和判断的活动。受聘请或指派对某些专门性问题进行鉴别判断、提供鉴定意见的人,称为鉴定人。鉴定人运用自己的专业知识,根据案件的材料,对某些专门性问题进行分析鉴定所得出的结论性意见,称为鉴定意见。民事诉讼中的鉴定,通常有医学鉴定、文书鉴定、会计鉴定、技术鉴定、产品质量鉴定、行为能力鉴定,等等。

2. 鉴定人的选定

鉴定人有两种,一种是法定鉴定部门的专职鉴定人;一种是司法机关指定的鉴定部门的专职鉴定人。无论属于哪一种,都是在接受聘请或指派后,才能以鉴定人的身份进行鉴定。

人民法院在选定鉴定人时,必须考虑两个条件:一是必须要有解决所鉴定问题的资格能力,能够运用自己的专门知识对所鉴定的专门性问题作出科学判断,否则不能被选任为鉴定人。二是必须能够客观公正地进行鉴定。为了确保鉴定人能够作出公正的鉴定结论,以下人员不应该被指定为鉴定人:案件当事人或是当事人的近亲属的;本人或者近亲属与案件有利害关系的;本人与案件当事人有其他关系可能影响公正地进行鉴定的以及是本案的证人或代理人的。当事人也有权申请不符合条件的鉴定人回避。

3. 鉴定人的诉讼权利和诉讼义务

为了保证鉴定人能顺利地进行鉴定并作出科学鉴定结论,鉴定人在鉴定活动中应依法享有一定的权利和承担一定的义务。

(1)鉴定人主要的诉讼权利。鉴定人的诉讼权利主要有:①有权了解进行鉴定所需要的案件材料,并有权要求人民法院提供鉴定所需要的补充材料。②必要时可以询问当事人、证人。③有权请求给付必要的鉴定费用和劳务报酬。

(2)鉴定人主要的诉讼义务。鉴定人的诉讼义务主要有:①鉴定人应当提出书面鉴定意见,在鉴定书上签名或者盖章。②当事人对鉴定意见有异议或者人民法院认为鉴定人有必要出庭的,鉴定人应当出庭作证。经人民法院通知,鉴定人拒不出庭作证的,鉴定意见不得作为认定事实的根据;支付鉴定费用的当事人可以要求返还鉴定费用。③鉴定人必须忠实地进行鉴定,对需要鉴定的问题,必须认真负责地进行科学的实验、分析,作出科学的判断。④对鉴定中涉及秘密的内容,必须严格保密。

(八) 勘验笔录

1. 勘验笔录的概念和意义

勘验是人民法院审判人员,在诉讼过程中,为了查明一定的事实,对与案件争议有关的现场、物品或物体亲自进行或指定有关人员进行查验、拍照、测量的行为。

对查验的情况与结果制成的笔录称勘验笔录,包括对物证、现场、客观现象的记载、录像、拍照、测量、绘图以及询问有关人员的记录等。

勘验笔录应把物证或者现场一切与案件有关的客观情况,详细、如实地记录下来。它不仅是解决案件的重要依据,也是辨别当事人陈述和其他证据真伪的重要证据之一。

对现场或者物证进行勘验时,勘验人员必须出示人民法院的证件,并邀请当地基层组织或者当事人所在单位派人参加。当事人或者当事人的成年家属应当到场,拒不到场的,不影响勘验的进行。有关单位和个人根据人民法院的通知,有义务保护现场,协助勘验工作。

勘验笔录和照片、绘制的图表,在开庭审理时,应当庭宣读或出示,使当事人都能了解勘验的真实情况,并听取他们的意见。当事人要求重新勘验的,如要求合理且确有必要的,可以重新勘验。

2. 制作勘验笔录应当注意的事项

勘验笔录是对物证或者现场情况的客观再现,是独立的重要证据,因此要求制作时全面客观、认真细致,具体应注意以下几点。

(1)笔录内容必须保持客观真实。勘验时应当如实对客观情况予以记载,不扩大、不缩小、不走样,不能掺入勘验人员的主观推测。

(2)笔录文字用语必须确切肯定,不能模棱两可、含混不清,切忌使用"大概""可能""较高""较远"等不确定的词句。

(3)笔录必须是勘验过程中当场制作,不能事后回忆。对某个物证或者现场进行勘验时,应分别制作每次的笔录,不能采用在原笔录上补充修改的办法。

(4)必须完成法定的手续。勘验笔录制作完成后,要由勘验人、当事人和被邀请参加的人签名或者盖章。

五、民事诉讼程序

民事诉讼程序是指法律规定的人民法院审理民商事案件必须遵守的审判原则、步骤和方式方法。

（一）第一审程序

第一审程序包括普通程序和简易程序。

适用普通程序审理的案件,是由审判员、陪审员共同组成合议庭或者由审判员组成合议庭。普通程序是人民法院审理第一审民事诉讼案件时通常适用的程序。

基层人民法院和它派出的法庭审理事实清楚、权利义务关系明确、争议不大的简单的民事案件,适用简易程序。适用简易程序审理的案件,由审判员一人独任审理。

第一审普通程序可以分为以下几个步骤。

1. 起诉和受理

起诉是指公民、法人或其他组织认为自己的合法权益受到侵害或与他人发生争议,而以自己的名义,请求人民法院依法审判并给予法律保护的诉讼行为。

按照《民事诉讼法》的规定,起诉应当具备以下几个条件:①原告是与本案有直接利害关系的公民、法人或其他组织;②有明确的被告;③有具体的诉讼请求和事实、理由;④属于人民法院受理民事诉讼的范围和受诉人民法院管辖。

原告在向人民法院起诉时,应向人民法院递交起诉状,并且需要按照被告人数向人民法院提交起诉状副本。

🚩【知识链接】

起诉状应当记明的事项

①原告的姓名、性别、年龄、民族、职业、工作单位、住所、联系方式,法人或者其他组织的名称、住所和法定代表人或者主要负责人的姓名、职务、联系方式;

②被告的姓名、性别、工作单位、住所等信息,法人或者其他组织的名称、住所等信息;

③诉讼请求和所根据的事实与理由;

④证据和证据来源,证人姓名和住所。

人民法院收到起诉状后,经过审查,认为符合条件的,应在 7 日内立案,并通知当事人;认为不符合条件的,应在 7 日内作出裁定书,不予受理。原告对裁定不服的,可以向上一级人民法院提起上诉。

2. 审理前的准备

人民法院应当在立案之日起 5 日内将起诉状副本发送被告,被告应当在收到之日起 15 日内提交答辩状。人民法院应当在收到答辩状之日起 5 日内将答辩状副本发送原告。被告不提交答辩状的,不影响人民法院审理。人民法院应组成合议庭,合议庭组成人员确定后,应在 3 日内告知当事人。审判人员必须认真审核诉讼材料,调查收集必要的证据。

3. 开庭审理

民商事案件的审理应公开进行,但涉及离婚、商业秘密的案件,当事人申请不公开审理的,可以不公开审理。人民法院审理民商事案件应当在开庭前3日通知当事人和其他诉讼参与人。

判决之前能够调解的,还可以进行调解。调解达成协议,应制作调解书,经双方当事人签字、法院盖章后生效,具有法律效力。调解未达成协议或调解书送达前一方或双方反悔的,人民法院应当及时判决。

4. 判决和裁定

判决是人民法院对民商事纠纷案件审理终结后,就实体问题所作的决定,其书面形式称为判决书;人民法院就程序问题所作的决定,其书面形式称为裁定书。

当事人应当按时到庭。原告经传票传唤,无正当理由拒不到庭的,或者未经法庭许可中途退庭的,按撤诉处理;如果是被告反诉并发生以上情况的,人民法院可以缺席判决。被告经传票传唤,无正当理由拒不到庭的,或者未经法庭许可中途退庭的,人民法院可以缺席判决。

审判长宣布判决结果,人民法院对公开审理或者不公开审理的案件,一律公开宣告判决。宣告判决时,人民法院应当告知当事人上诉权利、上诉期限和上诉的法院。

简易程序是基层人民法院及其派出法庭审理简单民事案件的程序。法律规定,对于事实清楚、权利义务关系明确、争议不大的简单的民事案件,适用简易程序的规定。简单的民事案件由审判员一人独任审理。

判决书、裁定书由审判人员、书记员署名,加盖人民法院印章。

(二)第二审程序

第二审程序指民事诉讼当事人不服地方各级法院的第一审裁判,在法定期限内向上一级人民法院提起上诉,上一级人民法院对案件进行审理所适用的程序。

当事人不服地方人民法院第一审判决的,有权在判决书送达之日起15日内向上一级人民法院提起上诉。当事人不服地方人民法院第一审裁定的,有权在裁定书送达之日起10日内向上一级人民法院提起上诉。

当事人上诉应当递交上诉状。上诉状应写明当事人的姓名、法人的名称及其法定代表人的姓名或其他组织的名称及其主要负责人的姓名;原审人民法院名称、案件的编号和案由;上诉的请求和理由。上诉状应当通过原审人民法院提出,并按对方当事人的人数提交副本。当事人直接向第二审人民法院上诉的,第二审人民法院应当在5日内将上诉状移交原审人民法院。

第二审人民法院应对上诉请求和有关事实及适用法律进行审理。第二审人民法院对上诉案件应当开庭审理。经过阅卷、调查和询问当事人,对没有提出新的事实、证据或者理由,人民法院认为不需要开庭审理的,可以不开庭审理。经过审理,按下列情况分别处理:

(1)原判决、裁定认定事实清楚,适用法律正确的,以判决、裁定方式驳回上诉,维持原判决、裁定；

（2）原判决、裁定认定事实错误或者适用法律错误的，以判决、裁定方式依法改判、撤销或者变更；

（3）原判决认定基本事实不清的，裁定撤销原判决，发回原审人民法院重审，或者查清事实后改判；

（4）原判决遗漏当事人或者违法缺席判决等严重违反法定程序的，裁定撤销原判决，发回原审人民法院重审。

（三）审判监督程序

审判监督程序是指人民法院对已经发生法律效力的判决、裁定，发现确有错误，依法对案件进行再审的程序。

各级人民法院院长认为需要再审的，应当提交审判委员会讨论决定。最高人民法院对地方各级人民法院已经发生法律效力的判决、裁定，上级人民法院对下级人民法院已经发生法律效力的判决、裁定、调解书，发现确有错误的，有权提审或者指令下级人民法院再审。

当事人对已经发生法律效力的判决、裁定，认为有错误的，也可以向原审或上一级人民法院申请再审。当事人申请再审的，不停止判决、裁定的执行。

🏴 **【知识链接】**

当事人的申请符合下列情形之一的，人民法院应当再审

①有新的证据，足以推翻原判决、裁定的；②原判决、裁定认定的基本事实缺乏证据证明的；③原判决、裁定认定事实的主要证据是伪造的；④原判决、裁定认定事实的主要证据未经质证的；⑤对审理案件需要的主要证据，当事人因客观原因不能自行收集，书面申请人民法院调查收集，人民法院未调查收集的；⑥原判决、裁定适用法律确有错误的；⑦审判组织的组成不合法或者依法应当回避的审判人员没有回避的；⑧无诉讼行为能力人未经法定代理人代为诉讼或者应当参加诉讼的当事人，因不能归责于本人或者其诉讼代理人的事由，未参加诉讼的；⑨违反法律规定，剥夺当事人辩论权利的；⑩未经传票传唤，缺席判决的；⑪原判决、裁定遗漏或者超出诉讼请求的；⑫据以作出原判决、裁定的法律文书被撤销或者变更的；⑬审判人员审理该案件时有贪污受贿，徇私舞弊，枉法裁判行为的。

当事人申请再审，应当在判决、裁定发生法律效力后 6 个月内提出。

人民法院审理再审案件，一律实行合议制。若原审人民法院再审的，应当另行组成合议庭。再审的案件，原来是第一审审结的，再审时适用第一审程序审理，再审后所作的判决、裁定，当事人不服可以上诉。再审的案件，原来是第二审审结的，再审时适用第二审程序审理，再审后的判决、裁定是发生法律效力的判决、裁定。

最高人民检察院对各级人民法院、地方各级人民检察院对同级人民法院已经发生法律效力的判决、裁定,上级人民检察院对下级人民法院已经发生法律效力的判决、裁定,发现有《民事诉讼法》规定情形的,应当按照审判监督程序提出抗诉。人民检察院提出抗诉的案件,人民法院应当再审。

(四) 执行程序

发生法律效力的民事判决、裁定,当事人必须履行。一方拒绝履行的,另一方当事人可以向人民法院申请执行,也可以由审判员移送执行员执行。调解书和其他应当由人民法院执行的法律文书,当事人必须履行。一方拒绝履行的,对方当事人可以向人民法院申请执行。

对判决、裁定和其他法律文书指定的行为,被执行人未按执行通知履行的,人民法院可以强制执行或者委托有关单位或者其他人完成,费用由被执行人承担。

六、公示催告程序

(一) 公示催告程序概念

公示催告程序,是指人民法院将申请人申请的事项,以公示的方式,催告不明利害关系人在一定的期限内申报权利,如果逾期无人申报权利,根据申请人的申请,依法作出除权判决的程序。

公示催告程序对于保护票据权利人的合法权益,保障票据的正常使用和流通,促进社会主义市场经济的发展,具有重要意义。

1. 公示催告程序的特点

公示催告程序除了具有非讼性质,属于民事非讼程序的范围。公示催告程序除具有民事非讼程序的共同属性之外,还具有以下特点:

(1)公示催告程序适用案件范围的特定性。能够申请公示催告的事项限于可以背书转让的票据被盗、遗失或灭失的,以及依法可以申请公示催告的其他事项。

(2)公示催告案件当事人的特定性。公示催告案件的构成要件之一就是没有与申请人对应的另一方利害关系人存在。如果申请人在申请公示催告之时已经知晓其相对利害人是谁,就不能申请公示催告,只能按照通常的民事诉讼程序起诉。在公示催告过程中,如果相对利害关系人出现,公示催告程序即告终结。

(3)公示催告程序的审判组织具有变通性。人民法院适用公示催告程序审理案件,可以由审判人一人独任审理;判决宣告票据无效的,应当组成合议庭审理。

(4)适用公示催告程序审判案件方式的特殊性。公示催告程序包括公示催告阶段和除权判决阶段。公示催告是公示催告程序的必经阶段,其主要表现形式为公告,目的是催促相对利害关系人向人民法院申报权利。除权判决不是公示催告程序的必经阶段,而且人民法院作出除权判决必须以申请人专门申请为条件。

2. 公示催告程序的适用

我国法律对公示催告的适用范围作了较为严格的限制,只适用于以下两种情况:

(1)按照规定可以背书转让的票据持有人,因票据被盗、遗失或者灭失,可以向票据支付地的基层人民法院申请公示催告。

🏴 【知识链接】

我国《票据法》所规定的票据

票据是以无条件支付一定金额为特征的有价证券。它是发票人依照法律规定发行的、由发票人自行支付或发票人委托他人支付的有价证券。

根据我国《票据法》和其他法律规定,票据包括汇票、本票和支票三种形式。

汇票、本票和支票可分为可以背书转让和不能背书转让两种。能够申请公示催告的只限于可以背书转让的票据。根据《票据法》规定,汇票、本票、支票除开票人在票据上记载"不得转让"字样的,均可背书转让。

(2)依照法律规定可以申请公示催告的其他事项。

（二）公示催告案件的审判

1. 公示催告的申请和受理

(1)公示催告的申请和受理

申请公示催告是公示催告程序得以开始的前提,没有申请人的申请,人民法院不能主动进行公示催告。申请公示催告应当符合下列条件。

①申请人必须是依法享有票据权利的最后持有人。最后票据持有人又称失票人,是指丧失可以背书转让的票据的公民、法人和其他组织。只有票据最后持有人才享有公示催告的申请权,与票据有关的出票人、曾经的背书人等都不能作为公示催告的申请人。

②申请的事项必须是可以背书转让的票据被盗、遗失、灭失或者法律规定可以公示催告的其他事项。

该条件有三方面的要求:第一,申请公示催告的范围仅限于可以背书转让的票据和法律规定可以公示催告的其他事项。第二,申请公示催告的原因必须是可以背书转让的票据被盗、遗失或者灭失,基于其他原因,如善意转让、涂改票据等,均不能申请公示催告。第三,申请人没有明确的相对利害关系人,如果申请人已知现在持有票据的人是谁,就失去了公示催告的必要。

③只能向票据支付地的基层人民法院提出申请。票据支付地,是指票据上载明的付款机构所在地或付款人的住所地。法律规定以票据支付地基层人民法院为公示催告案件的管辖法院能够便利于申请人申请公示催告,便利于人民法院审理此类案件。

④申请人必须向人民法院提交申请书。

🚩【知识链接】

公示催告申请书应当写明的主要内容

公示催告申请书应当包括的主要内容有：申请人的基本情况；票据的种类、票面金额、出票人、持票人、背书人和付款人等；申请公示催告的事实和理由（申请人合法占有票据的事实，票据被盗、遗失或灭失的事实等）等。

（2）对公示催告申请的受理

人民法院接到公示催告申请后，应当及时进行审查。经审查，认为符合受理条件的，应通知予以受理，并通知支付人停止支付；认为申请不符合受理条件的，应当在 7 日内裁定驳回申请。

2. 公示催告案件的审理

（1）发出停止支付通知

人民法院决定受理公示催告申请的，应当同时通知支付人停止支付。停止支付通知应当采用书面形式，并用法定送达方式进行送达。

停止支付，是指付款人受人民法院止付通知的要求，停止向任何持票人支付票面的金额。停止支付就其性质而言，是人民法院在公示催告程序中，为了保护票据关系人的合法权益而采取的一项保全性措施。

人民法院发送的停止支付通知是具有强制力的司法决定，支付人必须执行。止付通知的禁止效力从支付人收到止付通知之日起至公示催告程序结束或终结为止。

（2）发布公示催告公告

公示催告公告，是指人民法院受理公示催告申请后，以一定的形式，将申请宣告无效的票据公示于社会，催促票据利害关系人在指定的期限向特定的法院申报权利。发布公示催告公告是人民法院保障票据利害关系人合法权益的法定程序。人民法院受理公示催告申请后，应当在 3 日内发布公示催告公告。公示催告期间，由人民法院根据情况决定，但不得少于 60 日。

在公示催告期间，转让票据权利的行为无效。公示催告期间届满，利害关系人没有申报权利的，人民法院将根据申请人的申请，判决宣告票据无效。

申请人在公示催告期间撤回申请的，人民法院应当准许，并裁定终结公示催告程序。

（3）申报权利

申报权利，是指利害关系人在公示催告期间或在作出除权判决之前，向人民法院声明其享有公示票据上的权利的行为。利害关系人申报权利的目的，在于避免自己的票据权利因人民法院的除权判决而受到侵害，这是利害关系人保护自己合法权益的一种手段。

利害关系人向人民法院申报权利，应当符合下列两个条件：①申报权利的人必须是持有公示票据的人；②利害关系人应当在公示催告期间内向人民法院申报权利或在除权判决作出之前申报。人民法院作出除权判决后，利害关系人不得再申报权利。

（4）公示催告申请的撤回

公示催告申请人可以撤回公示催告申请。公示催告申请人撤回申请,应当在公示催告前提出,公示催告期间申请撤回的,人民法院可以径行裁定终结公示催告程序。

（5）作出除权判决

除权判决是指人民法院在公示催告期届满无人申报权利,或者申报被驳回,依申请人的请求所作出的宣告公示的票据无效的判决。

人民法院作出除权判决应当公告,并通知支付人。自公告之日起除权判决发生法律效力,当事人不能上诉。人民法院应当通知支付人恢复支付,申请人有权凭借除权判决请求支付,支付人应当予以支付。

七、海事诉讼特别程序

（一）海事诉讼与海事诉讼特别程序

海事诉讼是海事审判机关在海事纠纷当事人和其他诉讼参与人的参加下,按照法律规定的程序,依法审理和裁判海事纠纷案件的诉讼活动。

【知识链接】

海 事 法 院

我国于1984年在上海、广州、青岛、天津、大连、武汉、海口等沿海、沿江城市设立海事法院。海事法院与其所在的城市的中级人民法院同级。

1999年12月25日,第九届全国人民代表大会常务委员会第十三次会议通过《中华人民共和国海事诉讼特别程序法》(以下简称《海事诉讼特别程序法》)。在中华人民共和国领域内进行的海事诉讼,适用《海事诉讼特别程序法》和《民事诉讼法》。《海事诉讼特别程序法》是《民事诉讼法》的特别法。

（二）海事法院的受案范围

依据《海事诉讼特别程序法》的规定,海事法院受理当事人因海事侵权纠纷、海商合同纠纷以及法律规定的其他海事纠纷提起的诉讼。

（三）海事诉讼的管辖

1. 海事诉讼的地域管辖

海事诉讼的地域管辖,是海事法院受理第一审海事案件的分工和权限,应当依照《民事诉讼法》的有关规定确定。

（1）因海事侵权行为提起的诉讼,除依照《民事诉讼法》的规定以外,还可以由船籍港所在地海事法院管辖。

（2）因海上运输合同纠纷提起的诉讼,除依照《民事诉讼法》的规定以外,还可以由转运港所在地海事法院管辖。

(3)因海船租用合同纠纷提起的诉讼,由交船港、还船港、船籍港所在地、被告住所地海事法院管辖。

(4)因海上保赔合同纠纷提起的诉讼,由保赔标的物所在地、事故发生地、被告住所地海事法院管辖。

(5)因海船的船员劳务合同纠纷提起的诉讼,由原告住所地、合同签订地、船员登船港或者离船港所在地、被告住所地海事法院管辖。

(6)因海事担保纠纷提起的诉讼,由担保物所在地、被告住所地海事法院管辖;因船舶抵押纠纷提起的诉讼,还可以由船籍港所在地海事法院管辖。

(7)因海船的船舶所有权、占有权、使用权、优先权纠纷提起的诉讼,由船舶所在地、船籍港所在地、被告住所地海事法院管辖。

2. 海事诉讼的专属管辖

海事诉讼的专属管辖是法律明确规定某类海事纠纷案件由特定的法院管辖。

以下海事诉讼,由规定的海事法院专属管辖。

(1)因沿海港口作业纠纷提起的诉讼,由港口所在地海事法院管辖。

(2)因船舶排放、泄漏、倾倒油类或者其他有害物质,海上生产、作业或者拆船、修船作业造成海域污染损害提起的诉讼,由污染发生地、损害结果地或者采取预防污染措施地海事法院管辖。

(3)因在中华人民共和国领域和有管辖权的海域履行的海洋勘探开发合同纠纷提起的诉讼,由合同履行地海事法院管辖。

3. 海事诉讼的协议管辖

海事诉讼的协议管辖是当事人达成协议,在法律规定的范围内选定由某一法院对当事人之间的海事纠纷进行审判,而形成的海事法院对海事纠纷案件的管辖。

海事纠纷的当事人都是外国人、无国籍人、外国企业或者组织的,当事人依书面协议形式选择中华人民共和国海事法院管辖的,即使与纠纷有实际联系的地点不在中华人民共和国领域内,中华人民共和国的海事法院对该纠纷也具有管辖权。

(四)海事请求保全

1. 海事请求保全的一般规定

海事请求保全是指海事法院根据海事请求人的申请,为保障其海事请求的实现,对被请求人的财产所采取的强制措施。

当事人申请海事请求保全的,应当向被保全的财产所在地的海事法院提交书面申请。申请书应当载明海事请求事项、申请理由、保全的标的物以及要求提供担保的数额,并附有关证据。

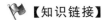【知识链接】

海事请求保全申请

海事法院受理海事请求保全申请,可以责令海事请求人提供担保。海事请求人不提供的,驳回其申请。海事法院接受申请后,应当在 48 小时内作出裁定。裁定采取海事请求保全措施的,应当立即执行。

2. 船舶的扣押与拍卖

《海事诉讼特别程序法》规定,下列海事请求,可以申请扣押船舶:

(1)船舶营运造成的财产灭失或者损坏。

(2)与船舶营运直接有关的人身伤亡。

(3)海难救助。

(4)船舶对环境、海岸或者有关利益方造成的损害或者损害威胁;为预防、减少或者消除此种损害而采取的措施;为此种损害而支付的赔偿;为恢复环境而实际采取或者准备采取的合理措施的费用;第三方因此种损害而蒙受或者可能蒙受的损失;以及与本项所指的性质类似的损害、费用或者损失。

(5)与起浮、清除、回收或者摧毁沉船、残骸、搁浅船、被弃船或者使其无害有关的费用,包括与起浮、清除、回收或者摧毁仍在或者曾在该船上的物件或者使其无害的费用,以及与维护放弃的船舶和维持其船员有关的费用。

(6)船舶的使用或者租用的协议。

(7)货物运输或者旅客运输的协议。

(8)船载货物(包括行李)或者与其有关的灭失或者损坏。

(9)共同海损。

(10)拖航。

(11)引航。

(12)为船舶营运、管理、维护、维修提供物资或者服务。

(13)船舶的建造、改建、修理、改装或者装备。

(14)港口、运河、码头、港湾以及其他水道规费和费用。

(15)船员的工资和其他款项,包括应当为船员支付的遣返费和社会保险费。

(16)为船舶或者船舶所有人支付的费用。

(17)船舶所有人或者光船承租人应当支付或者他人为其支付的船舶保险费(包括互保会费)。

(18)船舶所有人或者光船承租人应当支付的或者他人为其支付的与船舶有关的佣金、经纪费或者代理费。

(19)有关船舶所有权或者占有的纠纷。

(20)船舶共有人之间有关船舶的使用或者收益的纠纷。

(21)船舶抵押权或者同样性质的权利。

(22)因船舶买卖合同产生的纠纷。

海事请求保全扣押船舶的期限为30日。

船舶扣押期间届满,被请求人不提供担保,而且船舶不宜继续扣押的,海事请求人可以在提起诉讼或者申请仲裁后,向扣押船舶的海事法院提出拍卖船舶的申请,由海事法院作出准予或者不准予拍卖船舶的裁定。海事法院裁定拍卖船舶,应当通过报纸或者其他新闻媒体发布公告。

【知识链接】

船 舶 拍 卖

拍卖船舶由拍卖船舶委员会实施。拍卖船舶委员会对海事法院负责,受海事法院监督。

3. 船载货物的扣押与拍卖

海事请求人为保障其海事请求的实现,也可以申请扣押船载货物。海事请求人申请扣押船载货物的价值,应当与其债权数额相当。申请扣押的船载货物,应当属于被请求人所有。

海事请求保全扣押船载货物的期限为15日。船载货物扣押期间届满,被请求人不提供担保,而且货物不宜继续扣押的,海事请求人可以在提起诉讼或者申请仲裁后,向扣押船载货物的海事法院申请拍卖货物。对于无法保管、不易保管或者保管费用可能超过其价值的物品,海事请求人可以申请提前拍卖。

海事法院收到拍卖船载货物的申请后,应当进行审查,在7日内作出准予或者不准予拍卖船载货物的裁定。

(五)海事强制令

海事强制令是指海事法院根据海事请求人的申请,为使其合法权益免受侵害,责令被请求人作为或者不作为的强制措施。

当事人申请海事强制令,应当向海事纠纷发生地的海事法院提交书面申请。

海事法院作出海事强制令,应当具备下列条件:①请求人有具体的海事请求;②需要纠正被请求人违反法律规定或者合同约定的行为;③情况紧急,不立即作出海事强制令将造成损害或者使损害扩大。

被请求人拒不执行海事强制令的,海事法院可以根据情节轻重处以罚款、拘留;构成犯罪的,依法追究刑事责任。

(六)海事证据保全

海事证据保全是海事法院根据海事请求人的申请,对有关海事请求的证据予以提取、保存或者封存的强制措施。

当事人申请海事证据保全,应当向被保全的证据所在地海事法院提交书面申请。

采取海事证据保全,应当具备下列条件:①请求人是海事请求的当事人;②请求保全的证据对该海事请求具有证明作用;③被请求人是与请求保全的证据有关的人;④情况紧急,不立即采取证据保全就会使该海事请求的证据灭失或者难以取得。

(七) 海事担保

海事担保包括《海事诉讼特别程序法》规定的海事请求保全、海事强制令、海事证据保全等程序中所涉及的担保。担保的方式为提供现金或者保证、设置抵押或者质押。

【知识链接】

海事请求人提供的担保,其方式、数额由海事法院决定。被请求人提供的担保,其方式、数额由海事请求人和被请求人协商;协商不成的,由海事法院决定。

(八) 海事诉讼的审判程序

1. 审理船舶碰撞案件的规定

原告在起诉时、被告在答辩时,应当如实填写《海事事故调查表》。海事法院向当事人送达起诉状或者答辩状时,不附送有关证据材料。当事人应当在开庭审理前完成举证。当事人不能推翻其在《海事事故调查表》中的陈述和已经完成的举证,但有新的证据,并有充分的理由说明该证据不能在举证期间内提交的除外。

海事法院审理船舶碰撞案件,应当在立案后1年内审结。

2. 审理共同海损案件的规定

当事人就共同海损的纠纷,可以协议委托理算机构理算,也可以直接向海事法院提起诉讼。

海事法院审理共同海损案件,应当在立案后1年内审结。

3. 海上保险人行使代位请求赔偿权利的规定

因第三人造成保险事故,保险人向被保险人支付保险赔偿后,在保险赔偿范围内可以代位行使被保险人对第三人请求赔偿的权利。保险人行使代位请求赔偿权利时,被保险人未向造成保险事故的第三人提起诉讼的,保险人应当以自己的名义向该第三人提起诉讼;被保险人已经向造成保险事故的第三人提起诉讼的,保险人可以向受理该案的法院提出变更当事人的请求,代位行使被保险人对第三人请求赔偿的权利。

4. 船舶优先权催告程序

船舶转让时,受让人可以向海事法院申请船舶优先权催告,催促船舶优先权人及时主张权利,消灭该船舶附有的船舶优先权。

海事法院在收到申请书以及有关文件后,应当进行审查,在7日内作出准予或者不准予申请的裁定。海事法院在准予申请的裁定生效后,应当通过报纸或者其他新闻媒体发布公告,催促船舶优先权人在催告期间主张船舶优先权。船舶优先权催告期间为60日。

船舶优先权催告期间,船舶优先权人主张权利的,应当在海事法院办理登记;不主张权利的,视为放弃船舶优先权。船舶优先权催告期间届满,无人主张船舶优先权的,海事法院应当根据当事人的申请作出判决,宣告该转让船舶不附有船舶优先权。

【思考题】

1.简述我国《仲裁法》确定的仲裁的基本原则与制度。

2.什么是仲裁协议? 简述仲裁协议的主要内容。

3.简述仲裁程序的主要规定。

4.简述我国涉外仲裁的基本规定。

5.简述我国《民事诉讼法》确定的民事诉讼的基本原则与制度。

6.什么是民事诉讼管辖? 简述级别管辖、地域管辖的基本规定。

7.什么是诉讼参加人? 简述诉讼参加人在诉讼中的地位。

8.什么是第一审程序? 简述第一审普通程序的主要规定。

9.什么是第二审程序? 什么是审判监督程序?

10.简述海事诉讼特别程序的主要规定。

参 考 文 献

著作

1. 李延荣、周珂. 房地产法. 北京:中国人民大学出版社,2010

2. 樊启荣. 保险法. 北京:北京大学出版社,2011

3. 江伟. 民事诉讼法学. 北京:北京大学出版社,2012

4. 袁发强. 海商法案例教程. 北京:北京大学出版社,2012

5. 吕来明. 票据法学(第二版). 北京:北京大学出版社,2017

6. 史际春. 企业和公司法(第五版). 北京:人民大学出版社,2018

7. 范健. 公司法(第五版). 北京:法律出版社,2018

8. 王利明. 民商法精论. 北京:商务印书馆,2018

9. 朱锦清. 证券法学(第四版). 北京:北京大学出版社,2019

10. 樊涛. 中国商法总论(第二版). 北京:法律出版社,2019

11. 张保红. 商法总论. 北京:北京大学出版社,2019

12.《商法学》编写组. 商法学. 北京:高等教育出版社,2019

13. 赵旭东等. 商法总论. 高等教育出版社,2020

14. 施天涛. 商法学(第六版). 北京:法律出版社,2020

15. 中国商会. 国际贸易术语解释通则 2020. 北京:对外经济贸易大学出版社,2020

16. 王利明. 民法(第八版). 北京:中国人民大学出版社,2020

17. 王宾容. 商法教程. 北京:科学出版社,2020

18. 李永军. 合同法(第五版). 北京:中国人民大学出版社,2020

19. 王利明,杨立新. 民法学(第六版). 北京:法律出版社,2020

20. 王卫国. 破产法精义(第二版). 北京:法律出版社,2020

推荐网站

1. 中国法学网 http://www.iolaw.org.cn/

2. 中国民商法律网 http://www.civillaw.com.cn/

3. 国家工商行政管理总局官网 http://www.saic.gov.cn/zcfg/

4. 中国大律师网 http://www.maxlaw.cn/

5. 中国消费者协会信息网 http://www.cca.org.cn/

6. 国家知识产权局官网 http://www.sipo.gov.cn/

7. 国家工商行政管理总局商标局(中国商标网)官网 http://sbj.saic.gov.cn/

8. 中国人民银行网官网 http://www.pbc.gov.cn

9. 中国证券监督管理委员会官网 http://www.csrc.gov.cn/pub/newsite/